"파도는 바위에 부딪혀 없어지는 것 같지만,
여전히 바다의 일부다."

정현채 교수의 오디오 강의

〈죽음, 또 하나의 시작〉

우리는 왜
죽음을 두려워할
필요 없는가

우리는 왜
죽음을 두려워할
필요 없는가

정현채 지음

비아북
ViaBook Publisher

우리는 왜 죽음을 두려워할 필요 없는가?

8년 전이었던 것으로 기억한다. 고교 동창이 위암 진단을 받고 항암화학요법을 시작했다. 하지만 이미 말기여서 남은 생이 그리 많지 않아 안타까운 마음을 금할 수 없었다. 당시 필자는 죽음에 대해 깊이 연구를 하고 있던 터라 친구에게 죽음학 강의를 들어 볼 것을 권하고 싶었지만 망설일 수밖에 없었다. 언제 죽음이 닥칠지 모르는 암 환자에게 죽음에 대해 언급해도 괜찮을지, 또 친구가 어떤 반응을 보일지 두려웠기 때문이다.

그런데 어렵게 말을 꺼낸 필자의 마음을 이해했는지, 친구는 항암치료로 머리가 거의 빠진 상태였는데도 강의장을 찾아와 죽음학 강의를 다 듣고 돌아갔다. 남은 수명이 1년쯤 되리라는 예상과 달리 항암치료를 시작한 지 3개월 만에 친구는 세상을 떠났다. 빈소에서 유족들이 전해 준 친구의 마지막 모습은 아주 평화로워서, 임종 직전에는 농담도 했으며 죽음학 강의를 들을 수 있었던 것을 자랑스러워했다고 한다. 이 경험을 통해 말기 암 환자에게 죽음에 대한 강의가 큰 도움이 된다는 것을 알 수 있었지만, 정작 그들을 대상으로 강의를 할 기회는 많지 않아 아쉬움이 컸다.

그 후 또 다른 고교 동창이 암 진단을 받게 되었다. 첫 친구 때는 주저했지만, 두 번째 친구에게는 망설임 없이 죽음학 관련 책을 건네줄 수 있었다. 그뿐 아니라, 죽음을 회피하지 말고 직면해 보기를 바란다고, 언젠가 다가올 죽음에 대비하기를 바란다고 말해 줄 수 있었다. 왜냐하면, 필자 또한 2018년 1월 초 암 진단을 받았기 때문이다. 친구도 필자의 사정을 알고 있으니, 동병상련의 공감 속에서 거부감 없이 귀를 기울일 수 있으리라 생각했다.

이 책의 원고가 거의 마무리되어 갈 즈음에 받은 암 진단은 그동안 해 온 죽음학 강의 내용을, 강의자가 아닌 암 환자로서 들여다볼 수 있도록 해 주었다. 이제까지의 익숙한 삶에서 새로운 변혁으로 이끄는 '신의 한 수'일지도 모른다는 생각도 한다.

인간이 질병 하나 없이 살아간다는 것은 불가능하다. 널리 알려진 「보왕삼매론(寶王三昧論)」에는 '몸에 병이 없기를 바라지 말라'는 구절이 나온다. 이 말을 뒤집으면 모든 인간은 본능적으로 무병장수하기를 바란다는 사실을 말해 준다. 그러나 삶의 내용에는 건강과 즐거움만이 아니라 질병과 슬픔과 늙음과 죽음도 있다. 질병을 통해 건강의 소중함을 알게 되고, 죽음을 통해 삶의 귀함을 깨닫게 되는 게 우리네 삶의 본질이다.

오래전에 들은 이야기다. 변변한 솜옷 하나 없이 추위에 떨며 겨울을 난 어느 농부는 봄이 오자 양지바른 곳에 누워 행복해하면서 "겨우내 두꺼운 털옷을 입고 산해진미를 즐긴 임금님은 이 행복감을 느낄 수 있을까?"라고 생각했다고 한다. 하지만 인간은 자신에게 불행이 닥치기 전까지는 자신이 가진 행복에 대해, 그리고 그 행복이 얼마나 큰지에 대해 알지 못한다. 대개 암 진단을 받기 전이 그렇다. 진단을 받기 전까지는 일상에서 누리는 삶에 대해 조금의 고마움도 느끼지 못하다가, 막상 진단을 받고 나면 평범하고 작은 행복이 얼마나 소중한 것인지 깨닫게 된다.

많은 환자들이, 암 진단을 받는 순간 머릿속이 하얘지면서 의사가 설명하는 암 치료법이나 5년 생존율이나 항암화학요법의 부작용에 관한 이야기는 하나도 귀에 들어오지 않더라고 말한다. 또 "하필이면 왜 나한테 이런 일이?" 하는 생각과 더불어 억울함이 밀려오기도 하고, "아, 내가 잘못 살아서 벌을 받는 거야!" 같은 자책감에 빠져 급격한 우울증에 시달리기도 한다고 토로한다.

그런데 필자의 경우는 조금 달랐다. 수많은 사망 원인 중에서 무엇이 나를 죽음으로 이끌지 예측할 수 없어 막연했었는데, 정작 암 진단을 받고서는 상황이 명확해지면서 죽음 준비에 구체적으로 집중할 수 있게 된 느낌이었다. 물론 앞으로 또 어떤 질병이 더해질지 알 수 없는 일이고, 갑작스러운 사고를 당할지도 모를 일이지만, 지금으로서는 암에 의한 사망 가능성이 가장 높으므로 여기에 전념할 수 있게 되었다.

긍정적인 요소는 또 있다. 만일 구강에 생기는 설암이나 후두 암이었다면 어땠을까? 아마 수술을 받아 목소리를 제대로 내기 어려워 죽음학 강의를 계속할 수 없었을 것이다. 자칫 필자 여생에서 가장 의미 있는 일을 할 수 없었을지도 모른다고 생각하면 아찔하다. 다행히 그런 질병에서 비켜났으니 얼마나 감사한지 모른다.

어디 그뿐일까. 한창 젊은 나이에 암 진단을 받고 불과 몇 개월 만에 세상을 떠난 지인들과 비교해 보면 조금 천천히 여유를 갖고 죽음을 준비할 수 있는 지금의 상황은 또 다른 축복을 받은 것이나 마찬가지다. 불평할 일이 아니라, 오히려 고마워해야 할 이유를 찾은 셈이다.

철학을 전공하고 미국에서 교편을 잡았던 대만의 부위훈 교수는 그의 저서 『죽음, 그 마지막 성장』에서, 본인이 악성림프종 진단을 받고 나서 "지난 10여 년간 죽음에 대해 강의를 해 왔는데 내가 그동안 해 온 강의가 정말 맞는 것인지 확인해 볼 좋은 기회가 왔다."라고 하면서 암 진단을 받은 것을 긍정적으로 여긴다고 했다. 필자 또한 그의 생각과 다르지 않다.

이 책은 필자가 지난 10여 년에 걸쳐 해 온 죽음학 강의 내용을 풀어 쓰고 보완한 것이다. 2007년 12월, 명지대학교에서 열린 한국죽음학회의 추계학술대회에서 〈의료 현장에서 보는 죽음의 여러 모습〉으로 첫 죽음학 강의를 한 이후, 인연에 인연이 이어져 2018년 7월 현재 480여 회의 죽음학 강의를 하게 되었다. 2014년에는 네이버캐스트에 〈죽음, 또 하나의 시작〉이라는 제목으로 11차례 칼럼을 연재했는데, 그 칼럼 내용 역시 다듬어 이 책에 반영하였다.

특히 눈에 보이지 않는 세계와 영적인 부분에 대해 많은 지면을 할애했다. 이 부분에 대한 오해나 편견이 깊기 때문에, 근사체험과 삶의 종말체험 그리고 이에 대한 과학적인 연구 결과를 상세히 소개함으로써, 이제까지의 고정된 시각에서 벗어나 다른 문을 열고 들여다볼 수 있기를 바랐다. 또 안락사 제도를 이미 법제화하여 시행하고 있는 서구 여러 나라의 현황과, 우리 주변에서 자주 일어나고 있는 안타까운 자살 문제까지 죽음과 관련이 있는 다양한 주제를 다루려고 노력하였다.

사람들은 "우리가 죽은 뒤에는 어떻게 될까?" 하는 궁금증을 갖고 있다. 이 물음에 답할 수 있는, 그리고 대체적인 윤곽을 그려 볼 수 있는 자료들이 세계적으로 많이 축적되어 있다. 종교 교리나 문화적 믿음 차원이 아니다. 과학이 새로운 영역을 개척하면서 그전까지 비과학적이라고 여겼던 사실들이 오히려 진실로 드러나는 발전적 상황이 전개되고 있는 것이다. 비록 소수이기는 하지만 다양한 전공의 의사들이 주축이 돼 이런 현상에 대해 연구를 하여 이제는 의학의 한 분야로까지 발전해 나가고 있다.

　　필자 역시, 죽음에 대해 탐구하기 전인 15년 전까지만 해도 인간의 정체성은 눈에 보이는 육체에 국한된 것이고 영혼이란 건 존재하지 않으며 뇌가 작동을 멈추면 우리의 의식도 사라지는 것이라고 생각해 왔다. 그러다가 삶의 근원과 죽음 이후 실제로 어떤 일이 일어나는지 궁금해지면서 죽음과 죽어감을 탐구하게 되었고, 죽음학 강의를 준비하는 과정에서 수백 권의 문헌과 의과학 논문과 동영상 자료를 접하면서 내가 모르던 다른 세계가 있는 것은 아닐까 하는 의문을 품게 되었다.

　　근사체험이나 임종을 앞둔 환자가 겪는 삶의 종말체험 등에 관심을 갖게 된 것은 그 이후다. 실증주의 교육을 받아 체화한 과학자로서는 인정할 수도 없고, 인정하고 싶지도 않던 영적 체험들이 단순한 착각이나 환상이 아니라 분명한 실재임을 역시 과학자 입장에서 알게 되었다.

　　우리의 육체가 더 이상 기능하지 않게 되어 부패해 가더라도 우리의 의식은 또렷이 유지된다는 사실을 알게 되었을 때의 경이로움은 이후 삶을 바라보는 시각을 완전히 바꿔 놓았다. 죽음을 내포한 생명의 본질과 의미에 대해 깊이 인식하게 되어 고난과 역경을 영적인 성장의 기회로 껴안게 되었고, 주어진 삶을 더욱 충만하게 향유할 수 있게 되었다.

이런 경험과 지식을 말기 암 진단을 받았거나 임종이 임박한 사람들에게 전달하고 싶다. 불안해하지 말라고 다독이고 격려하고 싶다. 근사체험이나 삶의 종말체험을 알고 있으면 죽음에 대해 막연히 품고 있던 불안과 공포가 크게 줄어든다. 그래서 필자의 죽음학 강의에는 두 체험에 관한 내용을 반드시 포함시키고 있다.

의료진 역시 이러한 현상들을 잘 알고 있어야 한다고 믿는다. 그래야 특수한 체험을 하는 환자들에게 약물 투여 같은 불필요한 의료 행위를 이어 가는 대신 편안한 죽음으로 갈 수 있도록 배려하고 도울 수 있다.

수년 전 암 수술을 받은 한 지인은 "죽음학 강의를 들은 후 죽음을 더 이상 두려워하지 않게 됐다. 그렇다고 죽음을 기다리는 것은 아니지만 또 다른 세계에서 그리운 이들을 만난다는 생각을 하면 즐겁기까지 하다."라고 소감을 얘기했다.

이 책이 여러분께 어떤 의미로 다가갈지 필자는 알 수 없다. 다만 책을 읽으시기 전에 부탁드리고 싶은 것은 있다. 열린 마음을 갖고 읽으시되, 맹목적으로 받아들이지는 않으셨으면 한다. 궁금한 내용에 대해 더 많은 자료를 찾아보고 나름대로 질문도 하며 더 깊게 고찰해 나가시기를 바란다. 그렇게 자주적인 탐구가 이루어졌을 때 삶에 대한 사유가 깊어지고, 주변 사람들이나 자신에게 주어진 생의 순간순간들을 더욱 소중하게 여기며 살아가게 되리라 믿는다. 이 책과 필자의 역할은 그것을 알려 드리는 것으로 족하다.

　책으로 이어진 인연에 감사드린다.

2018년 7월, 명재팅헌에서
정현채 拜

차 례

시작하는 글 • 004

1장 ──── 삶과 질병 그리고 죽음 • 015

2장 ──── 의료 현장에서 경험하는 죽음의 여러 모습 • 043

3장 ──── 죽음은 존재하지 않는다 • 059

4장 ──── 삶의 종말체험: 죽음 직전에 보이는 환영 • 105

5장 ──── 죽음 이후는 알 수 없는 세계인가? • 125

6장 ──── 최면퇴행을 통해 본 사후세계 • 163

7장 ──── 환생에 대하여 • 181

8장 ──── 죽음이 사라진다면 축복일까, 재앙일까? • 203

9장 ──── 훌륭한 죽음과 아름다운 마무리 • 221

10장 ── 안락사를 바라보는 시선들 • 267

11장 ── 왜 자살하면 안 되는가 • 303

12장 ── 죽음 준비, 어떻게 할 것인가 • 353

책을 마무리하며 • 364

부록 사전연명의료의향서 작성하기 • 369

참고 문헌 • 377

1장

삶과 질병 그리고 죽음

2015년도 통계청 자료에 따르면, 한국인의 사망 원인 1위는 암이다. 또 주요 암 발생률 통계자료를 보면 위암이 제일 많이 발생하는 암이다. 2013년 자료에 따르면, 갑상선암이 1위, 위암이 2위로 나와 있다. 그런데 갑상선암이 1위라는 주장에 대해서는 논란이 있으므로 이 글에서는 종전까지 1위를 차지했던 위암을 중심으로 살펴보고자 한다. 다른 암들 역시 위암의 기전과 크게 다를 바가 없다.

암은 어떻게 생기는가?

　　암은 우리 몸을 이루는 정상세포가 여러 가지 원인에 의해 비정상적인 세포로 변형된 상태를 말한다. 세포가 정상적인 경우에는 우리 몸의 조절 기전에 의하여 세포의 숫자나 형태 등이 일정하게 유지된다. 그러나 어떤 원인으로 인하여 암세포로 변하게 되면 이런 조절 기전이 말을 듣지 않게 된다.

위암의 여러 가지 형태. 같은 위암이라도 환자마다 다른 모양새를 보인다.

1973년 9월 11일 칠레에서 군부 쿠데타가 일어났다. 대통령궁으로 난입한 쿠데타 군인들은 국민이 선출한 대통령을 살해하였고, 이후 칠레는 오랫동안 군부 독재 암흑기를 겪게 되었다.

암은 마치 우리 몸에 쿠데타가 일어난 상태와 같다고 할 수 있다. 정상세포가 암세포로 변형되기까지는 몇 년의 세월이 필요하다. 또 암세포로 변해도 우리 몸을 위협하는 암 덩어리로 변하기까지는 또다시 상당한 기간이 필요하다. 우리 몸에도 암세포를 찾아내고 감시하는 세포 등이 존재하지만 이런 기전이 잘 작동하지 않으면 결국 암이 생기고 만다.

암이 커지지도 않고 그 자리에 그대로 머물러 있다면 별로 무서워할 것은 없다. 그런데 고약하게도 암은 자꾸 크기가 커지며 폐·간 등 다른 장기로 퍼지는 특성을 갖고 있다. 이를 '전이'라고 한다. 암이 초기에 발견돼 전이가 일어나지 않은 경우에는 수술로써 완치할 수 있다. 그러나 암이 다른 장기로 전이가 되면 완치를 위한 수술은 불가능한 상태가 된다. 예를 들어 위암 환자가 이후 검사에서 간으로도 암세포가 전이된 것이 발견되었다고 치자. 그렇다면 그것은 간에만 전이된 것이 아니라 이미 몸 전체로 퍼진 것으로 봐야 한다.

암
우리 몸을 완전히 장악하기 전
까지는 모습을 드러내지 않음

암세포
불사, 마구 불어남,
닥치는 대로 파괴함,
정상세포 기능상실

다음은 너야….

암세포의 전이는 우리 몸속에 있는 혈관이나 림프조직을 통해 이루어진다. 고대 중국인들은 외부의 적을 방어하기 위해 만리장성을 축조했다. 그런데 일단 적이 만리장성을 뚫기만 하면 빠른 속도로 중국 각지로 침투할 수 있게 된다.

우리 몸속의 혈관이나 림프조직은 마치 만리장성 같은 역할을 한다. 우리 몸을 방어하기 위한 군사작전 같은 것은 혈관 등을 통해서 이루어진다. 그러나 일단 암세포가 혈관이나 림프조직으로 침투해 버리면 이를 통해서 삽시간에 몸 전체로 퍼져 버리게 된다.

암이 일단 전이되고 나면 걷잡을 수 없게 커지면서 원래의 장기가 수행하는 정상적인 기능을 하지 못하도록 방해한다. 특히 간으로 전이된 경우에는 황달·복수 등이 나타난다. 또 척추로 전이된 경우에는 신경마비 등의 다양한 증상이 나타나면서 결국 사망에 이른다.

한국인에게 가장 많이 발생하는 위암의 경우 증상이 매우 다양하다. 증상이 전혀 없는 경우부터 시작해 복통·토혈·검은 변·빈혈·신경마비 등등…. 뭔가 이상증세를 느껴 병원을 찾았을 때는 이미 치료 시기가 늦은 경우가 많다. 만약 암이 생겨난 초기부터 증상이 나타난다면 병원을 찾게 될 것이다. 검사를 통해 암을 발견해 수술을 하게 되면 완치도 기대할 수 있기 때문에 크게 걱정하지 않아도 된다. 그러나 위암뿐만 아니라 모든 암은 발생 초기에는 증상이 거의 없는 경우가 많다. 이 때문에 초기에 암을 발견하기가 어렵다. 증상이 심해져 병원을 찾은 시점에는 이미 온몸으로 퍼져 손을 쓰기가 어려운 경우가 많다. 암이 사망 원인 1위인 이유는 바로 이 때문이다.

42세의 한 남자가 호흡곤란으로 구급차를 타고 병원에 도착하였다. 3개월 전에 십이지장암을 발견해 수술을 받았으나 얼마 후 폐로 암이 전이되어 다른 치료법을 찾아 지방에서 올라온 사람이었다. 이 환자의 흉부 엑스선 촬영 결과를 살펴보았더니 상태가 심각한 지경이었다. 그는 숨을 쉴 수 있는 폐 조직이 거의 남아 있지 않았다.

암 환자에게 항암화학요법을 시행하는 목적은 두 가지다. 첫째는 수술을 했다고 하더라도 눈에 보이지 않고 남아 있을지 모르는 암세포를 제거하기 위해서, 둘째는 다른 장기로 전이된 것을 발견했을 때 암의 진행을 늦추기 위해서다.

항암치료제는 제2차 세계대전 때 사용된 적이 있는 독가스에서 그 유래를 찾을 수 있다. 겨자가스 살포로 사망한 군인들을 부검한 결과 몸속에서 백혈구와 적혈구를 만들어 내는 골수가 광범위하게 파괴된 것을 발견했다. 연구자들은 이 발견에 착안해 골수에 침범

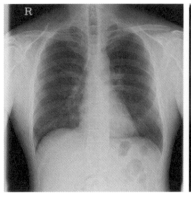
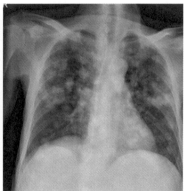

정상인의 흉부 엑스선 소견   암이 전이된 폐 사진

하는 암을 치료하기 위해 겨자가스의 화학구조를 변경해 나이트로 젠 머스터드(nitrogen mustard)라는 화학물질을 만들어 냈는데 이를 림프종 환자에게 투여한 것이 항암화학요법의 효시로 꼽힌다. 이후 여러 가지 항암제들이 개발되었는데 항암요법 치료 시 관찰되는 오심·구토·탈모·골수억제 등의 여러 이상반응이 나타났다. 암 치료가 쉽지 않은 이유는 항암제가 암세포만을 죽이는 것이 아니라 정상세포에도 상당한 손상을 주기 때문이다.

사망 원인 2위 심장질환, 3위 뇌혈관질환

통계청 자료에 따르면, 한국인의 사망 원인 2위는 심장질환이다(2016년 기준). 보리스 파스테르나

크의 소설을 영화화한 『닥터 지바고』 종반부에는, 전차에 타고 있던 주인공 지바고가 수년 전 헤어졌던 연인 라라가 걸어가는 것을 보고 급하게 전차에서 내려 그녀를 뒤쫓다가 가슴에 심한 통증을 느끼고 길거리에 쓰러져 돌연사하는 장면이 나온다. 주인공은 심근경색 같은 관상동맥 질환일 가능성이 높다.

심장에 산소와 영양분을 공급하는 혈액이 흐르는 관상동맥이 막혀 심장의 근육이 썩게 되는 이 질환은 1980년대 초반까지만 해도 특별한 치료법이 없었다. 심장질환 환자가 다행히 병원에 살아 있는 상태로 도착하면 일단 침대에 눕혀 절대 안정을 취하게 한 후, 필연적으로 발생하는 극심한 통증에 대해서는 모르핀과 같은 강력한 마약성 진통제를 일정 시간마다 주사하는 것이 유일한 치료법이었다. 환자의 절대 안정을 위해서는 대소변도 침대 위에서 해결해야 했다. 의학이 발전한 근래에는 환자의 막힌 관상동맥을 뚫어 주고 스텐트(혈관 등을 확장시켜 주는 장치)를 삽입하는 것이 보편화되었다. 그러나 이러한 시술을 받다가 수술대 위에서 사망하기도 할 정도로 심장질환은 심각한 병이라고 할 수 있다.

심근경색도 3~4퍼센트는 통증 없이 발생하는데 평소 당뇨병이나 만성 폐질환을 앓고 있는 환자 혹은 고령의 환자에서 발생하는 경향이 있다. 불이 나면 화재경보기가 경보를 울려 줘야 불을 끌 수 있듯, 통증이 없는 것은 경보기가 고장이 난 상황에 비유할 수 있다.

8년 전, 필자의 지인이 잠자던 도중에 돌연사하였다. 장례식 때 그의 동료 직원들을 통해 저간의 사정을 전해 들었다. 3개월 전 경미한 가슴 통증으로 심장 검사를 받을 예정이었으나 바쁜 회사 일정으로 차일피일 미루다가 사고를 당했다고 한다.

우리나라 성인의 사망 원인 3위는 뇌혈관질환이다(2016년 현재). 프랑스에서 일어난 실화를 다룬 영화 「잠수종과 나비」는 주인공에게 뇌출혈이 일어난 당시의 증상과 상황을 잘 묘사하고 있다. 주인공은 "왜 이렇게 덥지?" 하면서 말이 몹시 어눌해지고, 말하려고 하는 단어를 발음하지 못하면서 의식을 잃게 된다. 이는 전형적인 뇌졸중의 초기 증상이다.

뇌졸중에는 혈관이 파열돼 뇌 속으로 출혈이 일어나는 뇌출혈과 심근경색 때와 마찬가지로 뇌혈관이 막혀 발생하는 뇌경색이 있다. 두 질환 모두 증상은 비슷하나 치료법은 판이하게 다르다. 뇌졸중 증상이 처음 나타났을 때 뇌출혈인지 뇌경색인지를 구별하는 것이 대단히 중요하다.

다양한
사망 원인

독일의 성악가 프리츠 분더리히(1930-1966)는 한 세기에 한 번 나올까 말까 하는 뛰어난 테너가수로 평가받는 인물이다. 그는 서른여섯 살이 되던 해에 별장의 계단을 잘못 디뎌 구르면서 즉사하였다.

30여 년 전, 필자가 내과 전공의 시절에 경험한 사례를 하나 소개한다. 40대의 가정주부가 근육이 마비되고 호흡곤란 증세로 응급실을 통해 입원하였다. 사연인즉 집안 청소를 하면서 천장의 먼지를 털어 내기 위해 의자 위에 올라갔다가 몸의 중심을 잃고 어항이 있는 곳으로 넘어지는 바람에 부상을 입게 되었다. 그런데 그때 파상풍균에도 감염된 것이 큰 문제가 되었다.

얼마 뒤 그 환자는 호흡곤란이 심해져 기도삽관 후 중환자실로 옮겨져 인공호흡기 치료를 받았다. 그러나 설상가상으로 폐렴이 겹치면서 집중적인 치료에도 불구하고 결국 며칠 후 사망하였다. 이 질환은 파상풍균이 만드는 독소로 인한 급성감염성질환이다. 이 균은 우리 주변의 먼지나 흙 속에 있다가 상처 난 피부를 통해 몸속으로 침입하여 병을 유발시킨다.

『조선의 여성들, 부자유한 시대에 너무나 비범했던』에서 '남편의 스승이 된 여인'으로 소개된 조선 후기 문인 강정일당(1772-1832)에 얽힌 일화를 하나 소개한다. 이미 5남 3녀를 잃은 정일당은 새로 태어난 아기에게 이름을 지어 주고 사랑을 기울여 키웠으나 채 돌도 안 되어 죽고 만다. 정일당은 그 애통한 심정을 두고 "슬프고 슬퍼 차마 버려 두지 못하고 글을 지어 기록한다."라고 적고 있다.

아홉 명이나 되는 자녀들이 사망한 원인이 무엇인지 정확히 알 수는 없다. 다만 당시 갓난아기들의 높은 사망률로 기록된 파상풍 같은 전염병 때문이 아닐까 짐작할 뿐이다. 녹이 슨 가위로 탯줄을 자르면 파상풍에 노출돼 목숨을 잃게 된다. 수십 년 전 우리나라에서는 정부 주도로 1회용 출산키트를 농어촌에 공급한 적이 있다. 그 속에는 갓난아기의 탯줄을 자를 때 파상풍균에 감염되는 것을 막기 위한 1회용 면도날이 들어 있었는데 이런 보급이 급성감염성질환을 줄이는 데 크게 기여했다.

루크 필즈라는 영국 화가가 있었다. 그가 그린 〈의사〉라는 그림을 보면 폐렴에 걸려 호흡곤란과 고열로 신음하는 서너 살짜리 아이가 의자에 누워 있고, 바로 옆에는 왕진 온 의사가 턱을 괸 채 바라보고만 있다. 불과 120여 년 전의 일인데도 당시 의사는 이 어린 환자에게 해 줄 수 있는 것이 아무것도 없었다. 지금이라면 산소 치료나 항생제 투여, 인공호흡기 등을 이용해서 충분히 살릴 수 있었을 것이다.

이처럼 과학과 치료 기술이 발달하기 전에는 고민의 내용이 전혀 달랐다. 현대인은 인공호흡기를 통해서 죽을 사람을 살릴 수 있게 된 시대에 살고 있다. 그러나 응급 치료에만 적용되어야 할 이 같은 치료가 때로는 잘못 시행되고 있는 게 문제다.

인공호흡기를 장착하기 위해서는 기도에 플라스틱 관을 넣는 '기도삽관'을 하게 된다. 그런데 이 처치를 받게 되면 말도 한 마디 할 수 없을 뿐만 아니라 고통이 너무 심해서 후일 정신적인 충격이 남을 수도 있다. 또한 환자는 이런 상태가 몹시 불편하므로 반복하여 플라스틱 관을 손으로 잡아 뽑으려 하기 때문에 진정제를 계속 주사하여 잠을 재우는 게 보통이다. 물론 이렇게까지 해서라도 생명을 건질 수 있다면야 감수해야 할지도 모른다. 그러나 며칠 뒤에 돌아

루크 필즈, 〈의사〉, 1891

가실 분을 인공호흡기로 연명하게 한다는 것은 환자에게 말할 수 없는 고통만을 준다는 사실을 잘 알아야 한다.

전쟁이 일어나면 수많은 사람이 목숨을 잃거나 다치게 된다. 그런데 아이러니하게도 전쟁으로 인해 의학이 발달하고 새로운 치료법이 개발되기도 한다.

6·25 전쟁 당시 유엔군 장병 가운데 다수가 갑자기 콩팥 기능이 작동을 멈추면서 죽는 유행성출혈열에 걸렸는데 원인을 몰라 속수무책이었다. 미국·유럽 등 의료 선진국 학자들이 뛰어들어 연구했으나 별다른 성과가 없었다. 이후 국내 미생물학의 권위자인 이호왕 교수가 바이러스를 분리해 병의 원인을 세계 최초로 밝혀냈다. 이

바이러스는 이 교수가 한탄강에서 발견했다고 해서 '한탄바이러스'라고 명명했다. 유행성출혈열은 들쥐가 옮긴다는 사실도 이때 알아냈는데 그 후 수많은 인명을 구할 수 있었다.

콩팥이 망가져 생기는 신부전에 대한 치료법인 혈액투석 역시 6·25전쟁 때 우리나라에서 획기적으로 발전해 전 세계로 퍼져 나갔다 해도 과언이 아니다. 베트남 전쟁 때에도 갑작스러운 호흡곤란으로 사망하는 급성호흡부전증으로 많은 군인들이 희생됐는데, 이를 치료하기 위해 여러 학자들이 연구를 거듭했다. 전쟁이 치료법을 알아내는 계기가 된 셈이다.

생활 속에서 일어나는 사망 사고도 많다. 갈비나 스테이크, 찹쌀떡 같은 음식물을 먹다가 기도가 막혀 숨을 쉬지 못해 사망하거나 뇌로 산소 공급이 되지 않아 뇌사상태에 빠지는 경우가 종종 보도되곤 한다. 이웃 일본에서는 설날 고령의 노인들이 찹쌀떡을 먹다가 기도가 막혀 질식사했다는 소식이 요즘도 자주 들린다.

하임리히 요법은 기도 폐쇄에 대처하기 위한 응급처치법이다. 기도나 목구멍이 막혀 말을 못 하거나 숨을 쉬지 못할 경우, 환자를 일으켜 세운 후 몸 뒤에서 양팔을 환자 갈비뼈 밑에 두르고 깍지 낀 손으로 배꼽 위 부위부터 세게 당겨 올려 주면 된다. 이렇게 하면 복압이 높아지면서 목에 걸린 내용물을 토해 내 위기를 면할 수 있다.

일본 영화 「우리 의사 선생님」에서 의료진은 고령의 노인이 사망했다는 마을 주민들의 신고를 받고 달려가 호흡이 멎은 노인을 발견

하임리히 요법
음식물이 기도를 막았을 때 실시하는 응급처치법

한다. 주인공은 노인을 부둥켜안으며 "그동안 수고 많으셨다."라며 등을 쳐 준다. 이때 노인의 기도를 막고 있던 음식물이 밖으로 나오면서 노인은 다시 숨을 쉬게 되고 살아난다.

몇 년 전, 사탕을 잘못 삼켜 숨을 못 쉬고 있던 어린이를 발견한 어른들이 119에 신고를 했지만 사망에 이르렀다는 안타까운 기사를 본 적이 있다. 구급차가 올 때까지 마냥 기다리기만 할 것이 아니라 옆에 있던 어른들이 하임리히 요법을 실시했더라면 이 어린이를 살릴 수 있었을 것이다. 이러한 응급처치법은 긴급한 상황에서 누구라도 할 수 있게 학교 교과 과정을 통해 가르쳐야 한다. 요즈음 일반인들을 대상으로 심폐소생술 교육이 광범위하게 이루어지고 있다. 구급차가 도착하기 전에 이 소생술로 목숨을 구했다는 기사들이 수시로 보도되고 있는 것을 보면 교육의 필요성을 절감하게 된다.

심폐소생술

현재 의료 현장에서 심폐소생술이 어떻게 이루어지는지 살펴보자.

병원 당직실에서 토막 잠을 자고 있던 전공의 ㄱ은 새벽 3시경 간호사실로부터 입원 환자 ㅂ 씨 상태가 안 좋다는 긴급전화를 받는다. 부리나케 병실로 달려간 그는 일단 환자의 의식상태 · 혈압 · 맥박 · 호흡 등을 체크한다. 그 결과 의식은 없고 혈압과 맥박 수는 정상을 벗어나 급격하게 떨어지고 있으며 자발적인 호흡도 거의 없는 상태임을 파악한다.

일단 심폐소생술을 실시하기 위하여 심폐소생술 전담 팀을 부르고 팀이 도착하기 전 긴급 조치들을 시작한다. 우선 숨을 쉴 수 있도록 기도에 플라스틱 관을 삽입하고 고무주머니인 앰부백을 반복적으로 눌러서 폐로 공기를 넣어 주는 인공호흡을 시작한다. 또 혈압과 맥박을 정상 상태로 돌리기 위하여 혈압상승제 등을 주사하면서 신속히 도착한 심폐소생술 전담 팀과 함께 20~30분 동안 소생술을 계속한다.

그러나 환자의 혈압과 맥박 수는 계속 떨어지고 자발적인 호흡도 돌아오지 않았다. 얼마 후 심전도에서는 심장 박동이 완전히 멈추고 맥박도 없어지고 호흡도 멈췄다. 동공에 플래시 빛을 비춰도 동공반사가 일어나지 않자 의사는 사망 선고를 하고 의무기록지에 사망 시간을 기록하였다.

과거의 심폐소생술은 지금과 같은 형태가 아니었다. 심장이 멎은 환자 옆에 다행히 의사가 있을 경우 칼로 가슴을 절개하고 심장을 꺼내 손으로 마사지하는 방식이었다. 사방이 피투성이가 되고 설혹 살아난다 하더라도 결국은 세균 감염 등으로 많이 사망하였다.

서윈 B. 뉼런드라는 은퇴한 미국의 외과 의사는 『사람은 어떻게 죽는가』라는 책에서 의과대학 3학년 때인 1960년대 당시의 병실 실습 경험담을 소개하고 있다. 자신이 담당한 환자가 심장정지 상태에 빠진 것을 발견하였으나 담당 의료진이 보이지 않자 그는 혼자서 병실에 비치된 칼로 환자의 가슴을 절개하고 손으로 심장을 꺼내 심장 마사지를 시행하였다. 그러나 이러한 노력에도 불구하고 환자의 심장 박동은 돌아오지 않았고, 심폐소생술을 시행했던 병실만 온통 피투성이였다고 회상하고 있다.

지금은 많이 사라졌지만, 불과 20~30년 전만 해도, 쓰레기통 속의 복어알을 일가족이 끓여 먹은 뒤 모두 사망했다는 비극적인 기사가 종종 보도되곤 했다. 사망 원인은 복어 독이 근육을 마비시켜 호흡을 억제했기 때문이다. 숨을 쉴 수 있는 것은 갈비뼈 사이에 위치한 근육과 폐 바로 아래에 있는 횡격막이 수축과 이완을 반복하기 때문이다. 그런데 복어 독은 근육을 마비시켜 숨을 쉴 수 없게 만든다. 이런 상황에서도 숨을 못 쉬는 환자에게 인공호흡기를 걸어 주고 며칠만 버티게 하면 살아날 수 있다.

인공호흡기는 사람의 호흡 근육이 하는 일을 대신하여 숨을 쉴 수 있도록 만드는 장치이다. 심폐소생술에 사용되는 중요한 장치인 심장제세동기는 심각한 부정맥이 발생해 기능을 제대로 하지 못하는 심장에 강력한 전기 충격을 줘서 정상적인 박동 상태로 되돌려 주는 역할을 한다. 우리말 보급과 다듬기에 앞장서 온 MBC의 강재형 아나운서는 이를 '잔떨림 제거장치'라고 불렀는데 매우 적절한 말이라고 생각한다. 여기서 잔떨림은 바로 심장이 부르르 떠는 부정맥을 뜻한다.

아무런 장비도 없는 상황에서 숨이 멎은 사람을 발견해 심폐소생술을 해야 할 경우에는 입으로 공기를 불어 넣어 주는 방법을 쓰겠지만 의료기관에서 심폐소생술을 하는 경우에는 플라스틱 튜브를 기도에 넣어 주는 기도삽관을 비롯해 심장마사지, 심장제세동기 등의 방법을 사용한다.

평소 건강하던 사람이 익사 등의 갑작스러운 사고로 위의 예와 같은 상황을 맞게 된다면 심폐소생술로 살아날 수 있는 가능성이 있다. 그러나 환자가 말기 암 등으로 삶이 얼마 남지 않았다고 판단한 경우에는 심폐소생술을 시행하지 않는다는 DNR(Do not resuscitate, 심폐소생술 거부)를 정해 놓기도 한다. 심폐소생술을 거부하는 이유는 부작용 때문이다.

심폐소생술은 생명을 살리는 조치이기도 하지만 시행 과정에서 갈비뼈 골절·치아 골절 등이 일어날 확률이 높다. 부러진 갈비뼈는 심장 주위의 장기인 폐·간·비장 등에 타박상과 열상을 초래할 수 있고, 심장제세동기를 사용할 경우에는 화상 위험성이 있다. 따라서 이러한 고통스러움을 피하고 편안하고 존엄한 죽음을 맞기 위해 '사전연명의료의향서'를 작성해 두는 것이 바람직하다. 사전연명의료의향서는 자신의 의지로 의료 행위를 거부할 수 없을 때를 대비해 마련해 두는 자기 의사 표시 문서다. 이에 대해서는 뒤에서 자세히 언급하기로 한다.

심폐소생술 도중 발생한 근사체험의 사례

의사라는 직업을 갖고 있다 보니 의료 현장에서 죽음과 맞닥뜨리는 경우가 많고, 특별한 체험을 하기도 한다. 필자뿐만 아니라 동료들도 비슷한 경험을 한다. 그중 하나, 죽음의 현장에서 일어나는 중요한 영적 현상인 근사체험(近死體驗, Near-death experience, 임사체험·임사현상)에 대해 소개하려고 한다.

2012년 11월, 필자가 한국여의사회 초청으로 죽음학 강의를 하고 나서 질문을 받았는데 이때 여의사 한 분이 자신의 친구가 경험한 흥미로운 사례를 제보해 주었다. 우리나라에서 의과대학을 졸업한 후 미국으로 건너가 마취과 의사로 근무하면서 경험한 일이라고 했다.

그 의사는 유대인이 세운 큰 병원에서 주로 심장수술 마취를 담당하였다. 수술을 집도하는 외과 의사는 평소 동양인을 비하하는 등 인성이 좋지 않았고, 한국인 마취과 의사도 늘 무시를 당했다고 한다. 그러던 어느 날 바로 이 외과 의사의 심장이 멎는 응급사태가 발생했다. 의료진이 달려들어 심폐소생술을 실시했는데 30분이 지나도 반응이 없자 포기하려고 했다. 그때 한국인 의사는 포기하지 않고 계속 심폐소생술을 시행했다. 미국인 의료진이 멀뚱히 보고만 있는 가운데 한국인 의사 혼자 비지땀을 흘리며 심폐소생술을 했고, 30분쯤 지났을 때 기적적으로 심장이 뛰기 시작하여 외과 의사가 살아났다고 한다.

그런데 심장이 멎어 사망 판정을 받았던 이 외과 의사가 심폐소생술 도중 체외이탈을 경험한 것이다. 그는 소생술 현장의 공중에 붕 떠서 모든 광경을 지켜보았다고 한다. 미국 의료진은 심폐소생술을 거의 흉내만 내고 있는 것처럼 보였지만 자신이 늘 무시하던 한국인 의사는 혼신의 힘을 기울여 심폐소생술을 하더라는 것이다. 그래서 회생한 후에는 한국인 의사가 자신을 살렸다고 감사하며 이후부터 대하는 태도가 백팔십도 달라졌다고 한다.

이 사례는 현직 의사가 직접 경험한 근사체험이어서 더욱 신뢰가 간다. 왜냐하면 의사들은 대학 때부터 유물론과 실증주의에 입각한 과학 교육을 받아서 눈에 보이지 않는 현상은 인정하지 못하는 경우가 대부분이기 때문이다. 따라서 과학적 사고가 체화되어 있는 의사의 근사체험은 단순한 환각이나 착각이 아니라 실제로 일어난 일이라고 보는 게 합당할 듯하다.

인류는, 죽음은 무엇이며 죽음 이후는 어떤 것인지에 대해 아주 오랜 세월에 걸쳐 다양하게 연구해 왔지만 큰 성과는 거두지 못했

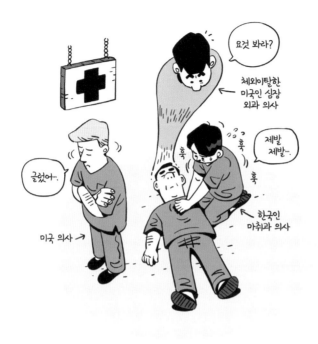

다. 그러다 의학이 발전하면서 1970년대 중반부터 죽음의 실체를 파악할 수 있는 계기가 마련됐다. 심장과 호흡이 멎은 사람을 되살리는 심폐소생술이 발전하게 되면서부터다. 과거에는 바로 죽음에 이르러서 더 이상 말이 없었을 사람들이 살아나게 되었고, 이들 중 일부가 자신의 심장이 멎어 있는 동안의 경험인 근사체험을 보고하기 시작한 것이다.

　근사체험에 관해 본격적으로 연구의 물꼬를 튼 사람은 미국의 정신과 의사 레이먼드 무디 주니어이다. 그는 학부에서 철학과 심리학을 전공한 후 대학에서 철학을 가르치던 교수였는데, 주위에서 이러한 체험을 한 사람들을 여럿 만나면서 이를 본격적으로 연구하기 위해 다시 의과대학에 들어가 정신과 의사가 되었다. 그 과정에서 근사체험을 경험한 사람 150명을 8년간에 걸쳐 면담하고 낸 책이 『다시 산다는 것』이다.

스위스 출신의 정신과 의사 엘리자베스 퀴블러 로스 박사는 수많은 환자, 특히 어린이 환자의 임종을 지키면서 관찰한 공통된 현상과 그 외 여러 사람들이 경험한 근사체험을 수십 년간 기록하여 『사후생(死後生)』이란 책을 출간했다. 이 외에도 『인생수업』·『상실수업』·『생의 수레바퀴』라는 책을 펴내는 등 죽음에 대해 깊이 연구해 죽음학 창시자로 불린다. 그녀가 제창한 '죽음을 받아들이는 다섯 단계'는 유명한 이론으로 전 세계적으로 잘 알려져 있다. 로스 박사는 미국의 시사 주간지 『타임』이 선정한 20세기 100대 사상가 중 한 사람으로 선정되기도 했다. 박사가 설명하는 근사체험과 체외이탈 현상에 대해서는 뒤에서 심도 있게 다룰 예정이다.

죽음을 바라보는
사회적 시각의 변화

미국의 사진작가 W. 유진 스미스의 1951년 작품 〈후안 라라의 장례식〉은 가족과 가까운 친지에 둘러싸인 채 임종을 맞는 노인의 모습을 보여 주고 있다. 수십 년 전만 하더라도 할아버지·할머니의 죽음을 어른들은 물론 아이들도 함께 지켜보곤 했다. 또 이 세상을 떠나는 가족의 마지막 삶을 가족 구성원들이 옆에서 보살피는 등 죽음이 우리의 일상사에 포함되어 있었다.

그런데 요즘은 죽음을 맞는 풍경이 크게 달라졌다. 오랜 세월 같이 살아온 가족과 격리된 채 병원 중환자실에서 외롭게 삶의 마지막 시간을 보내고 죽음을 맞는 경우가 많다. 이는 죽음을 바라보는 사회적 시각의 변화가 그대로 반영된 것이다. 20세기 들어서 과학이 발달하고 유물론이 우세해지며 생명연장 의료기술이 발달하게 됨에 따라 죽음을 터부시하게 된 것이다.

이러한 사회적 분위기와 맞물려 의료진도 죽음을 바라보는 시각이 달라졌다. 삶을 마무리하고 정리하는 중요한 단계가 아니라 의료의 패배나 실패로 보는 경향이 짙어지게 되었다. 환자와 가족 모두에게 고통만을 주게 되는 무의미한 연명치료에 환자나 환자 가족, 의료진이 매달리는 것도 이러한 가치관 때문이라고 볼 수 있다.

임종 무렵 나타나는 증상과
무의미한 연명치료

임종이 가까워지면 신체에 몇 가지 증상이 나타나는 것이 보통이다. 체중감소 · 식욕감퇴 · 쇠약 · 부종 같은 신체적 증상과 더불어 정신착란 · 불안 · 흥분 같은 정신적 증상이 같이 나타난다. 음식물을 삼키기 힘들어하거나 수면시간이 늘어나고 세상사에 대한 관심도 옅어진다. 임종이 좀 더 임박하게 되면 소변 배출량이 감소하고 호흡 변화와 함께 가래 끓는 소리가 나며 혈액순환 장애로 인해 푸른빛이나 자줏빛 반점이 나타난다. 이밖에 떨림·발작·근육경련·정신착란 등의 증상을 보이기도 한다.

그런데 임종이 임박한 환자가 이 같은 발작 증세를 보일 경우 병원에서는 뇌 MRI 같은 정밀검사를 하거나 간질을 억제하는 주사약을 투여하는 일이 종종 있다. 이는 적절치 못한 조치라고 할 수 있다. 그럼에도 병원 입장에서는 어떻게든 치료를 해야 하기 때문에 이 같은 조치를 취한다. 만약 그렇게 하지 않았을 경우 의료진은 살인죄로 고소를 당할 수도 있기 때문이다.

과학의 발달과 병행하여 의학이 급속히 발전함에 따라 의사들은 노쇠도 질병의 하나로 보고 치료하려는 경향이 있다. 질병은 어떤 이유로 우리의 신체가 고장이 난 상태이고 이를 고쳐 정상으로 되돌리는 것이 의료 행위이다. 그러나 노쇠는 고장이 난 것이 아니다. 이를 테면 기계가 수명을 거의 다한 것과 같은 이치다. 그런데도 의학이 진보하면서 인간의 죽음까지도 통제할 수 있다는 착각이 의료계에서도 점점 커지고 있다. 즉 노쇠를 질병과 구별하는 일이 점점 어려워지고 있는 게 현실이다.

음식물을 삼키는 기능이 저하된 고령의 노인에게 어떻게 해서든 음식을 먹이려고 하다 보면 흡인성 폐렴이 유발되어 오히려 환자를 고통에 빠뜨릴 수 있다. 일본의 노인병 전문의 이시토비 고조는 자신의 책 『우리는 어떻게 죽음을 맞이해야 하나』에서 '눈 딱 감고 먹이지 않는 용기'도 필요하다고 강조한다. 고령의 노인은 먹지 않아서 죽는 것이 아니라 생명력이 다해서, 다시 말하면 죽을 때가 임박했기 때문에 먹지 않는다는 것이다.

백 세의 나이로 세상을 떠난 미국의 사회운동가 스콧 니어링(1883-1983)의 선택은 현대인의 삶과는 큰 대조를 보인다. 그는 뉴욕에서의 도시 생활을 청산하고 버몬트주의 한적한 시골 마을로 들어갔다. 농사를 직접 지으면서 자급자족하는 생활을 영위했는데, 다른 사람들과 힘을 합쳐 일을 하며 그해 먹을 양식을 모으면 더는 돈 벌 일을 하지 않았다. 집을 고치는 데 시간을 쓰지 않았으며, 하루 한 번은 삶과 죽음에 대해 성찰하고 명상을 하였다.

그러다가 백 세가 되어 세상을 떠날 때가 가까워 오자 그는 주위 사람들에게 "자연스러운 죽음의 과정을 원하기에 병원이 아닌 집에 있기를 바란다."라는 당부의 말을 전한다. 또 "의학은 삶에 대해 거의 아는 것이 없는 듯하고 죽음에 대해서도 무지한 것처럼 보이기 때문"에 의사가 곁에 없기를 희망했다. 이밖에도 그는 죽음이 다가오면 음식과 물을 끊을 것이며, 죽음의 과정을 예민하게 느끼고 싶으므로 진정제나 진통제 같은 약을 투여하지 말라고 단단히 부탁했다. "죽음은 광대한 경험의 영역이다. 나는 힘이 닿는 한 열심히, 충만하게 살아왔으므로 기쁘고 희망에 차서 간다. 죽음은 옮겨감이나 또 다른 깨어남이므로 모든 삶의 다른 국면에서처럼 어느 경우든 환영해야 한다."라고 말하며 조용히 화장되기를 바랐다. 또 장례식도 열어서는 안 된다는 평소의 의향대로 자신의 삶을 마무리하였다.

2008년 12월 12일 연합뉴스에 실린 기사를 보자. 〈"쓰러져도 날 살리지 말라." 가슴에 문신〉이라는 제목의 기사다. 뉴질랜드에 사는 일흔아홉 살의 폴라 웨스토비 할머니는 자신이 의식을 잃고 쓰러져도 심폐소생술을 하지 말아 달라며 가슴에 'DNR: Do not resuscitate' 문신을 새겨 놓았다고 한다. 이는 심장질환이나 뇌졸중으로 갑자기 쓰러져 병원에 실려 갔을 때 의료진이 볼 수 있도록 한 메시지다. 미리 사전연명의료의향서를 작성해 놓았어도 병원 응급실에 가게 되면 평소 자신의 생각과 달리 심폐소생술을 받게 될 걸 대비한 것이다. 비단 이뿐만이 아니었다. 얼굴을 땅에 박고 쓰러졌을 때를 대비해 어깨에 '뒤집어 보라'는 문신까지 새겨 놓았다고 한다. 폴라 웨스토비 할머니는 그야말로 철저한 대비를 해 뒀다.

심폐소생술은 물에 빠졌다가 구출된 후 숨을 쉬지 않거나 교통사고로 인한 치명상으로 심장이 멎은 사람의 생명을 구할 수 있는 대단히 중요한 응급처치법이다. 그러나 말기 암 환자의 심장 박동이 멈췄다고 하여 소생술을 하는 것은 오히려 편안한 죽음을 방해하는 것이라고 할 수 있다. 비유를 하자면, 트랙을 수십 바퀴 돌아 지쳐 쓰러지기 직전의 경주마를 채찍으로 치면 조금은 더 간신히 달리겠지만 이때 말의 심정은 "아이고, 힘들어. 쉬고 싶어라."일 것이다.

따라서 평소 건강할 때 가족이나 지인 들과 죽음에 관해 이야기를 많이 나누고 더 이상 치료가 불가능한 상태일 때 어떻게 조치하길 원하는지 '사전연명의료의향서'에 밝혀 국가 전산 시스템에 등록해 놓는 것이 중요하다.

의사가 얘기하는 생존율은
얼마나 정확한가?

말기 암 환자의 잔여 생존 기간이 얼마나 될지를 의료진에게 물어보면 대개 평균 몇 개월이라고 대답한다. 그런데 이것은 평균값이므로 각 개인에게 정확히 들어맞지는 않는다. 예를 들어 말기 암 환자 A는 2개월을 살았고, B는 8개월을 살았다면 두 사람이 생존한 평균치는 5개월이 된다. 이 평균값을 A에게 적용하면 A는 평균보다 3개월 짧게 산 셈이 되고, B는 평균보다 3개월 더 산 셈이 된다. 따라서 이러한 평균치는 참고로만 생각하는 것이 좋다.

'5년 생존율'은 진단 시점부터 시작해서 5년이 경과했을 때 얼마나 많은 환자가 살아 있는지를 백분율로 표시한 것이다. 5년 생존율이 90퍼센트라면 5년이 지났을 때 10명의 환자 중 9명이 살아 있는 것을 뜻하며 10퍼센트라면 1명만이 생존해 있는 것을 뜻한다. 5년 생존율이 90퍼센트인 경우가, 5년 생존율이 10퍼센트인 경우보다 '예후가 월등히 좋다'고 표현한다.

병원에서 의사로부터 암 진단을 받으면 맨 처음 어떤 반응을 보일까? 순간적으로 머릿속이 새하얗게 되며 이후 의사가 얘기하는 '5년 생존율' 등의 이야기는 귀에 하나도 들리지 않는다고 한다. 하물며

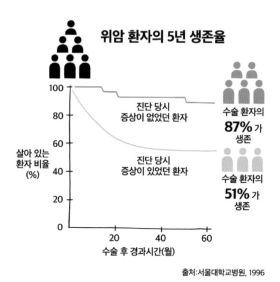

위암 환자의 5년 생존율

진단 당시
증상이 없었던 환자

수술 환자의
87%가
생존

진단 당시
증상이 있었던 환자

수술 환자의
51%가
생존

살아 있는
환자 비율
(%)

수술 후 경과시간(월)

출처:서울대학교병원, 1996

말기 암이라면 오죽하겠는가?

아름다운 마무리를
위하여

레오나르도 다빈치는 "보람 있게 보낸 하루가 편안한 잠을 가져다주듯 값지게 쓴 인생은 편안한 죽음을 가져다준다."라고 말했다. 성실하게 삶을 산 사람은 후회도 없을뿐더러 마지막 순간조차도 편안한 법이다.

「엔딩노트」는 아버지가 말기 위암 진단을 받자 딸이 아버지의 평소 모습부터 임종 순간까지 촬영해 기록으로 남긴 다큐멘터리 형식

의 영화다. 아버지는 죽기 사흘 전에 병문안을 온 친구와 농담을 하기도 하고 아흔이 넘은 노모에게 전화를 걸어 작별인사를 나누기도 한다.

　2013년 한겨레신문은 〈웰다잉을 준비하는 사람들〉이라는 제목으로 아름다운 임종 모습을 보여 준 국내 유명 인사들을 소개한 바 있다. 그 가운데서 일흔아홉 살의 나이로 세상을 떠난 헤어디자이너 그레이스 리의 사례를 소개한다. 그녀는 죽기 전에 주변 사람들에게 이런 말을 남겼다.

　"나 죽으면 장례식장에서 하얀 꽃 꽂고 질질 울지 말고 내가 좋아하는 핑크와 빨강 장미꽃으로 장식해 줘. 올 때는 제일 멋진 옷을 입고 예쁘게 꾸며서 와. 제사는 지내지 말고 내 생일날에 다들 모여서 맛있는 음식 차려 놓고 와인 한잔 마시면서 보내. 탱고를 춰 준다면 얼마나 멋있겠니."

그의 수제자인 이희 원장은 고인이 바라던 대로 장례를 치렀다. 이 원장은 평소 고인이 "누구나 태어나면 한번은 다 가는 것이고, 제가 살 것을 다 살고 가니 억울할 것도 없다. 다만 오늘을 성실하고 멋있게 살면 그뿐"이라고 말했다고 한다. 그레이스 리는 평소 자신이 바라던 대로 아름답게 삶을 마무리하고 떠난 셈이다.

2장

의료 현장에서 경험하는
죽음의 여러 모습

대표적인 내과 교과서 『해리슨』 2005년 판부터는 '완화의료 및 말기 환자 돌봄'에 관한 내용이 등장한다. 말기 암 환자에게 나쁜 소식을 어떻게 전할 것인가 하는 내용부터 어떻게 임종을 맞이할 것인가 하는 내용까지 다루고 있다. 실례로, 임종이 얼마 남지 않은 환자의 가족들에게 환자의 손을 잡고 그동안 못다 한 이야기를 나눌 것을 권장하기도 한다.

　　2008년, 미국의 한 내과 학술지에는 폐암 환자의 진료 현장을 분석·연구한 논문이 실렸다. 일부 폐암 환자는 의사로부터 정서적인 지지를 받지 못한다는 것이 결론인데 다양한 말기 질환도 대개 마찬가지 상황일 것이다.

　　이는 의료진에게도 의미하는 바가 매우 크다. 말기 환자의 경우 의식은 없어 보여도 청각과 촉각은 가장 마지막까지 유지된다. 따라서 의식이 없을 거라고 생각해 말을 함부로 해서는 안 된다. 이는 의료진이 환자를 어떻게 대해야 하는지를 다시 상기시켜 준다.

암 환자에 대한
정서적 지지

영화 「위트」에는 말기 난소암 판정을 받은 후 병원에 입원하여 항암화학요법을 받는 한 영문학 교수가 등장한다. 영화는 현대 의료의 한 단면을 조명하고 있는데, 의료진이 환자의 마음을 돌보기보다는 환자 몸속에 들어 있는 암 덩어리에만 온통 관심이 쏠려 있는 점 등을 부각한다. 심지어 담당 의사는 심장이 멎을 경우 심폐소생술을 받지 않겠다는 사전연명의료의향서를 환자가 작성해 놓았다는 사실조차도 모르고 있다.

전 세계적으로 사용되는 『해리슨』 내과 교과서는 훌륭한 의사를 양성하기 위해서는 과학적인 지식의 함양, 의료기술의 습득과 더불어 인간에 대한 이해를 교육하는 것이 중요하다고 강조하고 있다.

그러나 현행 의과대학의 교육은 지식과 의료기술을 전수하는 데 그치고 있다. 비단 의과대학뿐만이 아니다. 의대 졸업 후 수련 과정에서도 인간에 대한 이해를 위한 교육은 거의 이루어지지 않고 있다고 해도 과언이 아니다. 현대 의료가 환자와 정서적 교류를 맺지 못하는 것은 이러한 교육 시스템과 무관하지 않다.

의료기술 발전이 가져온
중환자실 임종

급성충수염 수술을 할 때 마취를 하지 않는다면 어떨까? 그 고통을 참을 수 있을까? 지금 사람들은 말도 안 되는 소리라고 할 테지만, 1858년에 이르러서야 클로로포름을 이용한 전신마취 기술이 도입되었다. 그 이전까지는 팔다리 절단 같은 큰 수술을 하더라도 맨 정신으로 고통을 감내해야만 했다.

20세기 들어 의료기술에 전기를 맞게 됐다. 의료 기술이 전쟁을 통해 향상되었던 것은 앞에서 이야기한 바 있다. 특히 두 차례의 세계대전을 겪으면서 크게 발전하였다. 의료기술의 발전은 분명 사람의 생명을 연장하는 데 기여한 것이 분명하다. 하지만 이 때문에 불필요한 연명 기술까지 늘어난 측면도 있다.

통계청 자료에 따르면, 2015년 한국인의 사망 원인 1위는 암이다. 순식간에 사망할 수밖에 없는 교통사고와 달리 암은 수개월 내지 수년에 걸쳐서 자신의 삶을 정리하고 마무리할 수 있는 시간이 주어진다. 하지만 이 시간을 다 소비하고도 임종이 가까워져 의식이 없어지고 상태가 불안정해지면 중환자실에 들어가는 경우가 많다. 이런 연명치료가 의미가 있을까?

중환자실은 전문화된 치료를 위하여 면회를 제한하므로 가족과 수시로 만날 수 없다. 또 목에 인공호흡기를 연결하기 위하여 기도삽관을 하기도 하는데 이 시술을 받으면 말을 전혀 할 수 없게 된다. 기도삽관을 한 후 오랜 시간이 경과하면 염증이 생겨 기관지절개술을 받기도 한다. 또 환자의 극심한 고통을 경감시키기 위해 수면제를 투여하므로 맑은 정신으로 깨어 있는 것이 불가능해진다.

각종 검진을 위해 정맥보다 더 깊숙이 위치한 동맥에서 피를 뽑아 검사하는 일도 수시로 행해진다. 심장 박동이나 호흡 수 측정 기계 장치에서 나오는 삑삑거리는 소음, 가래를 뽑아내는 소리, 옆 환자가 내는 신음 소리 등으로 중환자실은 정서적으로 안정되기 힘든 공간이다. 따라서 중환자실에서는 품위 있는 죽음과는 아주 거리가면 외로운 죽음을 맞게 되는 것이 보통이다. 생전 처음 보는 의료진에 둘러싸인 채 수십 년간 같이 살아온 가족과는 작별 인사도 한마디 나누지 못하고서 말이다.

앞에서 살펴본 것처럼, 많은 사람들이 병원의 중환자실에서 죽음을 맞이하게 된 배경에는 죽음을 바라보는 사회적 시각의 변화가 큰 요인을 차지한다.

하지만 수십 년 전만 해도 죽음은 일상사에 포함되어 있었다. 더구나 백신과 항생제가 개발되기 이전에는 전염병 등에 의한 죽음은 아주 흔한 일이었다. 중세 유럽에서는 '너도 언젠가는 죽는다는 것을 기억하라'는 메멘토 모리 사상이 유행할 정도였다. 우리나라의 죽음에 대한 관습도 가족 중심적이었다. 30여 년 전만 해도 집 밖에서 죽으면 좋지 않다는 생각이 지배적이어서 말기 질환을 앓고 있는 입원 환자도 임종이 임박하면 퇴원하여 순리대로 임종을 맞는 것이 일반적이었다.

그러다가 생명연장 의료기술이 발달하게 됨에 따라 죽음을 터부시하는 방향으로 흐르게 되었다. 그래서 요즘에는 예전과 달리 대부분의 사람들이 병원에서 '객사'를 한다. 이런 사회적 분위기와 맞물려 의료진 역시 환자의 죽음을, 삶을 마무리하고 정리하는 하나의 과정으로 보지 않고 의료의 패배나 실패로 느끼기 시작했다는 점은 앞에서 이야기한 바 있다.

죽음이 일상사에 포함되어 있던 시절에는 가족이나 친척, 또는 동네 사람의 죽음을 직접 보면서 임종의 증상을 자연스럽게 알게 되었다. 그러나 요즘처럼 핵가족화가 되고, 죽음을 병원이라는 곳에 격리시키고 있는 상황에서는 임종의 증상이나 환자의 상태 등을 알 길이 없다. 임종이 임박했을 때 인간의 신체에 나타나는 증상을 알아야 하는 중요한 이유는 가까운 사람의 마지막 순간을 좀 더 잘 돌볼수 있기 때문이다.

임종이 가까워지면 소변 배출량이 줄고 호흡이 변화하는 등 신체에 독특한 증상이 나타난다. 그 정도가 심해지면 깊은 잠에 빠진 것과 같은 혼수상태로 들어가거나 피부에 강한 자극을 줘도 전혀 반응하지 않는다. 상황이 이런데도 의사는 임종에 대비하기는커녕 환자에 대해 MRI 같은 정밀검사를 하거나 간질을 억제하는 주사약을 투여하는 등 어떻게든 치료를 하려고 든다. 이는 현재의 제도 아래에서는 환자를 끝까지 치료해야 할 의무가 의사에게 있기 때문이다. 그런데 만약 환자의 가족이 임종이 임박했을 때의 증상에 대해 알고 있다면 의사와 의논하여 불필요한 검사나 처치를 중단시킬 수 있다.

말기 환자에게
사실대로 알리기

필자가 10년 전에 직접 경험한 사례 하나를 소개한다. 60대 후반의 남성이 식사 후 속이 더부룩한 증상으로 병원을 찾았다. 예순다섯에 정년퇴임한 후 한동안 잘 지냈는데 한달 전부터 그런 증상이 나타났다고 했다. 체중이 빠지지도 않았고 복통·구토·토혈은 물론이요, 음식을 삼키기 곤란한 증상 같은 것도 전혀 없었다. 만약 이런 증상이 있다면 심각한 병이 있을 가능성이 많은데 그의 몸 구석구석을 진찰해 봐도 아무런 이상이 없었다.

그는 위내시경 검사나 한번 해 달라고 청했지만, 위장 근처에 있는 간·쓸개·췌장에 병이 생겨도 증상은 유사해서 복부초음파 검사를 같이 시행했다. 그 결과 췌장암이라는 진단이 내려져서 개복술을 시행하였다. 그러나 이미 주변 장기는 물론 림프절까지 암세포가 심하게 퍼져 있었다. 결국 의료진은 완치 불가 상태로 판정하고 수술을 종료하였다.

수술이 끝난 후 환자 가족들이 의료진을 찾아왔는데, 환자에게 발병 사실을 비밀로 해 달라고 신신당부를 했다. 이 때문에 의료진은 환자에게 암 발병 사실을 말할 수 없어 몹시 곤혹스러운 처지가 되었고, 환자는 환자대로 불안해했다. 수술이 성공적으로 끝

났다고 했는데도 몸 상태가 좋지 않았기 때문이다. 그러는 사이 환자의 병세는 하루가 다르게 악화되어 갔다. 수술을 받은 지 한 달째 되는 날 양쪽 폐로 암의 전이가 심하게 일어난 것이 확인됐고, 의식을 잃은 지 사흘 만에 세상을 떠났다. 가족과 의료진 모두 암 발병 사실을 알고 있었는데 정작 본인만 모른 채 임종을 맞게 된 것이다.

안타까운 사실은 본인이 벌여 놓은 여러 가지 중요한 일들을 정리하고 자신의 삶을 마무리할 기회를 가족에 의해 박탈당했다는 점이다. 지금도 이런 일은 비일비재하다. 말기 암 환자가 이렇게 세상을 떠나는 것은 절대로 바람직하지 않다. 의료진은 환자에게 환자의 병에 대해 사실대로 알려야 한다.

필자는 전공 분야가 소화기내과다 보니 속이 아프다는 환자에 대해 위내시경 검사를 하는 경우가 많이 있다. 며칠 후 검사 결과를 보기 위해 환자가 가족과 함께 병원에 오는데 그런 경우 대개 가족이 먼저 진료실로 찾아온다. 그때 "만일 암이면 환자 본인에게 절대 알리지 말아 주세요."라고 부탁을 하는 경우가 꽤 있다.

국립암센터는 2004년 국제 학술지에 「말기 암을 알리는 문제에 대한 환자와 가족의 입장」이라는 논문을 발표했다. 연구를 위해 말기 암 환자 380명과 그 가족 281명을 대상으로 세 가지 주제에 대하여 조사를 하였는데 그 결과는 다음과 같다.

첫째, "환자가 진실을 알기 원하는가?"에 대해 말기 암 환자 본인은 96퍼센트가 '그렇다'고 대답했으나, 가족은 76퍼센트만이 '예'라고 대답했다. 둘째, "누가 환자에게 말기 암이라는 사실을 알릴 것인가?"라는 질문에 환자 본인은 80퍼센트가 의료진이 알려 줄 것을 원했으나, 가족은 51퍼센트만이 의료진이 알려 줄 것을 원했다. 셋째, "언제 알릴 것인가?"라는 질문에서 말기 암 환자 본인은 72퍼센트가 가능한 한 빨리 알려 줄 것을 원했으나, 가족은 45퍼센트만이 그렇다고 대답했다. 이 연구 결과를 보면 말기 암 환자 본인과 가족의 견해 차이가 상당히 크다는 것을 알 수 있다.

그런데 무엇보다도 중요한 것은 환자 본인의 생각이 아닐까? 진실 알리기를 차일피일 미루다가 환자의 의식이 나빠져 중환자실로 옮겨진 뒤 세상을 뜨고 나서야 뒤늦게 크나큰 후회를 하는 가족을 많이 봐 왔다. 이들의 회한을 접할 때마다 '다시는 저런 전철을 밟아서는 안 되겠구나.' 하는 각오를 다지곤 했다.

신부 겸 대학 명예교수인 알폰스 데켄은 1970년대부터 바람직한 죽음 문화의 정착을 위해 노력해 왔다. 그는 『죽음을 어떻게 맞이할 것인가?』라는 책에서 환자에게 사실 그대로를 적극적으로 알려야 하는 네 가지 이유를 앞의 그림과 같이 제시하였다.

죽음 인지 방식

2008년 미국에서 발간한 죽음학 책 『The Last Dance』에는 임종을 앞둔 말기 환자가 죽음을 인지하는 네 가지 방식을 소개하고 있다.

앞서 소개한 남성 환자의 사례는 전형적인 폐쇄형에 속하는데, 정도의 차이는 있지만 이런 유형이 의심형이나 상호기만형과 크게 다르지는 않을 것 같다. 진실을 알았다면 소외감과 배신감을 느꼈을 리 없다.

가족, 특히 자식들이 환자 본인에게 병명과 상태를 정확히 알리지 않는 이유는 무엇일까? 발병 사실을 알리는 것이 자식들로서 불효라고 생각하거나 혹은 병세를 급격히 악화시킬지도 모른다는 걱정

죽음 인지 방식의 네 가지 형태

폐쇄형	환자와 가족 간에 의사소통이 없어서 서로 죽음에 대해 말하기를 회피하다가 죽음을 맞는 형태
의심형	가족들이 이야기를 해 주지 않아도 환자 본인이 자신의 죽음이 얼마 남지 않았다는 사실을 어렴풋이 짐작하고 있는 형태
상호기만형	환자와 가족이 죽음이 임박했다는 사실을 알고 있지만 서로 이에 대해 언급을 전혀 하지 않은 채 임종을 맞는 형태
개방형	죽음을 피할 수 없음을 받아들이고 환자와 가족이 솔직하게 대화를 나누면서 못다 한 말을 나누고 평화롭게 죽음을 맞는 형태

때문인 경우가 많다. 그러나 사실을 알리는 그 순간은 괴롭고 힘든 일이어도 환자에게 병명과 상태를 정확하게 알리는 게 바람직하다. 초반에 사실을 숨기기 시작하면 시간이 지날수록 계속 거짓말을 하게 되면서 결국에는 의사에 대한 신뢰에도 금이 가는 것을 자주 보게 된다.

자신이 말기 암이며 남은 날이 많지 않다는 사실은 설령 누가 말해 주지 않더라도 시간이 흐르면 서서히 눈치를 채게 된다. 이럴 경우 환자가 가족에게 느끼는 감정은 고마움이 아닌 배반감인 경우가 많다. 심지어 "끝까지 나를 속이려고 하다니…." 하면서 괘씸해하는 경우도 종종 있다. '죽음'과 죽음에 이르는 과정에서 누가 주인공이 되어야 할까 하는 문제를 진지하게 생각해 볼 필요가 있다.

앞의 경우와 대조적인 사례를 하나 소개한다. 언젠가 60대 중반의 남성이 필자가 근무하는 병원으로 오게 됐다. 갑자기 피를 토해 지

방 병원에서 검사를 한 결과 위암 진단을 받았는데 암이 이미 퍼져서 완치하기 어렵다는 판정을 받았다고 했다. 결국 완치를 위한 수술은 아니더라도 출혈이 재발하는 것을 막기 위한 수술을 하고 항암제 치료를 하기로 계획을 세웠다. 외과와 종양내과로 옮긴 후 항암제를 투여하기 시작했다.

그 후 당시 지방 병원에서 필자에게 환자를 의뢰했던 의사를 만나

이야기를 나누다가 그 환자에 대한 소식을 전해 듣게 됐다. 그는 위암 진단 후 1년 더 생존하였고 그 사이 책을 집필했다고 한다. 아마도 살아온 생을 회고하는 책을 썼으리라 추측한다. 비록 한국인 남자의 평균 수명을 못 채우고 돌아가시긴 했지만 병명을 바로 알고 또 받아들임으로써 자신이 살아온 생을 훌륭하게 정리하고 마무리하였다는 점에서 시사하는 바가 크다고 생각한다. 이 사례는 네 가지 형태 중 가장 바람직한 '개방형'에 해당한다고 할 수 있다.

앞에서 언급한 죽음학 책 『The Last Dance』에는 죽음에 대한 적절한 통보 여부가 얼마나 중요한지를 역사적 재난에 비유하고 있다.

1902년 서인도의 펠리산 화산 폭발이 임박했을 때 그 지방의 관리들은 이 사실을 제대로 알리지 않았다. 폭발의 규모가 확실하지 않고, 주민들에게 공연히 불필요한 공포감을 조성할 필요가 없으며, 선거에 임박해 이런 좋지 않은 소식을 전했다가는 현재의 관리들이 투표에서 참패할 가능성이 있기 때문이었다고 한다. 크나큰 위험을 제때 알리지 않은 결과 약 3만 명에 달하는 주민이 불에 타 숨지고 말았다.

반면 1980년에 발생한 성 헬렌산 화산 폭발의 경우, 그 규모는 펠리산 화산 폭발보다 훨씬 더 컸으나 피해는 사망자 수십 명에 그쳤다. 주민들에게 화산 폭발 조짐을 미리 알리고 사전에 적절한 조치를 취했기 때문이다. 당사자에게 진실을 알려 주는 것보다 더 좋은 대책은 없다.

죽음 바라보기

대부분의 사람들은 죽음에 대하여 이야기하는 것은 물론 보고 듣는 것조차도 재수 없다면서 꺼리는 경우가 많다. 그런데 과연 죽음이 그렇게 혐오스럽고 기피할 일이기만 할까? 철학을 전공한 유호종 박사는 『죽음에게 삶을 묻다』라는 책에서 죽음에 대한 두려움과 기피 현상을 아래와 같은 비유를 들어 설명하고 있다.

조선 시대에는 집안의 어른이 자녀의 혼인을 결정하였다. 그러다 보니 신랑 얼굴 한 번 보지 못한 채 혼례를 올리는 신부가 허다했다. 혼례 날짜를 앞두고 신랑에 대해 이상한 소문이 돌면 신부는 매우 불안할 것이다. 그런데 혼례 당일 신랑 얼굴을 보고 나니 소문이 헛소문이었다는 걸 확인하게 되면 그 불안감은 한순간에 사라지고 말 것이다. 죽음 역시 아직까지 한 번도 본 적이 없어서 두려운 신랑의 얼굴 같은 것이 아니겠는가?

길모퉁이를 돌아서면 바로 죽음과 마주치게 될지, 아니면 내일일지 혹은 10년 후일지 우리는 아무것도 모른 채 매일매일 정신없이 바쁘게 살아간다. 이러한 상황에서 죽음을 꽉 막힌 벽으로 여길 것인지, 아니면 열린 문으로 대할 것인지에 따라 삶을 살아가는 태도와 방식이 크게 달라질 수 있다.

이제 우리 사회도 죽음을 회피하지 말고 죽음에 관한 진지한 성찰과 교육이 활성화돼야 한다. 이를 통해 각자 죽음관을 확립하는 계기가 된다면 세상을 떠나는 사람에 대하여 가족으로서, 친구로서, 친지로서 정서적으로 안정적인 지지를 하며 배웅할 수 있게 될 것이다.

3장

죽음은 존재하지 않는다

　　종교개혁의 불을 지핀 마틴 루터(1483-1546)의 일화다. 그는 원래 법률가가 되기 위해 공부를 했다고 한다. 그러던 어느 날 밤, 천둥이 몹시 요란하게 쳤다. 루터는 너무나 무서운 나머지 "오늘 밤 저를 살려 주시면 반드시 신을 섬기는 사제가 되겠습니다."라고 신에게 서약을 했다. 이튿날 날이 밝자 루터는 아버지의 반대를 무릅쓰고 집을 나와 수도원에 들어가 신부가 됐다.

　오늘날 사람들은 천둥이 아무리 무섭게 치더라도 이를 하늘이나 신의 노여움으로 생각하지 않는다. 천둥은 대기 중의 방전 현상이라는 것을 지식으로 알고 있기 때문이다. 이와 마찬가지로 죽음과 죽어감, 그리고 죽음 이후에 대해 어느 정도 파악하게 되면 두려움과 공포에서 벗어날 수 있을 것이다. 과학이 발전하면서 1970년대 중반부터 조금씩 그 단서가 드러나기 시작했다. 다시 말해서 죽음과 그 이후에 대해 아직 문을 활짝 열어 들여다보지는 못했지만, 열쇠 구멍을 통해 들여다볼 수 있는 정도는 된 것이다.

　500여 년 전 화가의 그림과 현대 사진 작가의 작품에 공통적으로 보이는, 빛을 향해 나아가는 모습은 근사체험의 한 요소인 빛과의

▲ W. 유진 스미스, 〈Monsanto inspector groping his way through calciner〉, 1952

◀ 히에로니무스 보스, 〈천국으로의 승천〉, 1500년경

조우와 교신을 연상케 한다. 이러한 근사체험을 통해 사람들이 수천 년간 궁금하게 생각해 온 죽음 그 후를 열쇠 구멍을 통해 들여다본 것처럼 윤곽을 그려볼 수 있게 되었다.

심폐소생술의
발달과 근사체험

　　　　　1960년대부터 심폐소생술이 발달하여 심장이 멎고 호흡이 중지된 지 얼마 안 된 사람을 살려 내는 일이 생기기 시작했다. 현재는 인공호흡으로 공기를 기도에 불어 넣고 두

손으로 흉부를 반복해서 압박하는 형태로 정립되었다.

심폐소생술을 통해 죽었다가 다시 살아나는 경험을 하는 사람들 중 대략 10~25퍼센트 정도는 심장이 멎어 있던 동안 근사체험을 했다고 말하고 있다. 과학의 발달로 개발된 심폐소생술로 인해, 주류 과학계에서는 인정하지 않는 정신세계의 체험이 알려지게 된 것은 아이러니라고 하겠다.

근사체험을 지칭하는 'Near-death experience'는 미국의 정신과 의사 레이먼드 무디 주니어가 처음 사용한 말인데, 최근에는 사실상 죽음체험으로 보기도 한다. 심장이 멎고 호흡이 정지되고 동공반사가 없는, 즉 '사망'의 정의에 부합하기 때문이다.

전 세계적으로 1,300만 부가 팔린 레이먼드의 책 『다시 산다는 것』 서문을 쓴 사람은 앞서 소개한 엘리자베스 퀴블러 로스 박사다. 로스 박사는 서문에서 두 집단으로부터의 공격을 염려하였다. 한 집단은 성직자들로, 죽음은 종교의 전문 영역이므로 자신들의 분야를 감히 넘본다고 싫어할 것이라고 봤고, 두 번째 집단은 의사와 과학자 들로, 이들은 책의 내용이 비과학적이라면서 공격해 올 것이라고 우려하였다. 의사가 쓴 책에 의사가 추천사를 써 주면서 또 다른 의사들로부터의 공격을 걱정하다니 이 또한 아이러니가 아닐 수 없다.

이 책에 실린, 근사체험을 경험한 사람들의 사례를 소개한다. 사망 판정을 받은 직후 심폐소생술로 회생한 어느 환자는 소생술의 전 과정을 옆에 서서 지켜본 것처럼 기억하고 있었다. 심지어 환자가 한동안 회생의 기미를 보이지 않자 응급처치를 담당한 의료진이 "한 번만 더 시도해 보고 안 되면 포기합시다."라면서 소생술의 지속 여부를 논의한 대화 내용까지 정확히 기억했다.

또 다른 사례를 하나 보자. 의료진이 심폐소생술을 하는 과정에서 환자의 틀니를 뽑아 책상에 넣고 응급처치를 했다. 의료진의 노력 끝에 소생한 환자가 자신의 틀니가 책상 두 번째 서랍에 있으니 꺼내 달라고 말한다. 이는 기존의 의학이나 과학으로는 도저히 설명하기 어려운 일이다.

죽음은 다른
차원으로의 이동

죽음학의 효시로 일컬어지는 로스 박사는 2004년에 타계했다. 장례식에 참석한 사람들이 미리 받아 둔 봉투를 열어 그 안에 있던 형형색색의 나비들을 일제히 날려 보냈다는 유명한 일화가 있다. 여기엔 생전에 그녀가 갖고 있던 죽음관이 그대로 반영되어 있다. 평소 로스 박사는 애벌레 형태를 뒤집으면 아름다운 나비로 변하는 헝겊 인형을 갖고 다녔다. 로스 박사는 죽어 가는 어린이 환자들을 돌볼 때면 늘 이 인형에 빗대 죽음을 설명하면서 위로하곤 했다.

로스 박사는 근사체험이 환자의 연령·성·인종의 차이와 무관하고, 종교와도 아무런 관련이 없다는 사실을 알고는 다음과 같은 견

엘리자베스 퀴블러 로스 박사가 백혈병으로 임종을 앞둔 5세 어린이를 방문하러 갈 때 "우리의 육신은 영원불멸의 자아를 둘러싼 껍질에 불과하므로 죽음이란 이 껍질을 벗어남이다."라고 설명해 주기 위해 가져갔던 것과 유사한 헝겊 인형. 벌레 형태에서 단추를 풀고 안의 헝겊을 밖으로 펼치면 오른쪽 사진처럼 나비 형태로 바뀐다. 퀼트작가 한 분이 로스 박사 이야기를 듣고 제작해 필자에게 기증해 주었다.

해를 일관되게 펼쳤다.

> "인간의 육체는 영원불멸의 자아를 둘러싼 껍질에 지나지 않는다. 따라서 죽음은 존재하지 않으며, 다른 차원으로의 이동이 있을 뿐이다."

로스 박사가 이러한 주장을 한 것은 오랜 임상 경험의 결과였다. 수많은 환자들의 임종을 지켜보면서 관찰한 삶의 종말체험과 근사체험을 통해 이끌어 낸 결론이었던 것이다.

그녀의 책 『사후생』에 소개된 근사체험의 한 사례. 심폐소생술로 회생한 한 어린이가 죽어 있는 동안 경험한 것을 어머니에게 말한다.

"눈부시게 환한 빛이 있었어요. 너무 아름답고 포근한 곳이라 돌아오고 싶지 않았어요. 그리고 오빠가 옆에서 자상하게 잘 대해 줬어요. 그런데 나는 오빠가 없잖아요?"

아이의 말에 어머니는 울음을 터뜨리며 아이가 모르던 사실을 말해 준다.

"한 번도 얘기를 안 해 줘 미안하구나. 실은 네가 태어나기 3개월 전에 죽은 네 오빠가 있었단다."

이 아이는 오빠가 있었다는 사실을 전혀 모르고 있다가 죽어 있던 짧은 순간에 오빠를 만난 것이다.

사회적 편견과의
고독한 싸움

2011년 초에 상영된 영화 「히어애프터」는 클린트 이스트우드가 감독한 작품이다. 인기 절정의 앵커우먼 마리는 인도네시아로 휴가를 갔다가 때마침 몰려온 쓰나미에 휩쓸려 죽는다. 이후 마리는 심폐소생술을 받고 극적으로 되살아나는데 그 짧은 시간 동안 무언가를 보고 듣게 된다. 그녀는 자신의 체험이 무엇인지를 알기 위해 이곳저곳 수소문하다가 한 호스피스 병원을 찾는다. 거기서 의사 루소로부터 그녀가 겪은 일은 근사체험이라는 얘기를 듣게 된다. 마리는 루소가 수년간 모아 온 관련 자료를 건네받으며 다음과 같은 대화를 나눈다.

마리 제가 본 비전(vision)들에 대해 얘기하고 싶어요. 아주 평온한 감각이었어요. 모든 게 조용했죠. 온통 어둠뿐이었고요. 그때 어떤 빛이 제 시선을 끌었어요. 부드러운 바람 소리를 들었죠.

루소 무중력 상태처럼 느꼈고, 360도 시각을 체험했죠?

마리 맞아요.

루소 시간의 흐름이나 동작은 느끼지 못했지만 모든 걸 지각했고요?

마리 바로 그거예요.

루소 나는 과학자인 데다 무신론자라서 그런 것들에 마음을 닫았었죠. 내세라든가 임사체험 같은 거요. 밝은 빛이나 아름다운 정원 따위를 보는 건 문화적 배경 때문이라는 생각에 동의했어요. 하지만 25년간 호스피스에서 일하는 동안, 기적적으로 살아난 사람들을 많이 봤어요. 그들의 체험담이 놀랍도록 비슷한 걸 보면, 그냥 우연일 수는 없죠. 게다가 그들이 이런 체험을 할 때는 뇌가 새 이미지를 만들 수 없을 때죠. 이건 반대자들도 동의해요.

마리 그럼 제가 정말 뭔가를 체험한 걸까요?

루소 그럼요. 죽음을 체험한 듯해요. 이 자료들에 다 있어요. 그런데 나와 같은 여정을 밟는다면 쉽지 않을 거예요. 고독한 싸움이죠. 사람들이 비이성적으로 반응해요. 심지어 적대감을 드러내기도 해요. 하지만 증거는 반박할 수 없죠. 아마 당신 같은 사람이라면, 그 지위와 영향력으로 변화를 불러올 수 있을 거예요. 그랬으면 좋겠어요. 행운을 빌어요.

주인공 마리는 이 자료를 토대로 책을 완성하였다. 그런데 그 어떤 출판사에서도 이를 출간하려고 하지 않았다. 마리는 "우리들이 죽어서 가게 될 곳이고, 죽어서 경험하게 될 일들인데, 우리 모두의 일인데, 어쩌면 모두들 그렇게 피하기만 하는지…."라며 탄식한다.

근사체험 사례들이 처음부터 순조롭게 세상에 알려진 것은 아니다. 이러한 체험을 병원이나 교회에서 얘기하면 정신병자 취급을 받기 일쑤였다. 그래서 근사체험자들은 자신의 체험을 타인에게 쉽게 말할 수가 없었다.

그러나 그런 '이상한 이야기'를 흘려듣지 않은 소수의 의사들이

있었다. 레이먼드 무디 주니어와 엘리자베스 퀴블러 로스 같은 정신과 의사가 그들이다. 현재도 여전히 소수이긴 하지만 심장내과·소아과·마취과·방사선종양학과·신경외과 같은 다양한 전공의들이 이 현상에 관심을 갖고 연구를 진행하고 있다. 그 결과 세계적으로 수천 건 이상의 근사체험 사례들이 축적되었으며, 연구 결과는 학술지나 책으로 꾸준히 발표되고 있다.

미국 공영 라디오 방송과 영국 BBC 방송은 뇌동맥류에 의한 실어증 때문에 수술을 받은 여성 팸 레이놀즈의 근사체험 사례를 소개한 바 있다.

팸은 뇌수술 중 심장이 정지된 상태에서 근사체험의 중요한 요소인 체외이탈 현상이 일어났다. 그녀는 자신이 수술을 받는 동안 수술진이 나눈 대화와 수술실에서 틀어 놓았던 음악의 제목, 수술기구 등을 정확히 기억하였다. 그녀가 체외이탈을 해서 봤다고 하는 내용들은 당시 수술을 집도했던 의사와 수술진이 진술한 것과 정확히 일치했다. 팸의 근사체험이 심장이 정지되고 뇌파도 없는 상태에서 일어났다는 사실은 당시 모니터 기록으로도 확인됐다.

회의론자들의 의견과
그에 대한 반론

현대인들에게 "뇌가 곧 의식인가?"라고 묻는다면 아마 대부분이 그렇다고 대답할 것이다. 10여 년 전이라면 필자도 당연히 그렇게 대답했을 것이다. 심장이 멎으면 뇌로 혈액순환이 일어나지 않아 10~20초 후에는 뇌파가 기록되지 않는다. 즉 뇌의 활동이 멈춘다.

현대 과학이나 의학은 '뇌가 의식을 만들어 낸다'는 입장을 갖고 있다. 따라서 뇌의 활동이 중단된 상태에서는 무언가를 보고 듣는 체험이나 기억은 있을 수 없다고 여겼다. 그런데 근사체험은 뇌의 활동이 없을 때 일어나는 것이므로 과학자나 의사 들로서는 받아들이기가 몹시 불편할 것이다.

따라서 그들은 근사체험을 다음과 같이 설명한다. 신경외과에서 뇌전증(간질)을 치료하기 위해 뇌수술을 할 경우 뇌의 측두엽에 전기 자극을 가하면 환자가 빛 같은 것을 보기도 한다. 또 저산소증인 경우나 마취제ㆍ환각제 등을 투여할 경우에도 비슷한 경험을 한다. 따라서 근사체험은 뇌가 헷갈리는 현상, 즉 환각 내지 착각이라는 것이다.

그러나 근사체험을 전문적으로 오래 연구한 학자들은 견해가 다르다. 약물이나 물리적 자극에 의한 경우에는 기억이 조각나 일정치 않을뿐더러 정리가 되어 있지 않다. 또 자신의 삶을 되돌아보는 회고 과정도 동반되지 않는다. 근사체험 후 공통적으로 일어나는 삶의 심대한 변화도 없고, 죽음에 대한 두려움이 없어지지도 않는다. 게다가 환각제로 인한 체험은 기괴하고 공포스러운 경우가 많아 근사체험과는 전혀 다르다.

근사체험 중에 죽은 가족을 만나는 경우가 더러 있다. 많은 경우

먼저 죽은 가족이나 친척이 나타나 아직 때가 아니니 돌아가라고 말해 준다고 한다. 회의론자들은 이를 두고 체험자가 보고 싶은 것을 보는 '소망투사(Wishful thinking)'에 불과하다고 주장하기도 한다. 소망투사는 정신과 진료에서 자주 쓰는 용어다.

그러나 정신과 의사 로스 박사는 근사체험이 결코 소망투사가 될 수 없다고 지적한 바 있다. 죽어 가는 아이들이 보기를 원하는 인물은 대부분 자신의 부모다. 그런데 부모가 단 1분이라도 먼저 죽은 경우가 아니라면 아이가 근사체험 중에 부모를 보는 일은 결코 일어나지 않는다.

2004년 영국 BBC 방송에서 제작한 다큐멘터리 「내가 죽던 날」은 한 시각장애인의 근사체험을 소개했다. 이 여성은 태어날 때부터 앞을 볼 수 없는 선천성 시각장애인으로 빛이나 그림자, 그 어느 것도 본 적이 없다. 꿈에서도 맛·감각·소리·냄새는 경험했으나 시각적인 이미지는 전혀 나타나지 않았다. 이 여성은 스무 살 때 교통사고로 심한 부상을 입게 되는데, 병원 응급실에서 심폐소생술을 받던 중 체외이탈을 경험하게 된다.

"기억나는 건, 정신을 잃고 병원에 실려 갔을 때 처치하는 과정을 전부 지켜봤던 일이에요. 두려웠어요. 무언가를 본 적이 없어서 보는 것에 익숙지가 않았거든요. 그래서 잔뜩 겁을 먹었죠. 그러다 결혼반지와 머리 모양을 본 순간 '저건 나잖아? 내가 죽은 건가?' 하는 생각이 들었어요. 응급실 의사들이 제 심장이 멈췄다고 외치며 필사적으로 애를 쓰는 동안 몸에서 분리되는 느낌이 들었고, '왜들 저렇게 난리인가?' 하면서 나가야겠다고 생각했죠. 그 순간 천장을 통해 밖으로 나갔어요. 아무렇지도 않게요. 부딪힐 걱정도 없고 몸이 자유로워서 좋았어요. 갈 곳이 정해져 있었죠. 풍경 소리가 들렸는데 너무나 아름다운 소리였어요. 낮은 톤에서 높은 톤까지 다양한 소리를 냈죠. 그곳엔 나무와 새, 그리고 사람이 몇 명 있었는데 그들의 몸은 놀랍게도 빛나고 있었죠. 너무나 아름다운 광경에 완전히 압도당했어요. 전에는 빛이 어떤 건지 상상도 못 했거든요. 지금도 그때를 생각하면 가슴이 벅차요. 그동안 눈이 안 보여 궁금했던 모든 걸 해소할 수 있었으니까요. 그곳엔 제가 알고 싶었던 것들로 가득했어요. 몸 안으로 다시 돌아오자 극심한 고통이 느껴졌고 몸이 무겁고 굉장히 아팠어요."

다큐멘터리에서는 눈과 뇌가 시각적인 정보를 제공하지 않아도 의식은 활동할 수 있다는 것을 보여 준다고 설명하였다. 다시 말해 인간은 뇌 없이 의식만으로도 존재할 수 있다는 것을 시사하고 있는 것이다. 근사체험 회의론자들은 이런 체험을 꿈이나 환각이라고 폄하한다. 하지만 시각장애인은 꿈을 꾸더라도 시각적 이미지는 나오지 않는다고 한다. 그렇다면 이 시각장애인 여성이 근사체험 중에 본 결혼반지나 머리 모양은 무엇으로 설명할 수 있을까? 이를 꿈이나 환각으로 치부할 수 없음은 분명한 일이다.

2011년 3월 18일 방영된 KBS 금요기획 「죽음에 관한 세 가지 시선」 중 첫 번째인 〈삶과 죽음의 경계를 말하다〉에서는 영국 해머스미스 병원의 수간호사 캔 스피어포인트가 자신이 심폐소생술로 회생시킨 환자를 만나 나눈 흥미로운 이야기를 소개하고 있다.

"몇 년 전 다른 병원에서 일할 때였습니다. 저에게 심폐소생술을 받고 살아난 환자를 일주일쯤 지나서 만나러 갔습니다. 제가 환자에게 다가가자 그 사람은 저를 아주 분명하게 기억하더군요. 그리고 저에게 '안녕하세요?'라고 인사를 했습니다. 저를 어떻게 기억하느냐고 물었더니, 자신의 심장이 멎었을 때 저를 보았다고 했습니다. 그리고 저를 포함한 의료진들이 어떻게 생겼는지, 당시에 무엇을 하고 있었는지 상세하게 얘기하기 시작했어요. 그때는 이상하다는 생각이 들었습니다."

미국 뉴햄프셔주에 살고 있는 의사 토니 서코리아도 논리적이고 이성적인 그의 성격으로는 납득하기 어려운 일을 겪었다.

"1994년, 폭풍이 다가오고 있었는데 불행히도 전 알지 못했습니다. 공중전화 부스에서 전화 수화기를 얼굴 가까이 들고 있었는데 제가 있던 부스가 번개를 맞았어요. 커다란 섬광이 수화기에서 뻗어 나오더니 제 얼굴을 내리쳤어요. 그 뒤로 이성적으로는 이해하기 힘든 경험을 하게 됐습니다. 장모님이 저를 향해 달려오더니 저를 그냥 통과해서 지나치더군요. 그때 저는 정말로 이상한 일이라고 생각했습니다. 장모님이 어디로 가는지 보려고 뒤를 돌아봤는데 바닥에 제가 누워 있는 것이 보였어요. '이런, 내가 죽었잖아!'라고 생각했죠. 한 간호사가 제게 심폐소생술을 시도했습니다. 저는 그들을 보고 그들의 이야기를 들을 수 있었지만, 그들은 저를 보거나 제 말을 듣지 못했어요. 제가 그 사람들을 필사적으로 부르고 있었는데도 말이죠."

이러한 사례는 무수히 많다. 또한 사례에 나타난 여러 정황 등을 종합해 볼 때 그동안 수많은 사람들이 보고한 근사체험은 뇌의 작용과 무관한 그 '어떤 것'이라고 볼 수밖에 없다. 죽음학의 효시로 불리는 엘리자베스 퀴블러 로스 박사 역시 의사로서 관찰해 온 많은 근사체험 사례를 얘기해도 동료 의사들은 믿지 않았다고 한다. 그래도 로스 박사는 이에 개의치 않고 말한다.

"당신도 죽을 때 알게 될 것이다. 이것은 믿음의 문제가 아니라 앎의 문제다."

저명한 의학 학술지에 발표된 근사체험

『랜싯』은 190여 년 전에 창간된 유서 깊은 의학 학술지로, 세계에서 발간되는 100여 종의 의학 학술지 가운데 영향력 3위에 해당할 만큼 권위를 인정받고 있다. 자연과학계의 『네이처』나 『사이언스』에 필적한다고 할 수 있다.

2001년 이 학술지에 「심장정지 후 회생한 사람의 근사체험: 네덜란드에서의 전향적 연구」라는 제목의 근사체험 연구 결과가 실렸다. 권위 있는 『랜싯』에 근사체험자들을 대상으로 한 연구 결과가 실렸다는 것은 주목할 만한 일이다.

그간의 근사체험 연구는 체험자를 뒤늦게 수소문해 이루어지는 이른바 '후향적 연구'가 대부분이었다. 따라서 체험자의 기억에 한계가 있고 연구자의 선입견에 의해 오류가 개입될 가능성이 많았다. 이에 비해 네덜란드의 연구는 근사체험에 관한 최초의 '전향적 연구'로 꼽힌다. 병원 관계자들과 사전에 치밀한 준비 작업을 거친 뒤 심폐소생 성공 사례가 발생하면 곧바로 환자를 방문해 인터뷰를 했기 때문에 후향적 연구보다 신뢰성이 훨씬 높다고 할 수 있다.

네덜란드의 연구자들은 10개 병원을 선정하고, 사망 판정을 받은 직후 심폐소생술로 다시 살아난 344명을 대상으로 조사를 벌였다. 그 결과 그들 중 약 18퍼센트인 62명이 근사체험을 경험한 사실을 밝혀냈다. 연구자들은 근사체험자들의 공통적인 요소를 열 가지로 정리했다.

근사 체험의 열 가지 요소

• 자신이 죽었다는 인식	• 색깔을 관찰
• 긍정적인 감정	• 천상의 풍경을 관찰
• 체외이탈 경험	• 세상을 떠난 가족 · 친지와 만남
• 터널을 통과함	• 자신의 생을 회고
• 밝은 빛과의 교신	• 삶과 죽음의 경계를 인지

출처: 「심박동 정지 후 회생한 사람의 근사체험: 네덜란드에서의 전향적 연구」, 「Lancet」(2001), 358p, 2039–2045.

열 가지 체험 요소 가운데 '밝은 빛과의 교신'은 발성기관을 통해 언어로 이루어지는 소통이 아니라 생각이 즉각적으로 전달되고 이해되는 방식이다. 이때 '밝은 빛'이 질문을 하기도 하는데, 다른 사람을 얼마나 배려하고 사랑했으며 지혜를 쌓아 왔는지를 묻는다.

또한 자신의 생을 회고하는 체험에서는 살아오면서 겪었던 중요한 사건들이 주마등처럼 펼쳐지며 순간순간을 다시 경험하는 '삶의 회고(Panoramic Life Review)'가 이루어진다. 이때 자신이 가해자였던 경험에서는 피해자가 겪었을 참담한 심정을 그대로 느끼게 된다. 그러므로 가시 돋친 말이나 이기적인 행동으로 남을 괴롭히며 살아왔던 사람은 무척이나 괴로운 시간을 겪을 수밖에 없다. 반대로 자신의 선한 의도나 행동을 다시 경험하는 순간에는 무한한 기쁨과 평안을 맛보게 된다.

근사체험 이후
삶의 변화

근사체험은 체험자의 삶에 어떤 변화를 초래했을까? 이를 알아내기 위해 연구자들은 근사체험자 23명과, 소생하기는 했지만 근사체험을 하지 않은 15명을 8년이란 기간에 걸쳐 조사하고 비교하였다.

근사체험 경험자는 무경험자에 비해 다른 사람에 대한 공감과 이해 수준이 높아졌다. 또 인생의 목적을 더 잘 이해하며, 영적인 문제

근사체험자와 무경험자의 삶의 변화 비교

삶의 변화	2년뒤		8년뒤	
	근사체험 (23명)	무경험 (15명)	근사체험 (23명)	무경험 (15명)
다른 사람에 대한 공감	52	25	68	50
다른 사람에 대한 이해	36	8	73	75
인생의 목적을 이해	52	33	57	66
영적 문제에 대한 관심	15	−8	42	−41
죽음에 대한 두려움	−47	−16	−63	−41
사후생에 대한 믿음	36	16	42	16
일상사에 대한 감사	78	41	84	50

출처: 「심박동 정지 후 회생한 사람의 근사체험: 네덜란드에서의 전향적 연구」, 「Lancet」(2001). 358p, 2039-2045.

에 더 큰 관심을 갖게 됐다. 아울러 죽음에 대한 두려움은 큰 폭으로 감소하였고, 사후생에 대한 믿음과 일상사에 대한 감사의 마음이 크게 증가한 것으로 나타났다. 몇 분 안 되는 짧은 순간의 체험이 8년 뒤까지도 큰 영향을 끼쳐 체험자들의 삶에 심대한 변화를 초래한 것이다. 이와 달리 잠깐 동안의 꿈이나 환각, 착각의 경험으로는 삶이 거의 변화되지 않는다는 사실을 우리는 경험적으로 알고 있다.

우리 몸의 좌우에 하나씩 있는 신장은 혈액 내의 노폐물을 걸러 내 몸 안에 찌꺼기가 쌓이지 않도록 하는 기능을 한다. 따라서 신장이 망가지면 몸에 노폐물과 독소가 쌓여 생존할 수 없게 된다. 이럴 경우 인공적으로 피를 걸러 줘야 하는데 이것이 바로 혈액투석이다.

신장학 분야에서 국제적으로 권위 있는 학술지인 『미국 신장병 학회지』 2007년 호는 타이베이의 7개 병원에서 공동으로 시행한 연구 결과를 발표했다. 신장병으로 혈액투석을 받는 사람들 710명을 대상으로 근사체험 경험 사례와 그 후 삶에 어떤 영향을 받았는지를 조사했는데 서양에서의 연구와 비슷한 결과가 나왔다. 동서양을 막론하고 인간의 죽음은 공통적인 현상이므로 유사한 결과가 나온 것은 그리 놀라운 일이 아니다.

레이먼드 무디 주니어의 책 『다시 산다는 것』에 소개된 인상적인 사례를 하나 소개한다.

여느 사람들과 마찬가지로 주중에 열심히 일한 뒤 주말에는 술을 마시며 인생을 즐기는 게 삶의 전부인 줄 알았던 트럭 운전기사가 있었다. 어느 날 뜻하지 않은 사고로 죽었다가 다시 살아나면서 근사체험을 하였다. 그 후 그는 이제까지의 삶이 전부가 아니고 모르는 것이 많다는 걸 깨닫고는 새로운 앎에 도전하기 시작한다. 사고를 당하기 전까지는 지적인 탐구에는 관심이 없었으나 사고 후부터 도서관에 드나들며 전문 서적을 빌려 양자역학과 천체물리학 등을 공부하기도 한다. 그는 근사체험이 자신에게 심대한 영향을 끼쳤다고 고백한다.

이 책에 소개된 또 다른 사례다. 이야기 속 주인공은 어릴 적에 근사체험을 한 이후로는 수십 년을 살아오면서 죽음이 두렵지 않았다고 말한다. 심지어 누군가로부터 살해 위협을 당했을 때조차도 덤덤할 수 있었다고 한다. 근사체험 후에는 죽음을 두려워하지 않게 되

었다는 것이다.

또 다른 근사체험자인 아니타 무르자니는 그녀의 책『그리고 모든 것이 변했다』에서 "나는 더 이상 죽음도 다른 이들이 보는 식으로 바라보지 않았다. 그래서 누군가 세상을 떠났을 때 애도하기가 몹시 힘들어졌다."라고 자신의 변화된 죽음관을 고백하기도 했다.

대만의 근사체험연구재단이 지원한 연구의 결과에 따르면, 근사체험자는 다른 사람에게 친절하게 되며, 왜 사는가에 대한 동기 부여가 이루어지고, 미래에 대해 낙관하게 되며, 죽음에 대한 두려움이 감소하는 등 삶에 큰 변화가 일어난다고 한다.

케네스 링은 미국 코네티컷대학의 심리학과 교수로서 30년 넘게 대학에서 학생들에게 근사체험을 가르쳐 왔다. 그의 강의를 들은 학생들은 자신들이 직접 근사체험을 하지 않았지만 삶에 변화가 일어났다고 한다. 이에 대해 케네스 링 교수는 "근사체험은 실제로 경험한 사람은 물론이고, 이를 알게 된 사람까지도 긍정적으로 변화시킨다. '친절 바이러스(Benign virus)'가 역할을 하는 것 같다."라고 평가했다.

1998년 일본 교린 의과대학 노인병과에서는 심장마비 · 호흡부전 · 뇌졸중 등 치명적인 질환으로 깊은 혼수에 빠졌던 48명의 노인 환자를 대상으로 근사체험에 대한 연구를 시행하였다. 대상자의 37퍼센트인 14명이 근사체험을 경험하였는데 성별 · 나이 · 기저질환 · 직업 · 종교 · 교육 정도 · 사고 장소 등은 물론이고, 혼수상태 기간이나 심폐소생술에 사용된 약물 등 어떠한 요소도 근사체험 발생에 영향을 주지 않았다.

근사체험자의 대부분은 삶에 커다란 변화가 생겼다고 밝히고 있다. 이러한 연구 결과는 앞서 소개한 서구에서의 연구 결과와 동일한데, 동서양을 막론하고 근사체험이 체험자의 삶에 대단히 긍정적인 영향을 미친다는 것을 알 수 있다. 특히 노인들에게 일어난 영적인 체험이 이들의 남은 삶에 큰 영향을 미친다는 사실을 알려 준 중요한 연구라고 할 수 있다.

대규모
근사체험 연구

체외이탈 현상을 증명하기 위해 미국과 유럽의 25개 의료기관에서 3년간 15,000명의 환자를 대상으로 어웨어 프로젝트(AWARE project)를 진행하였다.

어웨어 프로젝트 연구진은 체외이탈 현상의 진위를 밝히기 위해 심장정지가 자주 발생하는 응급실이나 중환자실 천장과 가까운 선반 위에 사진과 기사를 올려놓고 환자가 깨어나길 기다린다.

죽음을 경험하고 다시 살아난 사람들의 증언에 따르면, 그들은 죽음을 경험하는 동안 평화로운 마음으로 천장에서 아래의 모든 풍경을 내려다볼 수 있었다고 한다. 심장정지를 경험한 환자가 깨어난 후 이 사진과 기사를 기억한다면 죽어 있는 동안 의식이 활동한 것을 인정할 수 있게 되는 셈이다. 미국 뉴욕 웨일코네일 메디컬센터 응급의학과 샘 파니아 박사는 다음과 같이 말한다.

"수많은 연구 사례를 통해 밝혀진 사실 중 가장 흥미로운 것은, 죽었다가 다시 살아난 사람들 중 최소 10퍼센트에서 20퍼센트는 그들이 죽은 후, 즉 뇌 활동이 멈췄을 때에도 의식이 있었다는 겁니다. 이제 우리는 죽음을 다르게 생각해야 합니다. 어쩌면 죽음은 우리의 의식에서 일어나는 현상과 그 과정을 통해 정의되어야 할 것입니다. 왜냐하면 여러 증거를 통해 사망 후에도 의식이 지속됨을 알았기 때문입니다."

이 프로젝트는 2014년에 종료될 예정이었지만 연구 기간을 연장하였다. 이 연구의 중간 보고에 해당하는 논문이 2014년 9월『리서시테이션』이라는 학술지에 실릴 만큼 성과를 내고 있다. 현재 이 연구에 참여하고 있는 병원은 미국과 영국 그리고 유럽의 18개 병원에 달한다.

방사선을 이용하여 암을 치료하는 방사선 종양학자인 제프리 롱 박사는 10년 동안 근사체험자 1,300명을 추적했다. 체험자들의 증언이 맞는지 여부를 확인하기 위해 체험자 주변 지인을 인터뷰하고 사후 조사도 철저하게 실시했다. 이 연구를 위해 롱은 임사체험연구재단을 설립하고 홈페이지(http://www.nderf.org/Korean)를 개설했는데 한국어로도 볼 수 있다. 누구나 이 사이트에 글을 올릴 수는 있지만, 체험자가 자신의 체험을 올리기 위해서는 여러 단계를 거쳐야 해서 거짓 정보는 싣기 어렵게 되어 있다. 또 세계 각국의 사례를 모으기 위해 여러 나라의 다양한 언어로 입력이 가능하도록 돼 있다.

이런 노력을 거쳐 나온 책이『죽음, 그 후』다. 원래 저자는 죽음과 관련해 아는 바도 관심도 없었다. 그런데 10여 년 전 친구의 부인이 페니실린으로 인한 과민성 쇼크로 심장이 멎어 심폐소생술을 받던 중 근사체험을 했다는 사실을 알게 되면서 연구를 하기 시작했다고 한다. 그는 근사체험이야말로 사후생(死後生)의 확실한 증거라고 강조하면서 이를 아홉 가지로 요약하였다.

그런데 근사체험에 대한 과학적인 연구의 시초라고 할 수 있는 연구는 미국 코네티컷대학 심리학과의 케네스 링 명예교수에 의해서

사후생의 증거 아홉 가지

· 의식이 생생한 죽음	· 먼저 죽은 이들과 재회
· 유체이탈	· 어린아이들의 죽음체험(5세 미만)
· 맹인이 보는 기적	· 전 세계적인 체험의 일관성
· 마취 상태의 의식 체험	· 체험자의 삶에 찾아온 극적인 변화
· 주마등처럼 삶을 회고	

였다. 그는 근사체험 사례만을 모을 게 아니라 이에 대한 객관적이고 과학적인 접근이 필요하다고 생각하고, 통계 분석까지 하여 1980년 〈죽음에서의 삶: 근사체험에 대한 과학적 조사〉라는 논문을 발표하기에 이른다. 이런 학자들이 주축이 돼 국제근사연구학회(IANDS: International Association for Near-Death Studies)가 결성이 됐고 30년 넘게 매년 국제학술대회가 열리고 있다. 또한 학술지도 정기적으로 발간하고 있다. 앞에서 소개한 『랜싯』 의학 전문 학술지에 게재된 네덜란드의 연구에서는 근사체험의 열 가지 요소를 척도로 사용하였는데, 이를 개발한 이가 바로 케네스 링 교수이다. 미국 신장병학회지에 게재된 대만에서의 근사체험 연구에서도 이 열 가지 척도를 사용하였는데, 연구 대상이나 지역이 다르더라도 같은 척도를 사용하므로 연구 결과를 비교해 볼 수 있는 장점이 있다.

죽은 가족과
만나는 근사체험

　　　　　　　국내에도 번역돼 소개된 『나는 천국을 보았다』의 저자 이븐 알렉산더 박사는 신경외과 의사로 하버드 의대에서도 근무했고, 자신의 전공 분야에서 많은 성취를 쌓았다. 신경외과 의사야말로 뇌가 의식을 만들어 낸다는 믿음을 견지하는 대표적인 뇌 과학자라고 할 수 있다. 알렉산더 박사 역시 사후세계에 관한 주장을 믿지 않았으며, 평소 이성과 논리에 근거한 삶을 살았다.

　그런 그가 독특한 체험을 한 것은 2008년 11월의 일이다. 그는 세균성수막염으로 혼수상태에 빠진 후 뇌사상태라는 진단을 받는다. 사람의 뇌는 뇌척수액이라는 맑고 투명한 무균의 액체에 둥둥 떠 있다. 그런데 어떤 사고로 인해 그의 뇌척수액이 균에 오염돼 고름 주머니 속에 뇌가 들어 있는 상태가 되어 뇌사에 빠진 것이다.

　1주일 동안 뇌사상태에 있을 때 그는 처음 보는 한 소녀의 안내를 받았다. 이후 극적으로 살아난 뒤 그 소녀가 수년 전에 죽은 자신의 여동생이라는 사실을 알게 된다. 알렉산더 박사는 어린 시절 양부모에게 입양된 후 친부모를 만날 기회가 없었다. 따라서 수막염으로 죽음을 경험하기 전까지는 여동생의 존재조차 알지 못했다. 대체 어찌된 영문일까?

　뇌 과학자들은 뇌가 의식을 만들어 내므로 뇌가 활동을 하지 않을 때는 기억을 쌓거나 체험을 할 수 없다고 주장한다. 그러므로 알렉산더 박사가 본 것을 꿈이나 환각이라고 할 수 없는 노릇이다. 꿈이나 환각은 뇌가 활동해야 가능한 일인데, 그가 체험한 것은 그의 뇌가 죽어 있던 때의 일이기 때문이다.

알렉산더 박사는 뇌사상태에서 극적으로 소생한 체험을 한 이후로는 뇌가 작동을 하지 않아도 의식은 엄연히 존재한다고 믿게 됐다. 그는 "나는 죽었지만 영혼은 살아 있었다."라고 말하면서 자신의 경험을 동료 의사들과 나누려고 하였다. 그러나 상당수의 의사들은 이를 믿지 않았다. 알렉산더 박사도 직접 이러한 체험을 하지 못했다면 아마 자신도 마찬가지였을 것이라고 말했다. 일부 의사들은 그의 근사체험을 망상이라고 여긴다. 이에 대해 알렉산더 박사는 "아니다."라고 잘라 말한다. 여기에는 자신의 체험뿐만 아니라, 중환자실에서 중증 환자를 여러 차례 치료해 본 임상 경험이 녹아 있다.

뇌사상태에 빠졌다가 뇌가 다시 작동할 때 일시적으로 망상에 시달리는 경우가 있다. 이를 중환자실정신증(ICU Psychosis)이라고 한다. 저자 자신도, 깨어날 때 자신의 아내와 담당 의사가 자신을 죽이려고 하는 망상, 즉 중환자실정신증에 시달리기도 했다고 고백하기도 했다. 하지만 이 증상과 근사체험은 전혀 다른 것이라고 명확하게 구분을 짓는다.

알렉산더 박사는 근사체험을 경험한 뒤 신경외과 의사를 그만두었다. 그 대신 과학과 영성을 조화시킬 목적으로 단체를 만들어 사람들의 영성을 고양시키는 활동을 하고 있다. 알렉산더 박사는 자신이 경험한 근사체험에 대해 얘기했을 때 이를 믿는 사람도 있지만 결코 믿지 않는 사람들도 있고 그 중간에 위치한 사람들도 있다고 했다. 이는 필자가 12년에 걸쳐서 죽음학 강의를 해 오면서 경험한 청중들의 반응과 거의 동일하다.

「천국에 다녀온 소년」은 미국에서 10여 년 전 일어났던 일을 바탕으로 한 영화다. 주인공은 네 살배기 남자아이인데, 급성충수염이 진행되면서 복막염으로 넘어가 목숨이 위태로운 상태에서 응급수술을 받게 된다. 수술을 받던 중 주인공은 수술대 위에서 체외이탈 등의 근사체험을 한 후 극적으로 깨어나게 된다. 주인공의 아버지는 목사로, 주일마다 교회에서 신도들에게 천국에 대해 설교를 했다. 그런데 정작 자신의 어린 아들이 천국에 갔다 왔다는 말을 하는 것을 듣고는 몹시 당혹스러워한다. 아들이 수술을 받고 있을 당시 아버지는 병원 예배실에서 기도를 하던 중 "왜 내 아들을 데려가려고 하십니까?"라고 외치며 예배실의 의자를 걷어차고 하느님을 원망하였다. 아들은 체외이탈을 통해 아버지의 그런 행동을 목격했다고 말해 아버지를 또다시 놀라게 한다.

한편 아들은 근사체험 중 어떤 노인을 만났다. 아들은 그 노인이 자신에게 아주 친절하게 대해 줬다고 하면서 그 노인의 구체적인 생김새와 별명까지도 아버지에게 이야기해 준다. 이상한 생각이 든 아버지는 돌아가신 집안 어른들의 사진을 아들에게 보여 주었다. 아들은 그중 한 장을 집어냈는데 사진 속 인물은 아주 오래전에 세상을 떠난 증조할아버지였다.

또 아들은 엄마에게 천국에 갔을 때 잘 모르는 어떤 소녀가 누나라며 자신을 잘 대해 줬다고 말한다. 그러면서 자신에게 캐시 누나 말고 또 다른 누나가 있지 않았느냐고 묻는다. 엄마가 아들에게 그 소녀의 생김새와 이름을 물어보자 아들은 "캐시 누나를 닮았어요. 그런데 이름이 없어요. 엄마 아빠가 이름을 지어 주지 않아서요."라고 답한다. 이 말을 들은 엄마는 오래전에 유산으로 잃은 태중의 아이를 떠올리면서 남편과 함께 경악을 금치 못한다. 이런 내용은 한 번도 아들에게 이야기한 적이 없었기 때문이다.

회의론자들은 근사체험이 꿈이나 환각 또는 착각에 불과하며 뇌 안에서 발생하는 엔돌핀 같은 물질에 의한 화학반응일 뿐이라고 폄하한다. 하지만 앞에서 소개한 여러 사례들처럼 구체적인 정황이 드러나는 일에 대해서는 어떻게 설명할지 궁금할 따름이다.

체외이탈이란 무엇인가

체외이탈이란 의식이 에너지화가 되어 육체와 분리되는 현상을 말한다. 쉽게 말해 자신의 몸을 빠져나와서 자신의 육신을 바라보는 상태로 근사체험의 중요한 요소다.

의학 학술지 『랜싯』에 게재된 근사체험 연구를 주도했던 네덜란드의 순환기 전문의 펌 반 롬멜 박사는 이를 가리켜 '국한되지 않는 의식(Non-local consciousness)'이라고 표현했다. 직접적인 용어를 쓰지 않고 다소 은유적인 표현을 쓴 것은, 육체와 분리되는 비육체적인 요소인 의식체·영혼·영(靈)이라는 단어에 대해 과학자와 의사들이 느낄 거부감을 감안했기 때문이 아닐까 추측한다. 대다수의 과학자와 의사 들은 인간의 두뇌가 곧 의식이어서 뇌의 활동이 멈추면 의식 역시 존재하지 않는다는 믿음을 갖고 있다. 그런 사람들에게 체외이탈은 상당히 다루기 불편한 영역일 수밖에 없다.

2007년부터 죽음학 강의를 시작한 필자 역시 초창기에는 체외이탈이라는 용어를 그다지 사용하지 않았다. 그러나 그 후 많은 연구 성과를 접하다 보니 체외이탈은 실재하는 현상이라는 걸 확신하게 되어 요즘은 강의 때 체외이탈이나 사후생 같은 용어를 자주 사용하고 있다. 체외이탈이라는 용어는 의학 학술지에도 종종 등장하고, 의학논문 검색 사이트에서도 'OBE(Out of Body Experience)'라는 용어로 검색할 수 있다.

교토대학의 칼 베커 교수가 쓴 『죽음의 체험: 임사현상의 탐구』에서는 체외이탈에 대해 자세히 다루고 있다. 체외이탈은 인도에서는 수천 년 전부터 잘 알려진 현상이다. 또 북미와 남미의 원주민들은 젊은이가 거쳐야 할 중요한 종교 체험으로 인식하고 있을 정도다.

그리스의 철학자 소크라테스도 체외이탈을 경험했으며, 분석심리학을 창시한 스위스의 정신과 의사 카를 구스타프 융 역시 근사체험을 한 것으로 알려져 있다. 1940년대에 융은 심각한 질환으로 사경을 헤매다 이 체험을 하게 되는데 그때 관찰한 지구를 묘사하기도 하였다. 당시에는 인공위성이 없어서 지구를 멀리서 찍은 사진이 없었을 때인데, 융이 묘사한 지구는 훗날 인공위성에서 촬영한 것과 정확히 일치했다고 한다. 영국의 시인이자 화가이며 신비가였던 윌리엄 블레이크(1757-1827)가 그린 그림 중에는 체외이탈을 그린 작품이 여럿 있다.

체외이탈 체험 중 육체는 편안히 앉거나 누운 자세를 취한다. 자신의 몸에서 1~2미터 정도 떠올라 경직 상태의 육체를 내려다보는데 몸에 대하여 별다른 애착이 느껴지지 않는다고 한다. 벽이나 나무 등을 자유로이 통과하며 융처럼 잠깐 동안 지구를 한 바퀴 돌거나 지상의 모습을 관찰하기도 한다.

심각한 부상을 입고 응급실에서 치료를 받다가 심장이 멎어 심폐소생술을 받던 중 체외이탈을 하는 경우도 있다. 다시 살아난 사람이 소생술을 했던 의료진이 가슴에 부착하고 있던 이름표와 그들의 인상착의를 정확히 말하여 의료진을 당황스럽게 만들기도 하고, 자신이 누워 있던 침대 위로 솟아올라 병실 밖 복도에서 자신에 대한 걱정으로 울고 있는 가족을 목격한 얘기를 해서 가족들을 깜짝 놀라게 하기도 한다. 그 자리에 없었다면 알 수 없는 상황까지 자세히 묘사하기 때문이다.

시각장애인들을 대상으로 한 체외이탈 연구도 다수 있다. 평소 앞을 전혀 볼 수 없었던 이들은 근사체험 중에 본 자신이 입고 있었던 옷 색깔·머리 모양·결혼반지 등을 묘사하기도 하고, 새·사람·하늘 등 평소 궁금했던 사물들을 처음으로 본 것에 감격하기도 한다.

체외이탈은 근사체험 때뿐만 아니라 우리의 육체가 절체절명의 순간에 있을 때에도 일어난다. 에베레스트에서 무산소 등반을 한 유명한 산악등반가 라인홀트 메스너는, 등반 도중 추락했다가 살아남은 사람들을 조사해서 『죽음의 지대』라는 책을 펴냈다.

사람이 물에 빠지면 본능적으로 지푸라기도 잡으려고 하지만 산에서 추락하면 아무것도 할 게 없다고 한다. 그럴 때 오히려 마음이 편안해지면서 몸 밖으로 빠져나와 산 정상에서 떨어지는 자신의 육체를 바라본다고 한다. 일종의 체외이탈이라고 할 수 있다. 추락하는 사람이 자기를 관찰하는 자가 되어 떨어지고 있는 자기를 뒤쫓게 되는데 추락 사실에 지배되지 않고 냉정해지면서 시간과 공간 감각을 잃어버리는 경험을 하게 된다고 한다. 어떤 이는 "불안한 생각도 없었고 아주 태연한 기분으로 내 몸이 가파른 설원으로 떨어지는 모습을 보았다."라고 자신의 체험을 말하고 있다. 또 경우에 따라 추락하는 도중 자신의 생애를 회고하기도 하는데 이는 근사체험 때 자주 일어나는 현상이다.

이 책에는 산악 등반사고로 아들 둘을 잃은 어머니를 인터뷰한 내용도 있다. 육체가 지독한 고통을 겪기 전에 의식이 몸 밖으로 빠져나오기 때문에 오히려 별로 고통이 없다는 얘기를 들려줬더니 그 어머니가 많은 위로를 얻고 갔다고 한다.

체외이탈을 경험한 사람들은 육신을 벗어났을 때의 느낌을 몇 가지 비유로 묘사하고 있다. 심각한 골절상을 입고 온몸에 깁스를 한 채 오랫동안 침대에 누워 있다가 다 나아서 깁스를 풀고 두 다리로 뜀박질을 하게 되었을 때의 개운함, 무겁고 육중한 잠수복을 입고 해저에서 둔탁하게 걸어 다니다가 물 밖으로 나와 벗게 되었을 때의

체외이탈 전
무거움·둔탁함·혼탁함

체외이탈 후
신선함·상쾌함

홀가분함, 골초들의 담배연기로 매캐하고 혼탁한 선술집에 오래 앉아 있다가 문을 박차고 나와 자연의 신선한 공기를 마셨을 때의 상쾌함 등등….

　필자의 죽음학 강의를 들은 한 지인은 자신이 어렸을 때 체외이탈을 한 경험을 들려주었다. 그러면서 그간 실체를 몰라 의아하게 여겼던 것을 이제야 이해하게 되었다고 토로하였다. 시골에서 지내던 열 살 무렵, 고열로 신음하면서 방바닥에 누워 있었는데 어느 순간 육신에서 분리돼 천장에 뜬 채로 방바닥에 누운 자신의 육체를 내려다본 적이 여러 번 있었다고 했다. 그 시절 농가의 천장에는 네모난 메주 덩어리를 매달아 놓는 일이 흔했는데 그곳까지 떠올랐다고 했다. 그 지인은 근사체험의 요소 중 하나인 체외이탈을 한 번도 아니고 여러 차례나 겪었다는 얘기다. 그때마다 아프던 몸과 달리 자유롭고 상쾌한 느낌을 받았다고 한다.

육신으로 복귀하는
이유

이처럼 근사체험자들은 체험 당시 머문 곳이 밝은 빛으로 가득 차 있고 평화로우며 돌아오고 싶지 않을 만큼 아름다웠다고 이야기하는 경우가 많다. 그런데 왜 이들은 부상을 입었거나 병들어 고통스러운 육신으로 복귀하는 것일까? 동서양을 막론하고 근사체험자들은 대부분 먼저 죽은 가족을 만나게 되는데, 그들이 "아직 때가 안 됐으니 돌아가라."라고 말했다는 것이다. 어떤 체험자는 돌아가기 싫어서 머뭇거리자 먼저 죽은 삼촌이 자신을 떠밀었는데 그 순간 수영장에 빠지는 느낌이 들면서 부상당한 육체로 돌아왔다고 했다. 또 다른 체험자는 다음과 같이 당시 상황을 회상한다.

"나는 저 다른 쪽은 멋진 곳이고 거기 머물고 싶다고 생각했어요. 그러나 아이들을 생각하니 누가 내 아이들을 돌볼지 걱정이 됐습니다. '그래, 돌아가서 살아야 해.'라고 생각하며 육신으로 돌아왔습니다."

이 여성은 저쪽 세계가 너무 좋았으나 자녀 양육의 의무를 떠올리고는 이 세상으로 돌아왔다는 것이다. 근사체험에 대한 회의론자들이 얘기하는 것처럼 환각이나 착각이라면 이처럼 이성적인 판단을 하지는 못했을 것이다.

과학적 증명의
문제

우리 주변의 모든 것을 다 과학으로 입증할 수는 없다. 교통사고를 당한 사람이 실명을 하게 되면 보상금 액수가 엄청나게 차이가 나는데 두 눈을 다 뜨고서도 앞이 전혀 보이지 않는다고 하는 사람도 있다고 한다. 그럴 경우 정말로 실명했는지를 입증할 과학적 방법이 없다는 얘기를 동료 안과 교수로부터 들은 적이 있다. CT나 MRI 등 최신 진단장비가 있어서 실명 여부는 어렵지 않게 확인할 수 있는 줄 알았는데 그 얘기를 듣고는 정말 뜻밖이라고 생각했다. 필자의 전공분야인 소화기질환 영역에서도 마찬가지다. 예를 들어 속이 더부룩하거나 속이 쓰린 증상은 과학적으로 증명할 수 없다. 특히 기능성 소화불량의 경우엔 위내시경 검사로 찾아낼 수 있는 병변(病變)도 전혀 없다. 왜냐하면 이런 증상은 대개 주관적인 체험이기 때문이다.

하지만 과학적으로 증명할 수 없다고 해서 존재하지 않거나 거짓일까? 전혀 그렇지 않다. 예를 들어 위장관 운동촉진제는 이런 증상을 호전시키기 위하여 처방하는 약인데 이러한 약제가 얼마나 효과가 있는지를 알기 위해서 투약 후 증상이 호전되는 정도를 조사하여 통계 처리를 한 연구 결과가 있다. 이렇게 과학적으로 증명할 수 없는 증상을 대상으로 한 연구가 과학 학술지에 종종 게재된다.

이와 비슷한 사례를 하나 더 소개한다. 2002년에 발간된 『New England Journal of Medicine』에 「고춧가루가 사람의 위장관 증상에 어떤 영향을 주는가」라는 제목의 논문이 실렸다. 기능성 소화불량 환자 30명을 대상으로 고춧가루에서 추출한 캡사이신을 섭취하는 환자군과 플라세보를 섭취하는 대조군으로 나누어 이중맹검법으로 진행하였다.

그런데 놀랍게도 매운 음식은 위장에 좋지 않을 것이라는 통념과 다른 연구 결과가 나왔다. 캡사이신을 5주일간 복용한 환자군이 플라세보를 섭취한 대조군에 비해 명치부 통증·명치부 포만감·구역 등 전반적인 증상에서 호전되는 등 통계학적으로 의미가 있는 결과를 보인 것이다. 이를 어떻게 설명할 수 있을 것인가. 주관적인 증상을 과학으로 증명하기란 쉽지 않지만 이와 같은 현상이 존재하고 있다는 것은 분명하다. 근사체험 역시 마찬가지다.

근사체험의
여러 특징

우리가 감각이나 의식으로 파악할 수 있는 세계는 사실 우주의 극히 작은 일부분일 뿐이다. 더러는 초의식 또는 초감각을 통해 우주의 본질에 접촉하게 되는데 이런 것을 흔히 신비체험이라고 부른다. 근사체험은 일종의 신비체험에 속한다. 다른 말로는 심층종교체험 혹은 일체지향적체험이라고 한다. 이에 대해서는 미국의 윌리엄 제임스(1842-1910)가 자신의 책『종교적 경험의 다양성』에서 그 특징을 잘 설명하고 있다. 근대 심리학의 아버지로 불리는 윌리엄 제임스는 하버드 의대 출신 의사로서 처음에는 생리학을 가르치다가 나중에는 심리학과 철학으로까지 영역을 넓힌 인물이다. 그는 심층종교체험의 특징으로 다음 네 가지를 제시했다.

- 피동성(Passivity)
- 말로 표현하기 어려움(Ineffability)
- 깨달음과 통찰을 얻음(Noetic quality)
- 일시성(Transiency)

이를 근사체험에 적용해 보면 정확하게 들어맞는다. 근사체험은 갑작스러운 사고로 심장과 호흡이 멎은 죽음의 상태에서 체험을 하는 것이다. 이를 경험하기 위해 일부러 사고를 당하는 사람은 없기 때문에 피동적인 것이 된다.

또 체험자들은 이구동성으로 자신의 체험을 인간이 사용하는 언어로 표현하는 데 큰 어려움을 느낀다. 이러한 체험을 타인에게 설명하여 이해시키기가 얼마나 어려운지에 대해 서울대학교 종교학과 성해영 교수는 바나나를 예로 들어 설명한다. 바나나를 한 번도 맛본 적이 없는 사람에게 바나나의 맛에 대해 책 한 권을 써서 설명할 수는 있지만, 정작 바나나의 맛은 본인이 스스로 먹어 보고 깨닫는 수밖에 없다는 것이다. 또한 일상생활 중에는 알 수 없었던 큰 깨달음을 근사체험을 한 이후에 얻기도 한다. 끝으로 이 체험은 지속되는 것이 아니라 일시적인 것이어서 심장이 멎어 있는 동안에만 겪는다는 점이다.

한편 죽음체험을 공유하는 공사체험(共死體驗, Shared death experience)도 죽음과 관련해 중요한 영적인 체험이다. 레이먼드 무디 주니어가 2010년에 펴낸 『영원의 일별』에는 체험한 본인만의 주관적인 체험인 근사체험과는 다른, 같이 있던 다른 사람들도 공유하게 되는 공사체험이 소개돼 있다. 체험을 한 사람들에게는 너무나 명백한 것도 체험하지 않은 사람들에게는 잘 받아들여지지 않는 경우가 많다. 하지만 공사체험은 함께 체험하기 때문에 깨달음이나 감동을 공유하게 된다.

이 책은 또 헬리코박터균을 처음 발견했을 당시 학계가 보였던 냉담한 반응에 대한 에피소드를 싣고 있는데, 이 에피소드가 죽음 이후의 세계에 대해 이야기할 때 사람들이 보이는 반응과 비슷하다는 점에서 인상적이다.

사람의 위장에 세균이 있다는 것이 알려진 지는 불과 30여 년밖에 되지 않았다. 1979년, 병리학자 로빈 워런은 위염으로 고생하고 있던 환자의 위점막에서 그때까지 알려지지 않은 세균을 관찰하여 학계에 보고하였지만 냉대를 받았다. 위액은 강산성이므로 균 같은 것은 존재할 수 없다는 것이 당시 학계의 통념이었던 것이다.

배리 마셜은 전문의가 되기 위해 논문 주제를 찾다가 워런의 연구실 책상 한쪽에 놓여 있던 세균 연구 결과를 보게 되었다. 이후 두 사람은 이 세균을 사람의 위장으로부터 분리하여 배양하기 위해 연구를 진행한다. 결국 세균을 분리하는 데 성공한 두 사람은 자신들의 성과를 학회에서 발표하려고 초록을 제출했다. 그런데 학회로부터 황당한 연구 결과는 받아 줄 수 없다며 불합격 통지를 받게 되었다. 그 바람에 두 사람은 획기적인 연구 결과를 발표할 기회조차 얻지 못하다가 나중에야 공로를 인정받아 2005년 노벨의학상을 받게 된다. 이처럼 처음에는 비난을 받고 철저하게 외면당하지만 훗날 연구 성과를 인정을 받게 되는 '역사적 사건'이 종종 있다.

현재 근사체험 연구 역시 관련 학계로부터 냉대 내지는 폄하를 받고 있는 실정이다. 그러나 세월이 지나 연구 성과가 축적되면 의학 연구의 한 분야로 세상의 인정을 받게 되리라 확신한다.

한국인의 체외이탈, 근사체험

국내에서는 아직 외국처럼 체계적인 연구는 없고, 가끔씩 체외이탈 사례가 보고되는 정도다. 그중 하나, 2008년 5월 가톨릭 의대는 학술지 『최신의학』에 「전신마취하 수술 중 심폐소생술 생존자가 경험한 임사체험 1례」를 다음과 같이 보고 하였다.

"차를 타고 어두운 터널을 지나가고 있었어요. 멀리서 불빛 같은 것을 봤어요. 터널을 지나니 파란 하늘이 밝게 보였어요. 갑자기 아주 시끄러운 소리가 들렸고 뭔가를 가슴에 대는 걸 느꼈어요."

2011년 5월 19일, 춘천 MBC는 다큐멘터리 「자살, 한국 사회를 말하다」를 방영했다. 여기서 한 중년 부인이 교통사고로 중상을 입고 수술을 받던 도중 체외이탈을 경험한 사례를 소개했다. 이 부인은 자신이 수술실 위에 붕 떠서 아래를 내려다보니 흰옷을 입은 사람들이 빨래를 하고 있더라고 표현했다. 수술 장면을 본 적이 없어서 자신이 아는 방식으로 설명을 한 것이다. 부인이 회복한 후에 수술을 집도한 의사에게 수술할 때 자기가 본 걸 이야기하니까 의사가 정말 이상한 사람도 다 있다면서 깜짝 놀라더라고 했다.

이 다큐멘터리는 마음건강연구소 변성식 대표의 사례도 소개하고 있다. 변 대표는 40여 년 전 청년 시절 작업 도중 추락사고를 당했는데 그때 근사체험을 했다고 한다. 사고를 당한 후 의식을 잃고 쓰러져 있는 자신의 모습, 병실 침대에 누워 있는 자신 옆에서 비통해하는 가족의 모습을 높은 곳에서 내려다보았다고 한다. 그리고 육신을 벗어난 자신이 현실세계의 여러 사람들 사이를 돌아다니는 경험을 했다고 한다.

2014년 10월, 서울 코엑스에서 세계내과학회가 개최되었는데 전 세계 수천 명의 내과 의사가 참석하였다. 그때 2012년 칠레에서 열린 학회에 참가했던 대한내과학회의 한 임원으로부터 전해 들은 사례를 소개한다.

당시 한국 의사들을 안내했던 칠레의 현지 가이드는 어릴 때 칠레로 이민을 간 한국인이었다. 그는 스물여덟 살 때 오토바이 사고로 심각한 부상을 당해 의식 불명으로 오랫동안 병실 침상에 누워 있었다고 한다. 의식불명 상태에서 그는 체외이탈을 하여 병원 곳곳을 돌아다녔고, 그러다 보니 병원 구석구석에 익숙해졌다. 그래서 한 달 후 퇴원할 무렵에는 병원에 처음 오는 사람에게 병원 곳곳을 안내해 줄 정도가 됐다고 한다.

우리는 왜 죽음을 두려워할 필요 없는가

그 가이드는 다시 깨어난 후 인생관에 큰 변화를 겪게 됐다. 그는 "그때의 체험은 결코 잊지 못할 일이지만, 함부로 주위에 말했다가는 미친 사람 취급을 받기 때문에 말을 아끼는 편"이라며, "고국에서 의사 선생님들이 오신다는 얘기를 듣고 자신의 체험에 대해 의학적 설명을 듣고 싶어 말씀을 드리는 것"이라고 말했다고 한다.

이 체험담을 전해 들은 필자는 그 가이드에게 체외이탈을 다룬 여러 권의 책을 보내 주었다. 그가 경험한 것은 개인이 겪은 이상한 사례가 아니라 이미 전 세계적으로 수천 내지 수만 명의 사람들이 체험한 근사체험이라는 것을 알려 주고 격려하기 위해서였다.

2001년 『랜싯』에 게재된 네덜란드 연구 결과에 따르면, 근사체험자들은 자신들의 경험 이후 삶에 변화를 보이는 것으로 나타났다. 즉 다른 사람에 대한 공감과 이해가 증가하고 일상사에 대한 감사의 마음이 커진다. 칠레의 이 교포 역시 근사체험 후 바로 그러한 삶의 변화를 겪은 것으로 보인다. 근사체험 후 더러는 예지력이나 다른 사람의 마음을 읽을 수 있는 초능력이 생겨나기도 하는데 이 사람도 이런 능력을 습득한 것으로 보인다. 『랜싯』의 연구에서는 이러한 삶의 변화가 8년까지도 관찰됐다고 했다. 이 사람에게 일어난 삶의 변화도 오랜 시간 유지되리라 추측한다.

이번엔 필자가 들은 사례이다. 2016년 9월 경기도 광주 초월읍에서 죽음학 강의를 한 적이 있다. 이날 강의에 참석한 청중 가운데 한 분이 자신의 어머니가 20여 년 전에 경험한 근사체험 사례를 들려주었다. 그분의 어머니가 40대 후반에 고혈압으로 쓰러져 병원에 모시고 갔는데 얼마 후 사망 판정을 받았다고 한다. 그런데 어머니가 20여 분 후 극적으로 회생한 후 그 사이에 경험한 것을 얘기하셨다. 체외 이탈을 하여 위에서 자신의 육체를 내려다보니 딸들이 엉엉 울고 있어서, 이대로 가면 안 되겠다고 생각하고 자신의 육신으로 돌아가려고 했는데, 보이진 않지만 누군가가 양쪽 팔을 잡고 있어서 처음에는 뜻대로 되지 않았다고 한다. 그러나 여러 번 몸부림치면서 시도한 끝에 마침내 자신의 육체로 돌아왔고 눈을 뜨게 됐다고 한다. 다시 살아난 어머니는 딸들에게 "너희는 믿지 못하겠지만…" 하면서 자신의 근사체험을 들려주었다고 한다.

2013년 8월 9일 KBS 「가족의 품격 풀하우스」에서는 배우 김보성 씨가 스무 살 때 경험했던 근사체험을 털어놓은 적이 있다. 그는 위기에 빠진 친구를 구하기 위해 13대 1로 격투를 벌였는데, 한쪽 눈이 실명되도록 심한 폭행을 당하고는 기절하였다. 그는 기절해 있는 두 시간 동안 소용돌이와 하얀빛을 보고 천국을 다니는 체험을 했다고 한다. 그러면서 삶과 죽음의 경계에서 인생에 대한 깨달음을 얻게 되었는데 삶의 가장 큰 이유는 '무조건적인 사랑'이라고 했다.

그러나 그의 진지한 고백을 대하는 다른 출연진의 반응은 몹시 냉소적이었다. "그런 얘기는 회식 때나 듣자."라고 하거나 "회식 자리에서도 그런 말은 하지 말라."라며 깔깔대고 있었다. 아마 과학적으로 증명되지 않은 경험이라고 생각하고 이런 반응을 보였을 텐데, 마치 우물 밖을 나가서 광대한 바다를 보고 돌아온 개구리가 바다의

존재에 대해서 이야기하자 우물 안 개구리들이 박장대소하는 것 같았다. 이 장면은 필자를 안타깝게 했다.

그 후 알고 지내는 영화감독을 통해 김보성 씨에게 근사체험 관련 책자와 함께 편지 한 통을 써서 보냈다. 그때 경험한 근사체험은 뇌가 헷갈린 것이 아니라 실제로 일어난 사건이며, 선진국에서는 수십 년 전부터 이에 대한 학술 연구가 진행되고 있다. 그러니 자신의 체험을 다른 사람에게 말할 때 위축되지 말고 용기를 가지라고 격려해 주었다.

주변에서 접할 수 있는 몇몇 사례를 보면 국내에서도 서구의 여러 나라처럼 근사체험 사례가 적지 않을 것으로 추측한다. 그런데 이런 연구를 본격적으로 하기 어려운 것은 영혼 혹은 영적이라는 용어에 심한 거부감을 갖고 있는 의료계와 과학계의 풍토 때문이다. 그러나 최근 들어 죽음과 관련하여 일어나는 영적인 현상에 관심을 갖고 사례를 모으는 젊은 의학자들이 하나둘씩 늘어나고 있다. 국내에서도 머지않아 이런 주제에 대한 전향적인 연구가 시작되리라 기대한다.

인식의
새로운 지평

2015년 9월, 스코틀랜드의 유명한 핀드혼공동체는 〈우리는 죽지 않는다(We do not die)〉라는 워크숍을 개최하였다. 여기에는 '근사체험이나 다른 영적인 체험을 통해 우리의 의식을 확장하기'라는 부제가 붙어 있었다. 포스터에 적힌 내용 가운데 인상적인 문구는 "아마도 이번 생은, 끝없이 영원한 목걸이에 꿰어진 하나의 완벽한 진주일 것이다(Perhaps this life is just one perfect pearl on an endless and eternal necklace)."라는 대목이었다. 우리가 일회성 삶을 살고 소멸해 버리는 존재가 아님을 알려 주는 문장이라고 하겠다.

우리는 여전히 근사체험이 '환각이나 착각이 아닐까' 혹은 '과학적으로 증명이 가능할까' 등의 질문을 하는 수준에 머물러 있다. 그러는 사이에 선진국에서는 근사체험을 활용해 대중의 영성을 진작시키기 위한 운동을 활발하게 진행하고 있다.

2015년 4월 1일 자 한국일보에는 「영혼의 증거인가, 뇌의 오작동인가? 임사체험, 과학으로 파헤치다」라는 제목의 기사가 실렸다. 이

기사에서 인용한 미국 시사 월간지 『애틀랜틱』은 근사체험에 대해
다음과 같이 적었다.

"의학계는 지금까지 사후세계는 미신으로, 임사체험은 환각으로 치
부해 왔지만 이제는 더 이상 무시할 수만은 없는 의학적 영역이 됐다.
초능력과 유령 같은 초자연적 현상 중 임사체험이, 의학계가 과학적으
로 풀어 보려고 시도하고 있는 유일한 영역이다."

기사는 근사체험을 두고 그간 '뇌가 헷갈리는 오작동'이라는 식
으로 여겨 오던 편견에서 벗어나야 한다고 말한다. 정신의학자 수잔
블랙모어는 "임사체험의 중요한 진실은 사람들에게 삶과 죽음에 대
한 의미를 다시금 깨닫게 해 삶에 새로운 전환점을 마련해 준다는
데 있다. 21세기의 새로운 심리치료요법으로 정신의학계가 이를 수
용할 방법을 찾아야 한다."라고 강조했다.

우리 눈에 보이지 않는 세계에 대한 논의는 우리가 사는 3차
원보다 높은 차원을 이해하는 것만큼이나 어려운 일일 것이
다. 유튜브에 올라와 있는 한 동영상(http://www.youtube.com/
watch?v=v4AJm4j2MZA)을 보면, 전후와 좌우만이 존재하는 2차원에
사는 존재들은 구·사면체·육면체 같은 3차원 존재를 이해하지 못
한다. 전후좌우가 전부인 줄 알던 2차원 존재는 어떤 계기로 인해 위
와 아래라는 것이 있다는 사실을 깨닫게 된다. 이는 우물 안이 세상

의 전부라고 알았던 개구리가 우물 밖의 장엄한 바다를 알게 되는 '대사건'에 비유할 수 있다. 그 동영상에 나오는 다음의 한 대목은 우리 인식의 지평을 넓혀 준다.

"대체로 사람들은 모르는 것, 알려지지 않은 것을 두려워하는데, 만일 우리가 알고 있는 것만을 볼 수 있다면 새로운 것들과 알려지지 않은 것들을 어떻게 알 수 있겠는가? 이제까지 전혀 몰랐던 다른 차원을 이해하려면 알려고 하는 용기가 필요하다. 재미있지 않은가? 우리를 가장 두렵게 하는 것이 우리를 가장 가슴 뛰게 만든다는 사실이."

이렇듯 다양한 측면에서 진행된 연구 결과들은 우리에게 말한다. 죽음은 꽉 막힌 벽이 아니라 열린 문이며 다른 차원으로의 이동을 뜻하는 것이라고.

15년 전만 해도 필자 역시 근사체험에 대해 관심을 두지도, 신뢰하지도 않았다. 그러나 그 후 수많은 객관적인 관찰과 연구 결과를 접하게 되면서 삶과 죽음을 바라보는 시각이 완전히 바뀌었다. '우리의 존재는 죽음으로 끝나는 게 아니다'라는 사실을 살아 있을 때 조금이라도 더 일찍 깨닫게 된다면 참 다행스러운 일이다. 내게 주어진 시간을 보다 값지게 살아 냄으로써 그 자신의 삶뿐만 아니라 주위 사람들에게도 좋은 영향을 미칠 수 있기 때문이다.

4장

삶의 종말체험 :
죽음 직전에 보이는 환영

몇 년간 췌장암으로 투병하다가 2011년 10월 세상을 떠난 애플 컴퓨터의 CEO 스티브 잡스. 그의 전기에는 임종 직전의 상황이 잘 묘사돼 있다. 그는 아이들과 아내 로렌을 차례로 오랫동안 바라본 다음 그들의 어깨 너머로 시선을 던졌다. 그리고 "오, 와우! 오, 와우! 오, 와우!" 하는 감탄사를 남기고 눈을 감았다. 그는 죽기 전에 과연 무엇을 봤기에 이런 행동을 한 것일까?

삶의 종말체험은 근사체험과 마찬가지로 죽음과 관련하여 일어나는 대단히 중요한 영적 현상이다. 근사체험과 공통되는 부분도 있으나 엄밀히 따지면 다른 개념으로, 세상을 떠나기 전에 어떤 '환영(vision)'을 보는 현상을 말한다. 대체로 먼저 세상을 떠난 가족이나 친지 또는 친구가 임종하는 사람을 마중 나온다. 더러는 세상을 떠나는 사람이 멀리 떨어진 가족이나 지인 앞에 모습을 나타내기도 한다. 이는 임종하는 사람과 가족 모두에게 편안한 느낌을 주기 때문에 '마지막 선물(final gift)'이라고 부르기도 한다.

다양한
종말체험 현상

영국의 정신과 의사 피터 펜윅 박사는 우주 현상에 대해 탐구하는 의사와 과학자 집단 네트워크의 회장을 지냈다. 그는 영국과 스코틀랜드에서 일어난 종말체험 사례를 수집하여 『죽음의 기술』이라는 책을 출간했다. 펜윅 박사는 책 출간 무렵 영국 방송과 한 인터뷰에서 "죽음은 스위치가 툭 하고 꺼져 버리는 단순한 일이 아니며 여러 단계의 일이 발생하는데, 그중 하나가 죽어 가는 사람이 임종에 임박해 먼저 죽은 가족이나 친지의 방문을 받게 되는 사건"이라고 말했다.

책에 소개된 여러 사례 가운데 하나는 아일랜드의 왕립과학원 물리학 교수였던 윌리엄 배럿의 부인이 1920년대에 경험한 것이다. 배럿의 부인은 산부인과 의사였는데, 한 산모가 건강한 아이를 출산했으나 과다 출혈로 생명이 위독한 상황이었다. 그런데 간병인이 보니 그 산모는 얼굴에 상냥한 미소를 띤 채 허공에 있는 무엇인가에 시선을 두고 있었다.

산모의 동생은 3주일 전에 세상을 떠났으나 가족들은 환자의 몸 상태가 좋지 않아 이 사실을 알려 주지 않았다. 임종에 앞서 이 산모는 오래전에 타계한 아버지와 3주일 전에 세상을 떠났던 동생의 마중을 받은 것이다. 아내로부터 이 이야기를 전해 듣고 충격을 받은 윌리엄 배럿은 이러한 사례들을 수집하여 『임종 시에 나타나는 환영들』이라는 제목의 책을 출간하였다.

엘리자베스 퀴블러 로스 박사의 책 『사후생』에서도 비슷한 사례를 소개하고 있다. 로스 박사는 어린이 환자들의 임종을 많이 지켜봤는데, 한번은 일가족이 심한 교통사고를 당한 가족이 있었다. 차를 운전하던 엄마는 현장에서 즉사하고 딸과 아들은 중상을 입어 같은 병원의 서로 다른 병동에 입원한 상태였다.

그런데 여자아이가 임종이 다가오자 "모든 것이 다 잘되고 있어요. 엄마와 남동생이 저를 기다려요."라는 말을 하고 눈을 감았다. 로스 박사는 여자아이의 엄마가 현장에서 죽었다는 것은 알고 있었지만 남동생이 죽었다는 사실은 미처 알지 못했다. 그 바로 직후 로스 박사는 다른 병동에 있던 여자아이의 남동생이 여자아이보다 10분 전에 죽었다는 전화를 받는다. 여자아이는 사고 현장에서 어머니가 죽은 것은 목격했을지 몰라도 남동생은 당시 살아 있었다. 따라서 죽은 남동생의 마중을 받게 된 것을 환자의 착각이나 혼동으로 볼 수는 없다.

필자 지인의 부친은 암으로 3년간 투병하다가 임종을 맞게 되었다. 지인 부친은 6·25 전쟁 때 학도병으로 참전한 적이 있는데 임종 무렵 전사한 동료들이 침대 끝에 서 있다면서 몹시 두려워했다고 한다. 지인은 부친이 세상을 떠난 후 필자에게 이 이야기를 들려줬다. 그래서 삶의 종말체험 얘기를 해 줬더니 미리 알았더라면 임종 직전의 부친이 편안하게 죽음을 맞도록 도와드렸을 거라며 몹시 아쉬워했다. 사실은 먼저 떠난 전우들이 낯선 곳으로의 여행을 안내해 주려고 마중을 나온 것이었다. 그런데 그걸 알지 못했던 지인의 부친 입장에서는 무서울 수밖에 없었던 것이다.

의사 본인이 직접 종말체험을 목격한 사례도 있다. 건국대 병원 윤소영 교수가 의대를 졸업한 후 내과에서 전공의 수련을 받을 때의 일이다. 같이 근무하던 동료 전공의가 악성림프종 진단을 받고 항암 화학요법 치료를 받았으나 별 효과를 보지 못해 점점 상태가 나빠지고 있었다. 당시 병실에는 담당의사와 환자 말고는 아무도 없었는데도 환자는 자꾸만 "누군가가 방에 와 있다."라는 말을 했다.

그러자 담당의사는 이를 섬망(delirium)으로 보고 정신과에 의뢰를 하였다. 연락을 받고 온 정신과 전공의는 환자의 의대 졸업 동기였는데, 병상에 누워 있는 자신의 친구가 하는 말을 듣고는 몹시 당황했다.

얼마 후 악성림프종을 앓던 그 내과 전공의는 세상을 떠났다. 한참 세월이 흐른 후 종말체험 현상이 있다는 걸 뒤늦게 알게 된 정신과 전공의는 회한을 느낀다고 했다. 종말체험을 그때 알았더라면 친구를 위축시키지 않고 좀 더 편안한 죽음을 맞이할 수 있게 도왔을 거라면서.

윤 교수의 또 다른 경험담으로, 말기 암으로 투병하던 80세 여성의 얘기다. 노인은 독실한 가톨릭 신자인데, 평소 성당에서 오랫동안 임종 환자의 시신을 닦고 꾸며 주는 염습 자원봉사를 해 왔다고 한다. 잔여 수명이 한 달 정도 남았을 무렵 윤 교수가 그 노인에게 먼저 타계한 배우자께서 혹시 병실에 와 있지 않느냐고 넌지시 물어봤다고 한다. 그랬더니 웃으면서 "20년 전에 죽은 남편이 아무 때나 병실에 와서 앉아 있다가 가곤 한다."라며 별일 아니라는 듯 대답하더라는 것이다.

서울대학교 병원에 근무하는 한 혈액종양내과 교수는 근사체험이나 삶의 종말체험과 같은 영적 현상을 자신이 알게 되기 전과 후의 차이를 필자에게 얘기해 주었다. 말기 암 환자나 그 가족이 죽음과

알고 난 후

그 후에 대해 질문해 왔을 때 처음에는 환자나 가족의 체험담을 이해하지 못했지만, 영적 현상을 알고 난 후에는 그들을 대하는 방식에 차이가 생기더라는 이야기였다. 의료진은 환자 및 환자의 가족과 원활한 관계 형성을 위해서도 이런 영적 현상을 이해하는 것이 매우 중요하다.

죽기 직전 친지를 방문하는 체험들

종말체험은 임종을 앞둔 환자의 경우에만 나타나는 것은 아니다. 죽음을 맞기 직전이나 죽음을 맞은 바로 그 시각에 멀리 떨어져 있는 가족이나 친지 앞에 잠시 모습을 드러내는 경우도 있다. 이 역시 삶의 종말체험이다. 이런 사례는 역사적으로 드문 일이 아니다. 베트남 전쟁 때 전사한 군인이 사망한 바로 그 시각에 미국 고향 집 가족들 앞에 모습을 나타냈다는 기록들도 상당수 있다.

『죽음의 기술』에 소개된 어느 간호사의 체험담이다. 자다가 새벽 3시에 깨어 보니 아버지가 자기 앞에 서 계셨다. 당시 그녀의 아버지는 81세의 고령으로 알츠하이머를 앓고 있어서 요양원에 계셨다. 그런데 40~50대 전성기 때의 모습으로 나타나서는 "나는 이제 괜찮아. 많이 나아졌어."라고 말하고는 벽 속으로 사라졌다고 한다. 그녀는 아침에 요양원으로부터 연락을 받았다. 아버지가 그날 새벽 6시에 돌아가셨다고 했다. 아버지는 돌아가시기 전에 딸을 방문했던 것이다. 그 간호사는 기묘한 체험이기는 했지만 마음이 편안해졌다고 한다. 그래서 이런 체험을 '마지막 선물'이라고 하는 것이리라.

이 책에는 이런 사례도 소개돼 있다. 18세의 한 청년이 영국을 떠나 호주로 가는 상선에 타고 있었다. 어느 날 저녁 침상에서 책을 읽다가 누가 자신을 내려다보는 느낌이 들어 봤더니 그의 할아버지가 서 있었다. 너무 놀란 나머지 그는 비명을 지르며 복도로 뛰쳐나갔다. 사시나무 떨듯 하며 한참 동안 밖에 있다가 돌아와 보니 할아버지는 사라지고 없었다. 얼마 후 호주에 도착하여 영국 집에 전화를 했을 때 할아버지가 돌아가셨다는 얘기를 듣게 된다. 그런데 돌아가신 시각이 자신이 선실에서 할아버지를 목격했던 바로 그 시각이었다. 세상을 떠나는 할아버지가 공간적으로 멀리 떨어진 손자를 만나 보고 저쪽 세상으로 건너간 것이다.

수년 전에 직접 들은 비슷한 사례 하나를 소개한다. 필자가 잘 아는 신장내과 교수 한 분이 10여 년 전에 경험한 일이라며 필자에게 털어놓은 얘기다.

미국에 한 달간 단기연수를 갔을 때인데, 새벽 2시경 문밖에 인기척이 있어 문을 열었더니 복막투석과 심부전증으로 오랫동안 진료를 받아 온 환자가 서 있었다. 이 환자는 "이제 다 나아서 아프지 않다."라고 얘기했고, 교수는 놀랍고도 반가운 마음에 밤이 깊었으니 들어오라고 했다. 하지만 환자는 "그냥 인사하러 왔어요, 선생님. 기다리는 사람이 있어서 그만 갈게요."라고 말하고는 자리를 떴다. 연수를 마치고 귀국하여 이 환자의 의무 기록을 살펴보았더니 그사이에 환자는 사망했다고 적혀 있었다. 그런데 사망 시각은 미국의 숙소로 환자가 찾아왔던 바로 그 시각이었다. 오랫동안 자신을 진료해 준 의사를 세상을 떠나면서 만나 보고 저세상으로 건너간 것이다.

2014년 1월, 충남 서산에서 죽음학 강의를 할 기회가 있었다. 강의를 들은 주민 30여 분 중 한 분이 안타깝게도 얼마 전 오토바이 사고로 아들을 잃었다고 했다. 그분은 사고 당일 자정 무렵 온몸에 붕대를 두른 아들을 비몽사몽간에 보고 놀라서 잠이 깼는데, 조금 있다가 경찰서로부터 아들의 사고 소식을 전하는 전화를 받았다고 했다.

다음에 소개하는 사례도 지인으로부터 직접 들은 이야기이다. 지인의 아버지는 심장수술을 받고 중환자실에서 인공호흡기 치료를 받고 있었는데, 퇴원하고 싶어 해서 집으로 모셔왔다. 병세가 점점 깊어져 임종이 임박해 오자 아버지는 허공을 쳐다보면서 "엄마, 아직 갈 때가 안 됐어요."라고 말했다. 평소 지인은 아버지가 '엄마'라는 말을 하는 걸 들은 적이 없어서 '누구와 이야기하시는 거냐?'고 묻자 대답 없이 미소만 지었다.

얼마 후 지인의 아버지가 돌아가셨는데, 장지에 갔을 때 아버지 영정 사진을 본 묘지 관리인이 "이분이 며칠 전에 와서 자신의 묫자리를 둘러보고 만족한 표정을 짓고 갔는데 돌아가셨나요?"라고 의아해했다. 묘지 관리인이 아버지를 봤다고 한 시점은 아버지가 거동을 전혀 할 수 없었던 때였다. 상식으로는 도저히 이해할 수 없는 일이어서 가족들끼리만 가끔씩 그 얘기를 한다고 했다.

이번 장의 도입부에서 스티브 잡스 이야기를 했었다. 지금까지 연구된 삶의 종말체험 사례를 토대로 추측해 보건대 스티브 잡스 역시 세상을 떠나면서 먼저 죽은 가족이나 친척 혹은 친구의 마중을 받았을 가능성이 많다.

명료한 의식 상태에서
일어나는 삶의 종말체험

환자가 임종 때 보는 환영에 대해 회의론자들은 복용 중인 약물의 영향을 받아 환자가 헛것을 보는 것이라 주장하곤 한다. 그러나 이 현상을 오랫동안 연구한 펜윅 박사는 전혀 다른 주장을 편다. 임종 때의 환영은 전혀 혼돈스럽지 않으며, 대부분 의식이 활짝 깨어 있을 때 발생한다는 것이다. 또 때로는 장기간 무의식 상태로 있던 환자가 죽기 전에 짧지만 맑은 의식을 회복할 때 보게 된다고 말한다.

이때 특이한 것은, 임종자를 방문하는 죽은 지인이 생전에 눈을 잃었거나 팔다리를 잘린 부상을 입었었다면 예전의 신체적 결함에서 완전히 회복된 모습, 또는 삶의 절정기 때 모습으로 나타난다는 점이다.

정신과 전문의 김자성 선생이 번역해 소개한 마이클 팀 저서 『사후세계의 비밀』 역시 전형적인 종말체험 사례를 담고 있다. 임종을 앞둔 한 할머니가 오랫동안 의식불명 상태로 있다가 어느 날 예기치 않게 의식이 돌아왔는데 30년 전 죽은 남편이 아침에 와서 "오늘은 저승 갈 날이 아니고 사흘 뒤 떠난다."라고 말했다고 한다. 당시 할머니를 돌봐 주던 간호사는 오래전 남편과 사별한 이후 혼자 살고 있었는데, 간호사의 죽은 남편이 전해 달라고 했다면서 간호사 부부만이 알고 있던 사실을 이야기해 주더라고 했다. 실제로 이 할머니는 이 말을 남기고 다시 혼수에 빠진 뒤 사흘 후 세상을 떠났다.

오랫동안 호스피스 간호사로 활동한 최화숙 선생이 자신의 임상 경험을 기록한 책 『아름다운 죽음을 위한 안내서』에도 비슷한 체험이 소개돼 있다. 임종이 임박한 환자들은 최화숙 선생과 이야기를 하는 도중 갑자기 허공을 응시하면서 누군가와 무어라고 이야기를 하다가 다시 이 세계로 돌아와 최 선생과 이야기를 계속했다. 그런 경우에도 환자들은 방금 전 이야기가 끊어진 그 부분부터 정확하게 다시 시작하더라는 것이다. 이처럼 삶의 종말체험을 하는 임종 환자들은 펜윅 박사가 지적한 대로 명료한 의식 상태를 유지하는 것을 알 수 있다. 즉 임종이 시작되면 우리 눈에는 보이지 않지만 어떤 대상이나 존재가 마중을 나오며, 또한 환자들은 현재의 세상과 죽음 이후의 세상을 함께 볼 수 있다는 것을 관찰을 통해 알 수 있다.

보이지 않는 세계가
있다는 것을 아는 것

눈에 보이지 않는 세계의 존재 가능성을 받아들이는 것이 열린 시각의 첫걸음이다. 엄밀히 따져 보면 우리가 볼 수 있고 들을 수 있는 것은 이 세계의 극히 일부분이다. 우리는 무한히 많은 것들을 지각하지 못한 채 살아간다. 자외선과 적외선과 엑스선도 우리 눈에는 보이지 않지만 실재한다는 것을 알고 있다. 소리도 마찬가지다. 사람은 대략 20헤르츠에서 20,000헤르츠 범위 안의 소리만 들을 수 있다. 이 범위를 벗어나는 소리는 듣지 못한다.

우리 뇌에는 일정 정보를 걸러 주는 필터 기능이 많이 발달되어 있다. 모든 걸 보고 듣다가는 오히려 위험에 빠지는 등 생존에 걸림돌이 될 수 있기 때문이다. 먹을 것을 구하거나 마실 물을 얻고 사나운 맹수를 피하는 등 생존에 필요한 정보를 우선적으로 다루기 위해 필터 기능을 발달시켰을 것이다. 그런데 임종이 임박하면 이런 필터 기능이 약화되거나 해제되면서 보통 때에는 보거나 듣지 못하던 것을 인식하게 되는 상태, 이것이 종말체험의 실체라고 할 수 있다.

상당수의 의료진은 보이지 않는 차원이나 삶의 종말체험 가능성에 대해 전혀 알지 못한다. 그럴 경우 임종을 앞둔 환자들이 이런 증상을 보이면 정신착란 증세로 여기고 진정제 주사를 놓는 등 의료 행위를 하려고 하는 경향이 있다. 환자가 이런 반응을 경험하게 되면 자신의 체험에 대해 더 이상 얘기하지 않게 된다. 하지만 의료진이 이런 현상에 대해 미리 알고 있다면 환자를 위축시키지 않고 편안하게 해 줄 수 있다. 또 가족도 "마중 나온 분의 안내를 따라 환한 빛 속으로 가시면 돼요."라며 환자를 격려해 줄 수 있다.

얼마 전 필자가 40대의 한 영문학도로부터 들은 이야기다. 어머니가 임종을 앞둔 상태였는데, 먼저 세상을 떠난 분을 만나고 있는 것이 확실해 보였다고 한다. 다른 가족은 당황했으나, 자신은 종말체험이라는 것을 인지하고 있었기 때문에 어머니를 격려하여 편안하게 해 드릴 수 있었다고 한다. 죽음 이후의 세계를 아는 것과 모르는 것은 이처럼 큰 차이가 있다.

한 고양이가 임종이 임박한 환자의 사망 시간을 정확하게 예고한다고 하여 화제가 된 적이 있다. 2007년 세계적으로 유명한 의학 학술지 『New England Journal of Medicine』에 게재된 글인데, 2014년 2월 9일 MBC 「신비한 TV 서프라이즈」에서 〈죽음의 전령-고양이 오스카〉라는 제목으로 방영하기도 했다.

미국 로드아일랜드 양로원에 있는 얼룩무늬 고양이 오스카는 양로원의 의료진이 회진을 돌 때면 따라가곤 했다. 그런데 고양이가 따라 들어간 방의 노인은 거의 대부분 4시간 안에 사망했다고 한다. 처음에는 사람들이 이를 불길하다고 싫어하였다. 그런데 나중에는 오스카가 다녀가면 그 방의 노인이 4시간 안에 사망한다는 걸 알고서 가족들이 시간을 맞춰 환자의 임종을 지키게 됐다고 한다.

대체 어떻게 이런 일이 일어날 수 있는 것일까? 임종 직전에 환자의 몸에서 방출되는 특별한 대사물질 냄새를 고양이가 맡을 수 있어서 그럴 거라는 가설이 있다. 하지만 필자의 생각에는 이 고양이가 사람들은 볼 수 없는 특별한 것을 볼 수 있기 때문이 아닐까 싶다.

2013년 3월 14일 자 소년조선일보에 〈동물에게만 존재하는 경이로운 감각기관〉이라는 제목의 기사가 실렸다. 일부 동물들은 인간에 비해 놀라울 만큼 뛰어난 오감을 가지고 있다는 내용이다. 고양이,

벌 그리고 부엉이는 특출한 시각을 갖고 있는데 오감뿐만 아니라 인간과는 전혀 다른 방식으로 그 이상의 감각을 발휘한다고 한다. 개는 인간이 들을 수 없는 음역대의 소리를 청취할 수 있다는 건 잘 알려진 사실이다. 적외선과 자외선은 엄연히 자연에 존재하지만 사람의 눈엔 보이지 않는다. 이런 지식을 바탕으로 추측해 보면 임종을 앞둔 환자를 마중하기 위해 와 있는 먼저 죽은 가족이나 친지의 영혼을 고양이인 오스카는 볼 수 있는 것인지도 모른다. 이 또한 우리가 볼 수 없다고 해서 존재하지 않는 것은 아니라는 것을 설명하는 하나의 예라고 볼 수 있다.

다른 세계를 알려 줘야 하는 이유

민속학자인 김열규 교수의 『메멘토 모리, 죽음을 기억하라』에 소개된 일화이다. 한번은 지방에서 호스피스를 운영하는 여러 명의 수녀들이 김 교수를 찾아왔다. 수녀들은 '호스피스에 입원한 환자들을 어떻게 더 잘 돌볼 수 있을 것인가' 하는 걱정과, '이를 해결할 열쇠를 어떻게 찾을 수 있을 것인가' 하는 절박한 고민을 안고 있었다고 한다.

한국인의 문화적 전통은 현세에 집착하고, 죽음을 외면하거나 혐오한다. 삶을 잘 마치고 다음 차원으로 이동하는 것이 죽음인데 그렇게 여기지 않는다. 저승사자나 나찰에게 포박당해 끌려가는 것으

환자들의 믿음 외에도 우리들의 봉사가 모자라는 탓도 있지 않을까?

종교와 믿음 밖- 전통문화의 죽음의 사상에 무슨 열쇠가 있지 않을지….

← 호스피스 경험이 많은 수녀

로 여기는 것이 보통이다. 그러다 보니 저승으로 향하는 망자를 잘 가라고 배웅하기보다는 어떻게든 이승으로 다시 돌아오게 하려는 노력들이 전통문화나 설화 곳곳에 스며있다.

전통적인 장례문화에서는 망자의 옷을 들고 지붕에 올라가 '복(復)'을 외친다. 이는 망자의 영혼이 생전에 살던 곳으로 돌아오게 하려는 의도다. 저승사자를 위해 마련한 '사자밥상'에도 이러한 노력이 보인다. 밥상 위에 간장종지를 놓는 행위에도 의도가 있다. 저승사자가 간장을 물로 잘못 알고 마시면 망자의 영혼을 데리고 가다가 목이 말라 물을 마시러 다시 돌아올 것을 기대하고 하는 의식이다. 또 부모님이 돌아가실 경우 자식들은 죄인이 되므로 거친 삼베옷을 입고 몇 날 며칠을 곡을 해야 한다. 죄인은 똑바로 허리를 펴서는 안 되므로 아주 짧은 지팡이를 짚게 하여 허리를 구부리게 하였다.

이런 문화는 모두 죽음을 혐오하고, 죽음을 피하게 하지 못한 생자들의 죄책감을 표현하는 것으로 이생에 집착하는 방식이다. 따라서 죽음을 긍정적으로 바라보게 하고 삶의 마지막을 평온하게 마무리하도록 하기가 쉽지 않다. 그래서 임종이 임박한 환자에게 근사체험이나 삶의 종말체험 같은 현상을 알려 줄 필요가 있다. 그러면 환자로 하여금 죽음에 대한 불안과 공포 그리고 두려움을 훨씬 덜 느끼게 하는 효과를 가져올 수 있을 것이다.

우리는 인간 체험을
하는 영적 존재

교토대학의 칼 베커 박사는 종교철학을 전공한 교수로서 체외이탈 연구로 미국의 에쉬비상(Ashby Prize)을 수상했는데, 2013년 6월 춘천 한림대에서 개최한 생사학인문한국연구단 국제학술대회에 초청을 받아 연제를 발표한 바 있다. 학회가 끝난 후 필자는 칼 베커 교수와 함께 그의 저서 『죽음의 체험: 임사현상의 탐구』에 대해 얘기를 나누었다. 그는 미국의 대학에서는 삶의 종말체험이나 근사체험을 정신질환이나 난센스라 여기지 않고, 중요한 영적 체험으로 가르치며 체험자들을 지지해 준다고 말했다.

2013년 4월, 계룡산 자연사박물관에서 〈영화를 통한 현대인의 죽음 이해〉를 강의하면서 근사체험과 삶의 종말체험에 대해 들려주었다. 청중의 70퍼센트는 자연과학이나 공학 분야의 박사 학위 소지자들이었다. 강의가 끝난 후 토론 시간에 이들이 필자에게 한 질문은 "이러한 체험을 과학적으로 증명하는 것이 가능한가?"라는 것이 아니었다. 오히려 사후세계의 작동 원리나 초의식 세계에 대해 구체적인 얘기를 나누고 싶어 했다. 또 뜻밖에도 스베덴보리 같은 신비가 (신비주의자)에 대해 청중의 3분의 1가량이 이미 알고 있었다.

한편 비슷한 시기에 인문학을 전공한 사람들을 상대로 죽음학 강의를 할 기회가 있었다. 이때 이들이 한 질문은 "근사체험과 삶의 종말체험이 과학적으로 증명이 가능한가?"였다. 이들은 대다수 현대인들과 마찬가지로 가시적이고 계량적이며 객관적인 것을 강조했다. 이런 잣대에서 벗어난 것은 비과학적이거나 미신 혹은 비이성적인 것으로 규정하는 것 같았다. 하지만 물질과는 다른 차원인 인간의 정신이나 영혼을 과학의 잣대로 들여다봐야 건질 수 있는 게 없다.

삶의 종말체험들은 인종이나 지역에 관계없이 관찰되는 현상이다. 죽음이 인간에게 일어나는 공통적인 일이므로 이러한 현상이 동서고금을 통해 관찰됐다는 것은 결코 놀라운 일이 아니다. 근사체험과 더불어 삶의 종말체험은 죽음이 소멸이 아니라 옮겨감이라는 것을 시사한다. 이는 인간이 그저 육체적인 존재만이 아니라 보다 더 높고 큰 차원의 영적인 존재임을 말해 주고 있다.

마지막으로 고생물학과 지질학을 전공한 과학자이자 신학자인 프랑스의 테야르 드 샤르댕 신부(1881-1955)의 말을 전한다.

"우리는 영적인 체험을 하는 인간이 아니라, 인간 체험을 하고 있는 영적인 존재이다."

5장

죽음 이후는 알 수 없는 세계인가?

2014년 11월 4일 방영된 EBS「다큐프라임」〈데스〉
2부에서는 "사후세계가 존재하는가?"라는 질문을 놓고 네 명의 세
계적인 학자가 나와서 갑론을박을 벌인다. 셸리 케이건은 미국 예
일대학의 철학 교수로 『죽음이란 무엇인가?』로 국내에 잘 알려져
있다. 그는 "사후세계는 허구입니다. 육체가 죽으면 그것으로 끝이
죠."라고 얘기한다. 또 영국 플리머스대학의 심리학 교수인 수잔 블
랙모어는 "사후세계가 존재할 것이라고 믿는 것은 바보 같습니다.
만약 사후세계가 있다면 영혼의 존재가 증명되었어야 합니다."라며
사후세계의 존재를 부정한다.

　　제2차 세계대전 종전 후 미국으로 유학해 철학 박사 학위를 받고
일본으로 건너가 대학 교수로 활동했던 알폰스 데켄 신부는 이들과
는 다르게 "죽음은 끝이 아닌, 천국으로 가는 문입니다."라고 말했
다. 또 영국의 정신과 의사인 피터 펜윅 박사는 "사후세계는 있습니
다. 죽어 가는 사람들을 연구하고 나서 그 증거를 찾을 수 있었습니
다."라며 사후세계의 존재를 주장하였다.

　　한쪽은 "사후세계는 없고 죽으면 끝이다."라고 주장하는 반면 다

른 한쪽은 "죽음은 끝이 아니며 사후세계는 엄연히 존재한다."라며 정반대의 주장을 폈다. 정신과 의사는 대부분의 의사들처럼 대학 때부터 유물론과 실증주의에 입각한 과학 교육을 받는다. 그래서 눈에 보이지 않는 세계는 부정하는 게 일반적이라고 할 수 있다. 그런데 과학 교육을 받은 정신과 의사가 죽어 가는 사람들을 연구해 본 결과 사후 세계의 증거를 찾았다고 하니 귀 기울여 들어 볼 필요가 있다고 본다.

독일의 철학자 이마누엘 칸트는 "인간의 도덕윤리가 성립하려면 사후생의 존재가 요청된다."라는 말을 남겼다. 또 스위스의 정신과 의사이자 인류에게 집단무의식의 개념을 알려 준 분석심리학의 창시자 카를 구스타프 융은 "사람은 사는 동안 사후생에 대해 이해하기까지, 또한 최소한의 개념을 가질 정도가 되기까지 최선을 다해야 한다."라고 하면서 죽음 이후의 문제에 관심을 가질 것을 촉구한 바 있다.

그러나 현대사회는 '죽음 이후'의 세계를 거론하면 미신에 빠진 비과학적인 사람, 혹은 정신이 좀 이상해진 사람으로 백안시하는 분위기이다. 또 죽음 이후의 삶에 관심을 갖게 되면 혹시 우울해지고 비관적이 되지는 않을까 걱정하는 사람도 있다. 하지만 실상은 다르다. 철학자 릴리언 휘팅은 "존재의 절대적인 지속성을 깨닫는 순간 현재의 삶은 가치 있는 것이 된다."라고 말했다.

죽음 이후에 대한
해답을 얻기까지

필자는 대학 시절 잠시 불교 모임에 참여한 적이 있으나 특정 종교를 갖고 있지 않다. 의과대학과 전공의 과정, 대학원 과정을 거치는 동안에는 유물론과 실증주의에 입각한 현대 과학 교육을 꾸준하게 받아 왔다. 지난 30년간 국제 SCI(Science Citation Index) 학술지에 300여 편의 의과학 논문을 게재했고, 현재도 여러 해외 학술지에 투고된 논문을 심사하여 게재 여부를 판정하는 국제 학술지 심사위원으로 활동하고 있다. 이 일에 가장 필요한 요건은 철저한 검증의 자세와 객관성이다.

쉰 살 즈음이던 15년 전, '죽으면 어떻게 되는가' 하는 문제에 대해 심각한 의문이 들었다. 기존의 종교들이 저마다의 교리 속에서 얘기하는 것이나, 개인적 체험담에서 주관적으로 묘사하는 것이 아닌 객관적인 '사실'을 알고 싶었다. 이는 오랫동안 견지해 온 과학자로서의 시각과 무관하지 않다. 융은 신을 믿느냐는 질문에 "나는 믿지 않는다. 알고 있을 뿐이다."라고 대답했다고 한다. 필자 역시 무작정 믿는 것이 아니라 과연 죽음이란 무엇인지 '사실'을 알고 싶었다.

그러한 의문에 대한 답을 얻기 위해 죽음과 관련이 있는 수많은 인문학 서적과 과학서를 찾아 읽었다. 또 외국에서는 이미 시작된 인간의 의식에 대한 의학적 연구물과도 만나게 되었다. 정신과 의사인 엘리자베스 퀴블러 로스의 저서 『사후생』과 레이먼드 무디 주니어의 저서 『다시 산다는 것』은 그때까지 갖고 있던 고정관념에서 나를 벗어나게 해 주었다. 또한 정신과 의사인 피터 펜윅의 저서 『죽음의 기술』이나 방사선종양학 전문의인 제프리 롱의 저서 『죽음, 그 후』를 통해서는 죽음은 소멸도 끝도 아니라는 사실을 알게 되었다.

한 걸음 더 나아가 네덜란드의 순환기 전문의인 핌 반 롬멜 박사가 주도하여 2001년 『랜싯』에 실은 「심장정지 후 회생한 사람들의 근사체험: 네덜란드에서의 전향적 연구」를 접하게 된 이후로는 근사체험자들이 겪게 되는 삶의 태도의 심대한 변화가 필자에게도 서서히 나타나기 시작했다. 직접 체험하지는 않았지만 옆에서 접하는 것만으로도 삶에 긍정적인 영향을 받았을 때 이를 '친절 바이러스에 감염되었다'고 비유적으로 표현하곤 한다. 필자도 바로 그런 경우였다고 생각한다. 타인에 대한 공감과 이해가 얼마나 중요한지를 깨닫게 되었고, 이번 생에 나에게 주어진 과제가 무엇인지를 생각해 보고 제대로 감당할 수 있기를 바랐다. 또 죽음에 대한 두려움은 거의 사라지고, 일상에 감사하는 마음이 크게 증가했다.

지금까지도 계속되고 있는 '죽음 이후'에 대한 관심과 공부는 삶과 의식과 우주에 대한 이해의 지평을 크게 확장시켜 주었다. 눈에 보이지 않는 세계에 대한 이해는 필자가 수십 년 동안 받아 온 현대 과학 교육이나 이제까지 견지하고 있던 과학자와 의사로서의 삶과 전혀 충돌하지 않았다. 오히려 과학자로서 살아온 나 자신의 삶에서 부족했던 부분을 보완해 주고 더 풍요롭게 해 주었다.

이 글을 읽는 분들도 오랜 세월 학교에서 현대 과학 교육을 받아

왔으리라 생각한다. 여기저기에서 사후세계와 관련해 언급되는 사실들이 과연 믿을 만한 것인지, 좀 더 철저한 검증과 검토가 필요한 것은 아닌지 회의적인 자세를 견지하며 스스로 연구해 볼 필요가 있다. 그러한 작업은 자신에게 주어진 삶을 대하는 태도나, 필연적으로 다가오는 죽음을 맞이하는 태도를 변화시킬 것이기 때문이다. 또 그러다 보면 스스로 영적인 능력이 있다고 주장하는 사람들의 진실성을 분별할 수 있는 안목이 자라날 것이다. 이 안목으로, 신뢰할 수 없거나 정당하지 않은 힘으로부터 자신을 지킬 수 있는 내면의 공력도 생기게 될 것이다.

필자는 '호의적인 회의론자'라는 용어를 즐겨 쓴다. 새로운 사실에 대해 열려 있는 마음을 갖되 무비판적으로 아무것이나 덥석 믿지는 않고, 끊임없이 질문하는 자세를 견지하려고 노력하고 있다.

이제 인류가 '죽음 이후'의 세계를 엿볼 수 있었던 접근법 몇 가지를 소개하려고 한다.

사후세계에 대한 다양한 접근들

- 사후세계를 수십 차례 다녀왔다고 하는 여러 신비가들이 전하는 말을 통해서 윤곽을 파악하는 방법
- 영적인 세계와 소통하는 능력을 검증받은 영매들을 통해 죽음 너머의 세계에서 보내오는 메시지들을 전달받는 방법
- 전생을 기억하는 일부 아이들이 전하는 내용을 검증하는 방법
- 최면퇴행(Hypnotic regression)을 통해 무의식의 영역에 가라앉아 있던 전생의 기억을 끌어 올리는 방법

또 앞 장에서 이미 언급했듯이 수많은 근사체험을 통해서도 육체와 분리된 의식이 존재할 수 있다는 사실을 접하게 된다. 이밖에도 임종 때 먼저 세상을 떠난 지인의 마중을 받거나, 죽는 순간 멀리 떨어져 있는 가족 앞에 모습을 드러내는 삶의 종말체험, 꿈이나 상징을 통해 전달되는 사후통신 등은 우리 눈에는 보이지 않지만 '국한되지 않는 의식' 또는 다른 표현으로 의식체 · 영혼 · 영의 세계가 존재한다는 사실을 보여 준다.

신비가들이 본 사후세계

한국죽음학회는 2008년 가을에 〈신비가들이 직접 체험한 사후세계〉를 주제로 심포지엄을 열었다. 학회에 참석해 새롭게 알게 된 사실은 사후세계는 인간이 전혀 알 수 없는 세계가 아니라는 점이었다. 세세한 것까지는 알 수 없더라도 대략적인 큰 틀은 신비가들의 증언을 통해 어느 정도 파악이 가능하다. 신비가란 '기존 종교의 도그마적인 교리를 거부하고 의식 상태의 변성을 통해 궁극적인 실재와의 조우와 합일을 이루고자 하는 사람'이라고 정의할 수 있다.

20세기의 대표적인 신비가로 스웨덴의 스베덴보리(1688-1772), 그리스의 다스칼로스(1912-1995), 덴마크의 마르티누스(1890-1981) 등을 들 수 있다.

스베덴보리는 루터교 고위 성직자 집안의 아들로 태어났다. 집에서는 성직자가 되기를 바랐지만 그는 반대를 무릅쓰고 자연과학을 택한다. 그는 광산국 같은 곳에서 일하기도 했고 나중에는 국회의원까지 지냈다. 자연과학에 대한 책도 많이 남겼다. 그러던 중 쉰일곱 살 때 어떤 빛을 보는 신비체험을 하게 되는데 이것이 삶의 전환점이 되었다.

그 후 체외이탈 방법을 이용하여 여든네 살까지 영계, 즉 사후세계를 계속 탐사했으며 그 체험을 자세히 기록한 수많은 저술을 남겼다. 전 세계적으로 그의 저술을 연구하는 학회가 있으며, 국내에도 한국스베덴보리학회가 있다.

스베덴보리가 황당한 주술사가 아니었다는 것은 스베덴보리를 칭송한 지성들이 대단히 많다는 점에서 어느 정도 확인할 수 있다. 독일의 철학자 칸트, 스위스의 정신과 의사 융, 미국의 철학자 에머슨 등이 그들이다. 프랑스의 소설가 발자크는 "그가 인류의 모든 종교를 하나로 만들었고, 그에게서 최고의 진리를 엿보았다."라고 칭송했다. 또 선불교를 서구에 전파한 일본의 스즈키 다이세쓰는 "그는 북구의 아리스토텔레스이고 서양의 붓다"라고 극찬했다. 이처럼 동서양 거성들이 한결같이 칭송한 인물이 전하는 바를 우리 역시 귀담아들을 필요가 있지 않을까?

다스칼로스는 겉으로 보기에는 공무원 생활을 하다 은퇴한 평범한 노인이었다. 그러나 그는 사후세계를 넘나들고 초자연적인 힘을 이용해 병원에서 치료가 불가능한 질병을 치유하는 신유가(神癒家)

로 활동하였다. 다스칼로스는 그리스어로 '선생'을 뜻하는 말이고, 본명은 스틸리아노스 아테쉴리스다. 그는 사람들의 건강과 행복, 영적 성장과 자각을 위한 일에 평생을 바쳤다. 또 동서양의 모든 종교와 종파를 초월한 사랑으로 상처받은 영혼을 끌어안았으며, 병든 이의 카르마(Karma)까지 주저하지 않고 대신 짊어졌다고 전해진다. 이 때문에 그는 '마법사' 혹은 '악마와 내통한 주술사'로 불리기도 하며 주위의 시기와 미움을 받기도 했다. 다스칼로스는 이런 주변의 시선에 개의치 않았고, 병 치료 후에도 금전적인 보상을 절대 받지 않았다. 그 이유는 치유 행위를 한 후 돈을 받는 것은 대우주의 법칙에 어긋난다는 신념 때문이었다. 우주를 관통하는 원리는 사랑밖에 없다고 믿는 그에게 물질적인 보상은 아무 의미가 없었다.

다스칼로스를 세상에 알린 것은 미국의 한 대학에서 사회학을 가르치던 키리아코스 C. 마르키데스 교수다. 그는 그리스에 대단한 인물이 있다는 소식을 전해 듣고 안식년을 이용해 다스칼로스와 동행하며 그의 언행 하나하나를 기록하고 검토하였다. 마르키데스는 매사를 그냥 받아들이지 않고 꼼꼼히 따지며 질문을 했기 때문에 '의심 많은 도마(Doubting Thomas)'라는 별명까지 얻을 정도로 굳건한 연구 태도를 지닌 사회학자였다. 그런 그가 수개월에 걸쳐 다스칼로스를 탐색했으나 의심할 만한 근거를 찾을 수 없었다. 결국 마르키데스 교수는 다스칼로스의 말과 행동을 책으로 엮어 세상에 알렸다. 『지중해의 성자 다스칼로스』가 바로 그것이다.

몇 가지 인상적인 일화를 소개한다.

다스칼로스는 사별한 부인과도 끊임없이 대화를 나눴다고 한다. 어느 날 죽은 부인으로부터 딸이 담배를 피우지 못하게 해 달라는 요청을 받았다. 다스칼로스는 "딸도 이제 다 커서 성인이 됐으니 부모가 이래라저래라 간섭할 수 없다"라고 하면서 거절했다고 한다. 또 하루는 오래전에 죽은 동네의 지인이 그를 찾아와, 아들이 자살을 하려고 하니 막아 달라는 요청을 했다. 다스칼로스는 지인의 아들을 찾아가 설득하여 자살을 막았다고 한다. 눈에 보이는 것만을 전부로 아는 현대인들은 이런 일들이 아주 황당하다고 여길 수도 있을 것이다. 하지만 다스칼로스가 끊임없이 영계와 소통한 것은 믿지 못하는 회의론자들도 그가 비상한 능력을 타인을 돕기 위해 사용했다는 것만큼은 인정하지 않을 수 없을 것이다.

또 다른 신비가로 덴마크의 회계사 출신 마르티누스를 들 수 있다. 스베덴보리나 다스칼로스는 관련 서적도 많이 출간돼 있어 국내에도 꽤 알려져 있지만 마르티누스는 아직 아는 사람이 많지 않다. 한국죽음학회 회장인 이화여대 최준식 교수는 2008년 한국죽음학회 추계학술대회에서 〈신비가들이 경험한 사후세계〉라는 주제를 통해 그를 처음으로 국내에 소개하였다.

마르티누스는 영적인 일과 전혀 관련이 없는 회계사 업무를 하다가 어떤 체험을 계기로 신비가의 길에 들어서게 된다. 그는 "인간의 의식은 불멸하며 암흑이나 고통은 위장된 사랑이다. 신의 존재는 우리 모두에게 현존하고 있다."라고 말했다. 그가 세상을 떠난 뒤에도 마르티누스 연구소에서는 대중을 상대로 영성을 개발하기 위한 프로그램을 운영하고 있다. 이 연구소의 홈페이지에는 마르티누스가 얘기한 바를 '우주학(Cosmology)'이라는 이름으로 올려놓았다.

국내에서 사후세계에 대한 논의를 한다는 것은 쉬운 일이 아니다. 많은 사람들이 사후세계에 대해 편견과 오해를 갖고 있기 때문이다. 이에 대해 최준식 회장은 이렇게 말한다.

"신비가들의 주장이 진실한지의 여부를 보통 사람들이 판단하기란 대단히 어려운 일이다. 그러나 서로 다른 시대와 문화권에서 살았음에도 그들의 주장은 놀라울 정도로 흡사하며 큰 틀에서는 정확히 일치한다. 또한 이들은 흔들리지 않는 내적인 일관성을 가졌고, 모두가 큰 자비를 지닌 도덕가였다."

신비가들에 따르면, 인간은 육신이 죽은 후 소멸해 없어지는 것이 아니고 일정한 파동의 에너지체로 존재하게 된다. 영혼의 세계에서는 모든 것이 파동으로서만 존재하는데 비슷한 파동을 지닌 영혼들은 서로 모이게 된다. 즉 영혼의 유유상종이라고 할 수 있다.

그런데 육신을 벗어나 비물질계로 옮겨 갔다고 해서 갑자기 깨달음에 이르는 것은 아니다. 지상에서 성취한 영적인 발달 정도에 따라 각자의 영혼이 끌리게 되는 여러 수준과 차원이 있다. 영계에는 비슷한 진동수를 가진 영혼들의 공동체가 수없이 존재하며 이들과 계속 유대를 갖고 집단을 이루어 존재하게 된다.

천국
타인에 대한 사랑으로
충만한 영혼들끼리 모임

지옥
증오·질투로 가득 찬
영혼들끼리 모임

진동수와 같은 의미를 갖는 '도덕적 특이 중력'이라는 용어도 관심을 끈다. 사후의 영이 처음 도달하는 장소는 이 중력에 의해 결정된다. 이는 지상에서 사는 동안의 선함 정도나 결핍 등으로 형성되며, 에너지장이나 기운(Aura)으로 나타난다. 영적인 발전 단계에 따라 어두운 색부터 휘황찬란한 광채까지 다양하다. 도덕적 특이 중력에 따라 감당할 수 있는 빛의 양이 제각기 다르므로 위장도 불가능하다. 그것을 속이고 더 높은 궤도로 올라가면 그곳의 빛을 감당하지 못한다. 낮은 도덕적 특이 중력을 지닌 사람들은 일단 낮은 수준으로 몰리지만 발달한 영들의 도움으로 더 높은 수준으로 점차 진화해 간다.

의사이면서 영매(靈媒)였던 조지 덱스터(1819-1863)는 스베덴보리와 영국의 철학자 프랜시스 베이컨(1561-1626)의 영혼으로부터 깊은 차원의 메시지를 받았다.

스베덴보리는 낮은 단계 영들의 도덕적 수준은 살아 있을 때 영적으로 낙후된 사람들의 도덕적 수준과 질적으로 다르지 않다고 했다. 베이컨도 같은 내용의 메시지를 전했다.

"유유상종의 법칙이 전 영역에 걸쳐 작용한다. 지상을 떠난 영이 비물질계에 들어오면 자기가 가장 친숙하게 느끼는 장소와 사람에게 끌리게 된다. 그보다 더 밝은 곳에서는 행복감을 느끼지 못한다. 더 좋은 미덕과 선함이 있다고 해도 그다지 즐거움을 느끼지 못한다. 그래서 그들이 처음으로 하려고 하는 것은 지상에서 습득한 마음의 특성들을 충족시킬 수 있는 가장 적당한 곳을 찾는 것이다."

이런 메시지는 신비가였던 스베덴보리가 생전에 체외이탈 방법으로 영계를 탐험하고 돌아와 남긴 말과 동일하다.

죽어서 육신을 벗어난 신참 영혼은 사후 1차 영역에 머물게 되는데 고독감·무력감·결핍감·고통·환멸 같은 감정을 느껴 새로운 돌파구를 찾게 된다. 이때 마음을 열고 간절히 기원하면 수호영혼(Guardian spirit)의 도움을 받아 지상에서 사는 동안 오염되었던 삶을 정화하게 되고 손상된 영혼을 치유하고 복구하는 작업이 이루어진다. 이렇게 해서 원래 맑고 순수했던 영혼을 회복하고 나면 영혼의 주파수가 높아져 완전히 다른 상위 영역으로 진입하게 된다.

그러나 자살을 선택한 영혼은 상당 기간 고립되는데 어떤 절대적인 심판관에 의해 단죄를 받아 그렇게 되는 것이 아니다. 자살할 당시 본인이 만들어 놓은 지옥 같은 마음 상태 그대로가 주변에 펼쳐

지기 때문이다. 영화 「천국보다 아름다운」을 보면 음침한 폐가에 주인공의 자살한 아내가 외롭게 고립되어 있는 풍경이 잘 묘사되어 있다.

사후세계에는 타인을 돕고 싶어 하는 고도로 진화된 영들이 무수히 많다. 그런데 이 영들이 아무리 도와주려고 해도 자살한 영혼이 마음을 열지 않으면 절대로 도와줄 수가 없다. 그러나 자살한 영혼이, 자신이 만들어 놓은 지독하게 고독한 환경에서 벗어나고 싶어 간절히 도움을 청하면 주파수가 전달되면서 진보한 영의 도움을 받아 그 환경에서 벗어나게 된다.

일부 교회에서는 자살을 하면 영원한 유황불 지옥에 갇혀 있게 된다고 주장하기도 한다. 그러나 실상은 그렇지 않다는 증거들이 많이 있다. 평생 착하게 살아오다가 일순간 마음을 잘못 먹고 자살한 경우도 있을 수 있다. 그런데 이들 영혼에게 실수를 만회할 기회조차 주지 않고 지옥불 속에 영원히 가둔다는 것은 이치에 맞지 않는다. 다스칼로스도 우주를 관통하는 원리는 사랑밖에 없다고 말하지

않았던가. 사랑이라는 거대 진리를 외면하고 징벌을 가할 수는 없는 노릇이다. 따라서 자살한 영혼에게도 얼마든지 '패자부활전'이 주어진다.

영매 출신으로 『고스트, 그들은 왜 우리 곁에 머무르는가』라는 책을 펴낸 제임스 밴 프래그는 "스스로 목숨을 끊은 대부분의 영혼들은, 대개 이해심 많은 영적 존재를 만나 절망감을 극복할 수 있는 도움을 받게 된다."라고 말한다. 그러면서도 자살이 자살자 가족 모두에게 비참한 결과를 준다는 사실 또한 부인할 수 없다고 지적한다.

영화 「천국보다 아름다운」에는 생을 마감한 영혼이 겪게 되는 여정이 잘 그려져 있다. 작가와 감독이 사후세계에 대해 다양하고 깊은 지식을 쌓은 후 이를 바탕으로 영화를 제작한 듯하다.

주인공은 자신의 장례식이 진행되는 것을 지켜본 후 사후세계의 1차 영역으로 진입하게 된다. 오래전 세상을 떠난 의과대학 시절의 은사도, 불치병으로 안락사를 시켰던 개도 만나게 된다. 생면부지의 안내자도 만나게 되는데, 알고 보니 몇 년 전에 교통사고로 세상을 떠났던 딸이었다는 사실에 놀라기도 한다. 주인공의 딸은 스스로 꿈꿨던 아주 이상적인 모습으로 성장해 있었다.

1차 영역을 거쳐 2차 영역으로 가게 되면, 환생 경험이 많은 선배 영혼의 도움을 받아 떠나온 삶에 대한 객관적인 분석과 반성을 '스스로' 하게 된다. 이것은 다음 생을 계획하기 위한 바탕이 된다. 여기에 잘못을 정죄하는 심판관이나 형벌 같은 것은 존재하지 않는다. 그런 뒤에는 다음 환생 때 어느 지역에서 어떤 부모의 아이로 태어나 어떤 과제를 해결하며 살아가게 될지 전체적인 윤곽에 대해 계획을 세운다. 이때 발달한 영혼일수록 좀 더 도전적인 삶을 선택한다고 한다. 또 원래의 순수함을 회복하게 된 영혼들은 전생에서 극복하지 못했거나 해결하지 못한 과제를 다음 생에서는 풀 수 있도록

노력하는데, 풍족하고 편안한 삶보다는 다소 어렵고 고통이 따르는 삶을 설계하는 경우가 많다고 한다.

여기서 한 가지 의문이 든다. 모든 영혼이 다 똑같이 이런 경로를 밟게 되느냐 하는 점이다. 영적인 성장에 무관심한 영혼은 가사(假死) 상태로 자는 듯이 있다가 카르마에 끌려 환생하게 된다고 한다. 그래서 다스칼로스는 인간이 사는 동안 조금도 영적인 성장을 하지 못하고 다람쥐 쳇바퀴 돌 듯 윤회를 반복하는 영혼이 너무나 많다고 안타까워했다. 세계적인 정신의학자 융이 "살면서 자기 나름대로의 사후세계관을 정립하지 않는 것은 큰 손실이 된다."라고 말한 것은 바로 이런 이유 때문이 아닐까 싶다.

영매가 전하는 사후세계

레오노라 파이퍼

윌리엄 제임스(1842-1910)는 근대 심리학의 아버지로 불린다. 그는 하버드 의대를 졸업하고 3년간 생리학을 가르치다가 뒤에는 심리학까지 영역을 넓혀 가르쳤다.

제1차 세계대전 등으로 전쟁에서 죽은 사람이 급증하면서 망자와의 소통을 원하는 유가족들의 바람 또한 크게 늘어났다. 이에 따라 영매가 주최하는 강령회가 많이 열렸다. 제임스는 여러 영매들을 만나봤지만 모두 엉터리이고 사기꾼이라는 생각을 굳히고 있었다. 그의 이러한 생각을 바꾼 인물이 레오노라 파이퍼(1857-1950)라는 영매다. 그녀는 돈을 받는 상업적인 영매가 아닌 보스턴 중류층의 부인이었다.

제임스에게는 어려서 폐렴으로 사망한 아들이 하나 있었는데 우연한 기회에 레오노라 파이퍼를 통해 죽은 아들의 메시지를 받는다. 가족이 아니면 알 수 없는 내용을 전달받은 제임스는 레오노라 파이퍼를 믿지 않을 수 없었고, 이를 계기로 '흰 까마귀론'을 제창하게 된다. '흰 까마귀론'은 세상 까마귀가 모두 검다는 주장을 반박하기 위해서 지구상의 모든 까마귀를 전부 다 조사할 필요는 없고 단 한 마리의 흰 까마귀를 보여주는 것만으로도 충분하다는 주장이다. 즉 '모든 영매는 사기꾼에 불과하다'는 주장을 반박하기 위해서는 검증된 뛰어난 영매 한 명이면 충분하다는 것이다. 실제로 레오노라 파이퍼는 30년간 미국과 영국 두 나라에서 여러 가지 방법으로 진실성을 검증받은 영매였다. 영적 능력이 의심스럽고 돈만 밝히는 영매들도 있지만 레오노라 파이퍼처럼 영과 소통할 수 있는 능력을 인정받은 영매들도 있다.

리사 윌리엄스

리사 윌리엄스(1973-)는 영국에서 태어나 지금은 미국에서 활동하는 영매인데 그녀가 최근에 쓴 『죽음 이후의 또 다른 삶』은 국내에도 출간되었다.

한 어머니가 오토바이 사고로 급사한 아들과 소통하고 싶다고 리사 윌리엄스를 찾아왔다. 영계에 있는 아들이 영매를 통해 전한 것은 "나는 오토바이 위에서 커브에 있는 돌벽을 향해 날아가고 있었어요. '맙소사, 아프겠다!'라고 생각하며 머리를 가리려 했는데 다음 순간 내가 몸 밖으로 끌어당겨져 나왔어요. 나는 밑에서 일어나는 일을 다 지켜보며 날고 있었어요. 아무런 고통도 느끼지 않았어요."라는 내용이었다. 오토바이 사고로 즉사하기 직전 체외이탈을 한 것이다. 그 이야기를 듣고 어머니는 크게 위안을 얻었다고 한다.

리사 윌리엄스는 배우자와 사별한 한 여성을 면담하면서 죽은 배우자가 보내는 메시지를 전달해 준다. 말 조련사였던 배우자가 말발굽에 가슴을 걷어 차여 갑작스럽게 세상을 떠난 후 이 여인은 죽은 배우자와 소통하고 싶어 하였다. 특히 남편이 눈을 감기 전에 무슨 말을 하려고 했던 것인지 몹시 알고 싶어 했다. 리사 윌리엄스는 비물질계에 있는 영혼으로부터 전해 들은 내용을 전달했다. "임종 직전까지 나에게 장착되어 있던 인공호흡기 튜브를 손으로 뽑아내 버리고 모든 의료장치를 꺼 달라고 말하고 싶었고, 다른 남자를 만나는 것에 괘념치 않으니 당신의 삶을 살아가라."라는 메시지를 전해 듣고 그 여성은 크게 위안을 받는다. 이 남자는 생전에 자신의 배우자에 대해 질투심이 많았다고 한다.

헬렌 덩컨

영매들이 전하는 바를 입증하기는 매우 어렵다. 그러나 예외적으로 이들이 말한 것이 사실로 밝혀진 사건이 있다. 2013년 12월 15일 방영된 MBC 「신비한 TV 서프라이즈」의 〈마녀재판〉 사례가 그것이다.

제2차 세계대전 당시 영국의 전함 바하엄은 막강한 화력을 자랑하는 최신예 군함으로 승선 인원만 1,100여 명에 달하는 거대한 함정이었다. 1941년 11월, 작전 수행을 위해 지중해 연안으로 나갔던 바하엄은 독일군의 어뢰 3발을 맞고 침몰하면서 800명 이상의 사상자를 낸다. 전시였던 당시 이 사건이 알려지면 군인들의 사기가 떨어질 것을 염려한 영국 정부는 이를 극비에 부치기로 한다.

그런데 채 한 달이 지나지 않아 사건이 신문에 기사화되었고 영국 전역에 알려진다. 화들짝 놀란 영국 정부는 극비가 누설된 원인을 조사하던 중 헬렌 덩컨(1897-1956)이라는 여성이 이를 퍼뜨렸다는 사실을 알고는 그녀를 체포하여 심문을 한다. 이 과정에서 헬렌은 "나는 전함 침몰 진상에 대해 전혀 아는 것이 없고 다만 죽은 사람이 해주는 얘기를 전했을 뿐"이라고 대답한다. 영매로서 강령술을 하던 도중 나타난 죽은 해군 수병의 영혼이 자신의 이름을 밝히면서 바하엄이 침몰하는 바람에 죽었다고 말했다는 것이다.

이 수병은 당시 헬렌 덩컨의 강령술에 와 있던 사람의 동생으로 확인되었다. 영매의 주장을 믿을 수 없었던 영국 정부는 그녀를 독일의 스파이로 몰아 감옥에 보냈다. 영혼과 소통한 이유로 헬렌은 오랫동안 억울한 수감 생활을 해야 했다. 세월이 많이 흐른 지금도 그녀가 독일의 스파이였다는 혐의를 벗지 못해 유족들이 영국 정부를 상대로 명예회복 운동을 하고 있다는 외신 보도도 있었다.

또 다른 영매들

한국과 미국에서 30년 가까이 정신과 의사로 일해 온 김자성 박사가 번역해 국내에 소개한 마이클 팀 저서 『사후세계의 비밀』은 죽는 순간과 그 후의 과정에 대해 많은 사실들을 알려 준다. 김자성 박사는 근사체험을 비롯해 죽음과 관련이 있는 책들을 자신이 근무하는 정신과 병동의 책꽂이에 비치해 놓고 입원 환자들에게 권했다고 한다. 그랬더니 환자들이 책을 읽고 삶과 죽음에 관한 확실한 방향이 생기면서 희망을 되찾고, 본인들이 처한 현실을 받아들이는 일이 한결 수월해지는 변화를 자주 목격했다고 한다. 그 책에 실린 사례를 중심으로 영매들이 전하는 사후세계의 모습을 소개한다.

우선 사후에 자신이 살았던 삶을 돌아보는 과정에 대해 알아보자. 이는 근사체험자들이 경험하는 '삶의 회고'와 대단히 유사하다.

"내 약점과 실패의 기록이 계속 보일 때 나는 놀라움과 낙담으로 얼굴을 가리고 고민과 수치심에 싸여 앉아 있었다. 그러나 나 자신이 해야 하는 심판이므로 더 철저히 하기로 용기를 냈다. 그러다가 여기저기에서 나도 모르게 행한 이타적인 것들, 아주 소소한 선행을 하고는 잊어버린 것들, 마음속 깊이 선한 의도에서 우러난 행동들이 주위를 둘러싼 검은 구름과 대조되어 보석처럼 빛났다."

제도권 종교에서 말하는 것처럼 절대적인 힘을 가진 심판관에 의해 가혹한 재판을 받는 것이 아니라 각자가 자기 자신의 심판관이고 또 배심원이 된다는 것을 알 수 있다.

영국의 언론인 출신 윌리엄 스테드(1849-1912)는 뉴욕 출장차 타이태닉호에 승선했다가 희생되고 말았다. 그는 생전에도 교령술 등 초심리적 현상에 관심이 많았다고 한다. 그의 최후를 목격한 증언에 따르면, 배가 아수라장으로 변해 대부분 정신을 못 차리고 우왕좌왕할 때 그는 흡연실에서 조용히 성경을 읽으며 마지막을 맞이했다고 한다.

그는 죽고 나서 얼마 후 영혼 상태로 여러 영매를 찾아가 자신의 딸에게 메시지를 전한다. 이때 각기 다른 영매를 통해 전달한 내용이 모두 동일했다고 하니 우연이라고 볼 수 없다. 그가 전한 메시지는 다음과 같다.

"내가 죽었다는 사실을 처음 인식한 것은 전에 죽은 친구들을 여럿 만났을 때였다. 이런 사실을 갑자기 깨닫게 되어 적잖이 놀랐다. 하지만 잠깐의 초조함이 지나고 나니 내가 사후세계에 대해 배웠던 모든 것이 사실임을 확연히 알 수 있었다."

앞에서 소개한 신비가 스베덴보리가 영계를 방문했을 때 보름 전에 죽은 스웨덴 국왕을 만났는데, 국왕은 "두 눈으로 볼 수도 있고 들을 수도 있는데 내가 어째서 죽은 것이냐?"라고 하면서 자신이 죽었다는 사실을 모르고 있더라고 얘기한 바 있다. 영매를 통해 전해지는 메시지와 신비가가 전하는 메시지가 같다는 것을 윌리엄 스테드의 전언을 보며 확인하게 된다.

또 스테드는 타이태닉호 침몰 사고 당시 많은 희생자들의 몸이 바다에서 떠도는 동안 영혼들이 한 장소에 모여 서서 매우 빠른 속도로 날아오르는 것처럼 보였다고 했다. "우리가 도착한 곳이 지구에서 얼마나 멀리 떨어진 곳인지, 또는 얼마나 오래 여행을 계속했는지 모르지만 매우 황홀했으며 모두 밝고 아름다웠다."라고 전했다. 도착한 뒤에는 먼저 죽은 친구나 친척의 환영을 받고 헤어졌는데, 스테드의 경우에는 오래전에 죽은 아버지가 임시 거처로 안내했다고 한다. 그곳은 새로 도착한 영들을 위한 곳으로 지구 조건과 가장 비슷하고 외양도 지상을 닮아 있었다. 그 이유는 지상과의 연결이 갑자기 끊어지는 것에 대한 불안을 해소시키기 위해서라고 했다.

아일랜드의 물리학 교수 윌리엄 배럿은 죽은 후 우리에게 어떤 일이 일어나는지를 영매를 통해 알려 주고 있어서 주목을 끈다. 그의 영은 영매를 통해 자신의 아내에게 사후세계에 대해 말해 주었다.

"잠시 휴식을 취한 후에 나는 마치 방학 여행 중에 멋진 새로운 곳을 탐험하려는 소년같이 느껴졌다. 그 장소에 관해 듣고 추측하고 꿈꾸었던 것보다 훨씬 좋다는 것을 알았다."

← 윌리엄 배럿

또 다른 인물인 존 토머스 역시 영매를 통해 자기 아들에게 사후세계에 대해 전해주었다. 죽은 후에는 감상하는 능력이 천배는 더 커지므로 완전한 아름다움을 볼 수 있다고 했는데 이는 충분히 이해할 수 있는 내용이다. 우리가 살아 있을 때에는 육신에 있는 감각기관을 이용하여 보고 듣고 한다. 예를 들어 꽃을 보더라도 꽃의 전체 모습이 수정체를 통해 굴절되고 이 굴절상이 눈 뒤에 위치한 망막에 맺힌 뒤 다시 신경망을 통해 뇌에 있는 피질로 전달돼 꽃을 보게 된다. 그러나 죽어서 육신을 벗어나게 되면 육체에 있는 여러 단계를 거치지 않아도 되므로 꽃 본래의 진정한 색깔을 아주 생생하게 감지할 수 있게 되리라고 생각해 볼 수 있다.

"나는 더 아름다운 환경과 행복감에 둘러싸여 있을 뿐 아니라, 감상하는 능력이 아주 확장되었다. 사람들은 이전에 아름다운 꽃이나 장엄한 풍경들을 제대로 감상하지도 못하고 지나쳐 왔다는 것을 알게 될 것이다."

존 토머스

여러 영매들이 전하는 바에 따르면, 우리는 자신이 가진 관심·불안·실수·집착 등을 사후세계로 계속 지니고 간다. 그중에서 가장 큰 후회는 살아 있을 때 사후세계에 대해 충분히 배우지 못한 것이라고 한다. 자기가 살아 있을 때 영적인 주제에 대해 좀 더 관심을 가졌더라면 죽은 후 혼돈 상태의 기간이 짧고 덜 고통스러웠을 것이라고 했다. 분석심리학의 창시자인 융이 살아 있을 때 자기 나름대로의 사후세계관을 갖도록 노력해야 한다고 강조한 말이 떠오른다.
이와 관련해 육신과 영혼의 분리에 대해 영매들이 전하는 바는 대단
히 흥미롭다.

"영이 자신을 육체로부터 서서히 분리시키지요. 새장이 열리면 새가
날아가듯 그렇게 바로 빠져나가는 게 아닙니다. 두 가지가 서로 연결
되어 있고 같이 갑니다. 영이 조금씩 몸의 구속으로부터 차츰차츰 빠져
나갑니다. 어떤 경우에는 이 분리가 빨리 일어나지만, 아주 물질적이고
감각적인 사람인 경우에는 훨씬 오래 걸립니다. 또한 영적인 이해가 부
족하고 죽음에 대한 공포가 있는 사람들의 경우에는 육신으로부터 영
이 방출되는 데 힘이 듭니다."

프랑스 교육자이자 철학자인 앨런 카르덱(1804-1869)이 영매를 통
해, 생전에 매우 영적인 인물이었던 지인 새뮤얼 필립으로부터 받
은 메시지도 이에 부합한다. 그는 자기 생의 마지막 기간 동안 병 때
문에 아주 심한 고통을 받았지만 죽을 때 아무런 어려움도 없었다고
하면서 이렇게 말했다.

"나에게 죽음은 잠처럼 아무 노력 없이, 아무 충격도 없이 왔다. 미
래에 대해 아무 두려움이 없었던 나는 삶에 대한 집착도 없었고, 영혼
이 분리되는 과정에 대해 어떤 저항도 할 필요가 없었다. 이 과정에서
공포를 경험했다면 그것은 그들이 공포를 미리 예상했기 때문이다. 영

혼에 각인된 잘못된 이미지들, 즉 지옥과 지독한 형벌이라는 잘못된 가르침 때문에 공포가 현실이 된다.˝

고스트 위스퍼러

2005년부터 미국 CBS에서 5년간 방영한 드라마 「고스트 위스퍼러」는 국내 케이블 TV를 통해서도 소개된 바 있다. 이 드라마의 실제 모델은 메리 앤 윈코우스키라는 영매이다. 그녀가 쓴 『어스바운드, 당신 주위를 맴도는 영혼』은 우리말로도 출간되었다.

그녀의 외할머니는 윈코우스키가 걸음마를 시작할 무렵부터 그녀를 장례식장에 데리고 다녔다고 한다. 그런데 윈코우스키는 어김없이 관 머리맡에 서서 조문객들을 보고 있는 망자의 영혼을 목격했다. 영혼을 볼 수 있고 영혼과 소통하는 능력은 외가 쪽을 통해 내려온 능력이었다. 외할머니의 능력이 어머니는 건너뛰고 그녀에게 전해졌는데, 그녀의 두 딸 중 한 명도 이러한 능력이 있다고 한다.

윈코우스키는 경찰이나 FBI로부터 범죄 사건의 용의자로 의심을 받은 적이 여러 번 있다. 범죄 현장에 있지 않으면 알 수 없는 이야기를 했기 때문이다. 그녀는 범죄에 연루돼 죽은 자의 영혼이 해 주는 이야기를 전했을 뿐이라고 하는데, 이를 통해 실제로 여러 건의 범죄 사건을 해결하기도 했다. 하지만 그녀는, 죽었으나 아직 저 세상으로 건너가지 못하고 지상을 떠도는 지박령(地縛靈, Earthbound)

만을 볼 수 있다고 한다.

지박령뿐만 아니라 빛의 세계로 건너간 영혼까지 볼 수 있는 능력을 가진 영매로 제임스 밴 프래그를 든다. 『고스트, 그들은 왜 우리 곁에 머무는가』의 저자이자, 텔레비전 프로듀서인 그는 메리 앤 윈코우스키를 모델로 한 드라마 「고스트 위스퍼러」를 제작했다.

제임스 밴 프래그는 어릴 적부터 죽은 자의 영혼을 봤을 뿐 아니라 극심한 식중독 사고를 겪으며 본인이 직접 근사체험을 하기도 했다. 그의 책에는 그가 빛의 세계로 건너간 영들과 만나면서 오랫동안 모은 많은 정보가 담겨 있다. 그 가운데 중요한 몇 가지를 소개하면 다음과 같다.

- 홀로 죽는 사람은 없다.
- 영계에는 우리가 아는 시간 개념이 없어서 과거나 미래는 존재하지 않는다.
- 저쪽 세상에 가면 인생을 회고하는데, 자신을 심판하는 사람은 자신뿐이다. 살아생전 누군가에게 상처를 주었다면 똑같은 상처를 경험한다.
- 자신의 삶이 타인들에게 미친 영향이 중요했다는 것을 명징하게 안다. 의식이 확장되면서, 바로 전에 살았던 인생을 선택하는 데 그보다 앞선 생애들이 어떤 영향을 미쳤는지를 이해한다.
- 영계에는 많은 층위의 영적 수준들이 있고, 영들은 영적 진화의 정도에 따라 자신과 비슷한 수준과 어울린다. 진화하지 못한 영혼들과, 자신의 삶이나 타인의 삶을 인정하는 법을 아직 배우지 못한 영혼들은 낮고 어두운 수준에 머문다.
- 삶은 결코 끝나지 않는다는 것을 깨닫는다. 삶은 다른 형태로 다른 차원에서 영원히 계속된다.

죽은 후 자신의 삶을 회고하며 스스로 평가한다는 것이나, 누군가에게 상처를 주었다면 똑같은 상처를 경험한다는 상황 등은 근사체험이나 최면퇴행을 통해 알게 되는 것과 동일하다.

전생을 기억하는 아이들

정신과 의사인 이언 스티븐슨 교수가 이끌었고, 그가 작고한 후에는 짐 터커 교수가 뒤를 잇고 있는 미국 버지니아대학의 인지과학연구소에서는 수십 년간 3,000여 건의 환생 사례를 모아 왔다. 일부 사례를 『전생을 기억하는 아이들』이란 책에서 소개하였는데 대부분 환생론을 받아들이는 인도 문화권에서 수집한 것들이다.

전생을 기억하는 경우 두 살에서 네 살까지는 또렷한 기억을 갖고 있다가 점점 희미해져 일곱 살쯤 되면 거의 사라진다고 한다. 그런데 예외적으로 미국에서 수집한 사례가 있다. 인지과학연구소의 신뢰도 평점이 100점 만점인 흥미로운 사례인데 여러 매체를 통해 알려졌다.

제임스 라이닝거는 아기였을 때 밤마다 비명을 지르며 그칠 줄 모르고 울어 대는 바람에 부모가 잠을 이룰 수 없었다고 한다. 누워서 천장을 향해 팔을 휘두르고 발을 차며 격렬하게 울어 대는 일이 계속되었다. 말을 하기 시작한 두어 살 때 부모가 아이에게 왜 그런 동작을 하느냐고 물었더니 아이는 "저는 불타는 비행기에 갇혀 있어요. 아무리 해도 빠져나갈 수가 없어요."라고 대답했다. 비행기가 왜 불타고 있느냐고 물었더니 일본군에게 격추당했다고 말하는 것이 아닌가.

제임스는 어려서부터 오로지 장난감 비행기만을 갖고 놀았는데 특히 단발 프로펠러 비행기인 콜세어 전투기를 좋아했다. 그러면서 "콜세어는 이착륙을 할 때 타이어 펑크가 잘 났어요." 같은 말을 하기도 했다. 한번은 장난감 비행기의 하단에 달려 있는 둥글고 긴 물체를 보고 엄마가 "폭탄이 달려 있구나."라고 했더니, 어린 제임스는 또박또박 "그건 폭탄이 아니라 연료탱크예요."라고 대답했다고 한다. 어린아이가 항공기 전문가 수준의 지식을 갖춘 것이다. 그리고 늘 끼고 놀던 세 개의 장난감 병정에 제임스가 붙여 준 이름은 셋다 흔치 않은 독특한 이름이었다.

이 얘기를 전해 들은 제임스의 외할머니가 그건 어쩌면 전생의 기억일지도 모른다면서 전생 연구가를 찾아가 보라고 제안했다. 독실한 크리스천으로 전생 따위는 믿지 않았던 부모는 그때부터 제2차 세계대전에 관한 기록과 서류를 뒤지기 시작한다. 마침내 자신의 아들 제임스 라이닝거가 1945년 3월 3일 콜세어 전투기를 타고 출격했다가 일본군이 쏜 대공포에 격추당해 전사한 제임스 휴스턴이라는 것을 알아낸다. 세 개의 장난감 병정에 붙여 줬던 이름 역시 제임스 휴스턴이 전사하기 얼마 전에 전장에서 죽어 간 전우들 이름이었다.

또 전사한 제임스 휴스턴의 누나에게도 찾아갔는데, 꼬마 제임스는 노인이 되어 있는 누나에게 가족이 아니면 알 수 없는 여러 가지 사실들을 얘기하였다. 누나는 50여 년 전에 전사한 남동생의 환생이 틀림없다고 확신하게 된다.

한번은 이런 일도 있었다. 제임스가 네다섯 살 때의 일이다. 집 앞 마당에서 놀고 있는 제임스를 바라보며 아버지가 "제임스, 사랑한다."라고 말했다. 그랬더니 제임스가 "엄마, 아빠가 좋은 부모가 되어 줄 거라고 생각해서 제가 택했어요."라고 대답했다. 그리고 "아빠와 엄마가 신혼여행 때 묵으려고 예약해 놓았던 호텔에 갔는데 뭔가 착오가 있어서 다른 호텔로 옮겼지요? 그 호텔 건물은 분홍색이었고요. 저는 아빠와 엄마 주변을 줄곧 맴돌면서 기다리고 있었어요."라고 했다. 제임스의 아버지는 경악했다. 제임스가 한 말은 모두 사실이었기 때문이다.

그 후 제임스가 열 살쯤 되었을 때였다. 부모와 함께 휴스턴이 격추당했다고 추정되는 태평양의 한 지점으로 배를 타고 가 준비해 간

전생의 두 누이였던 루스, 앤과 1928년에 찍었던 사진

87세 할머니가 된 전생의 누이 앤과 환생한 남동생과의 극적인 만남

꽃다발을 바다에 던지며 추모하는데 제임스는 30여 분 동안 슬피 울었다. 바다에 다녀온 이후 그는 많이 안정되었고 전생 이야기를 하는 일도 많이 줄었다고 한다.

심리학자 윌리엄 제임스가 제창한 '흰 까마귀론'을 환생 사례에 적용시켜 보기로 하자. '모든 환생 사례는 꾸며 낸 이야기에 불과하다'는 주장을 반박하려면 '잘 검증된 확실한 사례 하나로 충분하다'고 말할 수 있는데, 제임스 라이닝거 이야기가 바로 제대로 검증된 사례라고 할 수 있다. 최근 이처럼 자료가 축적되면서 '흰 까마귀'라고 할 수 있는 신뢰할 만한 사례가 많이 등장하고 있다.

2015년 4월 19일 방영된 MBC「신비한 TV 서프라이즈」〈이상한 아이들〉편에는 또 다른 '흰 까마귀'가 나온다.

2012년 미국 오하이오주 신시내티에 사는 다섯 살 남자아이 루크는 놀이터에서 엄마와 놀고 있었다. 아이는 미끄럼틀을 타고 내려오다가 갑자기 "너무 뜨거워, 죽을 것 같아. 불이 나를 덮치려고 해. 여길 피해야 한다고. 안 돼! 이대로 죽을 수는 없어!"라며 비명을 질렀다. 마치 다른 사람이 된 것 같았다.

하루는 엄마가 아들의 이름을 부르며 간식을 먹을 건지 물었다. 그러자 아이는 "난 루크가 아니야. 내 이름은 파멜라라고. 난 여자고 검은 머리를 가진 흑인이야. 나이도 서른 살이나 됐어."라고 말했다. 그러면서 자신은 시카고에 살고 있었고 당시 살던 고층건물에서 발생한 화재를 피해 창문으로 뛰어내리다가 사망했는데, 어느 날 깨어

파멜라(왼쪽, 1990년)와 루크(오른쪽, 2012년)

나 보니 루크라 불리는 아이가 되어 있었다고 했다.

루크 부모는 아이의 이야기를 황당하다면서 처음엔 믿지 않았다. 그러나 이름과 지명 등이 너무도 구체적이라 혹시나 하는 마음에 인터넷으로 검색을 하였다. 그러자 놀랍게도 1993년 시카고 팩스턴 호텔에서 실제로 화재가 발생하였고, 19명의 사망자 가운데 파멜라 로빈슨이라는 흑인 여성이 있었다. 루크가 묘사한 모습과 완벽하게 일치한 것이다. 이 화재는 루크가 태어나기 14년 전 일어났던 참사여서 루크가 이 사고에 대해 들었을 가능성은 없었다고 해도 무방하다. 아직 글을 읽을 줄도 모르는 루크가 스스로 인터넷을 통해 이 화재 사건에 대해 알아내는 것 역시 가능성이 매우 낮다.

이 사례를 접한 버지니아 의대 인지과학연구소의 짐 터커 교수는 "루크는 시카고 화재 사건으로 사망한 파멜라 로빈슨이 환생한 것이며, 파멜라로 살았던 자신의 전생을 기억하는 것이다."라고 발표했다. 또한 짐 터커 교수는 전생을 기억하는 아이들은 시대와 지역을 막론하고 존재하며 자신이 조사해 알고 있는 사례만 3,000건이 넘는 다고 하였다.

그러나 사람들은 전생이 있다는 소아정신과 교수의 발표를 믿지 않았다. 아이가 말한 건 전부 사기이며 부모가 아이를 이용해 돈을 벌기 위한 연극이라고 생각했다. 심지어 엄마가 아이에게 화재 사건에 대해 미리 알려 주었을 거라며 엄마를 비난하기 시작했다. 루크의 엄마는 아들의 일로 돈을 받을 일은 절대 없다며 결백을 주장했다.

그런 와중에 미국 TV 프로그램인 「내 아이 속의 유령」의 제작진은 루크의 이야기가 사실인지 검증하기로 했다. 제작진은 검은 머리를 한 흑인 여자 사진 30장을 펼쳐 놓고 파멜라의 사진을 고르게 했다. 루크는 정확하게 파멜라의 사진을 집어냈다. 또한 파멜라가 좋아한 가수는 누구인지, 어떤 곡을 좋아하는지 모두 정확하게 맞혔다. 결국 제작진은 루크 가족과 파멜라 가족은 서로 일면식도 없는 사이로, 그간 어떤 교류도 없었을 뿐만 아니라 두 가족이 정보를 주고받아 사연을 조작했을 가능성 또한 없음을 확인하였다.

만약 두 아이의 전생 기억이 수백 년 전 일어났던 것이었다면 자료가 남아 있지 않아 검증은 불가능에 가까웠을 것이다. 그런데 제임스나 루크의 경우는 현재로부터 그리 멀지않은 일이어서 사실 여부를 입증하는 것이 가능했다. 검증 사례는 이처럼 근래의 일인 경우가 많다.

한편 루크의 사례는 환생하면서 남녀의 성별이나 인종이 바뀔 수도 있다는 것을 보여준다. 이런 사실을 명확히 인식한다면, 성이나 인종에 따른 차별을 함부로 하지 못할 것이다. 여기서 주목할 점은 제임스와 루크, 두 아이만이 새로운 육체를 받아 환생했다고 생각하는 것은 합리적이지 않다는 것이다. 이러한 작동 원리는 인간 누구에게나 적용될 것으로 보는 것이 이성적인 접근이라고 생각한다.

아이가 자신이 기억하는 전생을 말하면 부모는 깜짝 놀라서 야단을 치거나 더 이상 말을 꺼내지 못하게 하는 경우도 많은 것 같다. 인도에서는 아이가 자신의 전생에 대해 언급하면 단명하다는 믿음을 갖고 있어서 전생 기억을 절대 입 밖에 꺼내지 못하도록 억압한다고 한다. 하지만 이런 방식은 좋지 않다. 전생 기억은 자연스러운 것이기 때문이다.

잊었던 전생 기억이 어른이 된 후 다시 기억의 수면 위로 떠오르는 경우도 있다. 영화 『전생의 자녀들』은 실제 사례를 영화로 만든 것이다.

영국에서 태어난 주인공은 여섯 살 무렵 한 번도 가본 적이 없는 어떤 거리와 건물을 반복해서 종이에 그리고 자신의 전생 가족에 대해 말하곤 했다. 학교에 다니기 시작하면서 이런 기억은 점차 사라졌다. 그러다 나이가 들어 아들이 고등학생이 될 무렵부터는 결코 낯설지 않은 거리와 건물, 그리고 남편에게 폭력을 당하는 장면과 낳고 길렀던 다섯 자녀의 기억이 너무 강렬하게 떠오르게 된다. 이런 기억 때문에 요리를 하다가 손에 화상을 입는 일이 일어날 정도로 일상생활을 해 나가기가 힘들어진다. 결국 상담소를 찾아 최면요법을 받으면서 전생을 확인하게 되고, 머릿속에 맴돌던 마을이 아일랜드에 있다는 것을 알게 된다.

어머니의 권유에 따라 아일랜드로 간 주인공은 한 장소에서 강력한 기시감을 느끼며 건너편 교회 건물을 보게 되는데 그 건물은 어릴 적 자신이 도화지에 그리곤 했던 모습 그대로였다. 자녀들의 소재를 파악하기 위해 성당에 찾아가 오래된 교적부를 확인하자, 자신이 1932년 10월 24일 다섯 명의 자녀를 남긴 채 서른일곱의 나이로 세상을 떠난 메리 서튼이었다는 놀라운 사실과 마주친다. 현생에서는 1953년에 태어났으니까 전생의 자신이 죽고 나서 21년 후 다시 태어났음을 알 수 있다.

주인공은 수소문 끝에, 가장 믿고 의지했던 맏아들을 비롯해 이미 고령이 된 자녀들과 모두 재회하게 된다. 자녀들은 어머니가 죽고 난 후 알코올 중독자였던 아버지마저 세상을 떠나자 고아원에 맡겨졌다가 뿔뿔이 흩어졌었는데, 주인공의 등장으로 60년 만에 극적으로 함께 모이게 된다. 중년이 된 현생의 주인공과 노인이 된 맏아들, 이들 사이에는 여전히 기억하고 있는 과거의 대화가 이어진다. 영화는 다시 전생의 어머니와 어린 맏아들이 조각배에 마주 앉아 있는 장면으로 이어진다.

아들   엄마, 내가 자라면 나는 어떤 사람이 되어 있을까요?

엄마   사람들은 태어날 때부터 운명이 정해져 있다고 믿지. 커서도 어릴 적 모습 그대로일 거라고 엄마는 생각해. 내 생각에는

지금처럼 친절하고 따뜻하고 신사적이고, 자상하고 사람들을
사랑하고 사람들에게 사랑받는 그런 사람. 엄마는 네가 자랑
스럽단다. 사랑한다, 아들아. 마음속 깊이 언제나 영원히….

이 사례는 인터넷에서 주인공과 고령의 노인이 된 자녀들이 같이
찍은 사진도 검색해 볼 수 있어서 진실성을 확인해 볼 수 있다. 가슴
아프게도 어린 자녀 다섯을 남겨 두고 세상을 떠났다는 사실이, 주
인공으로 하여금 전생을 강력히 기억하게 하고, 뿔뿔이 헤어졌던 자
녀들과 다시 재회할 수 있었던 원동력이 아니었을까 추측해 본다.

노인이 된 전생의 자녀들과 함께한 주인공(왼쪽에서 네 번째)

제노글로시 현상

　　　　　　　　미국의 정신과 의사 브라이언 와이스 박사의 책 『파워 오브 러브』에 소개된 사례이다.

　뉴욕의 한 내과 의사에게 네 살배기 쌍둥이 아들이 있었다. 어느 날 아버지가 두 아들을 보니 둘이 무언가 얘기를 주고받고 있는데 아버지로서는 무슨 얘기인지 전혀 알아들을 수 없는 말이었다. 그러나 이 두 아이가 아무렇게나 지어내서 말을 하는 것이 아니라 아주 세련되고 정교한 언어를 구사한다는 생각이 들었다. 결국 그는 쌍둥이 아들을 고대 언어를 전공하는 교수에게 데리고 가서 서로 얘기를 하게 했다. 아이들이 주고받는 말을 유심히 들은 교수는 아이들의 말이 시리아 일부 오지에서 사용하는 고대 언어인 아람어라고 했다.

　이처럼 배운 적 없는 외국어를 하는 현상을 제노글로시

마음대로 지어낸 것이 아닌 아주 세련되고 정교한 언어. 완전한 형태를 갖출 정체 불명의 언어.

(Xenoglossy)라고 한다. 쌍둥이 아들의 경우는 자발적인 전생 기억에서 온 것으로 보인다. 전생에 다른 삶이 있었고 그에 따른 기억을 떠올린 것이 아니라면 이런 현상을 설명할 방법은 없을 듯싶다. 결국이 또한 전생이 존재한다는 증거인 셈이다.

6장

최면퇴행을 통해 본 사후세계

사후세계를 알게 해 주는 또 다른 접근법은 최면퇴행을 이용한 방법이다.

　우리나라에서 최면은 TV 예능프로에 자주 등장하면서 마술과 비슷한 것으로 오해를 받곤 한다. 그러나 이는 잘못 알려진 것이다. 미국 정신의학계에서는 이미 1950년대부터 최면퇴행을 정식 치료법으로 인정하고 있다. 최면퇴행은 현재 겪고 있는 정신적인 어려움이 유년기 체험에서 비롯된 것일 수도 있다고 보고 최면을 유도하여 과거의 기억으로 거슬러 올라가 원인을 치료하는 방법이다.

　그런데 이 과정에서 전혀 의도하지 않았는데도 내담자의 태아 때 기억이나 전생, 심지어는 삶과 삶 사이의 기억까지 소집되는 사례들이 보고되기 시작했다. 국내에도 널리 알려진 심리학자 마이클 뉴턴 박사의 연구가 대표적이다. 최면은 오랫동안 묻혀 있던 환자의 기억을 되살리는 훌륭한 도구일 뿐 신비적인 요소와는 거리가 멀다. 최면은 일종의 정신 집중 상태를 만들어 내는 것이라고 뉴턴 박사는 강조한다.

　박사는 10여 년 동안 자신이 시행했던 최면퇴행의 사례 중 대표적인 29개의 사례를 모아 『영혼들의 여행』이라는 책을 썼고, 이어 『영혼들의 운명』을 통해 삶과 삶 사이의 생에 대해 고찰했다. 자신의 경험뿐 아니라 세계 여러 나라에서 활동하고 있는 다수의 최면요법가들의 사례 역시 묶어 『영혼들의 기억』을 펴냈다.

그는 『영혼들의 여행』 서문에서 정신이상자들의 행동 수정을 전문으로 하는 최면요법 심리치료가 자신의 분야라고 말한다. 그는 원래 내세를 부정했고, 환생이니 윤회니 하는 것을 믿지 않는 회의주의자였다. 그래서 상담 초기에는 사람들이 전생요법을 요청하면 그것이 정통적인 치료 방법이 아니라고 생각해서 스스로 저항감을 느꼈다고 밝히고 있다.

이런 태도를 견지하던 그가 생각을 바꾸게 된 계기는 오랫동안 오른쪽 옆구리 통증을 호소하던 젊은 청년을 상담하게 되면서부터라고 한다. 청년은 최면퇴행 과정을 통해 자신이 칼에 찔리는 장면을 떠올렸고, 뉴턴 박사는 그 이미지의 근원을 찾다가 이 청년이 제1차 세계대전 당시 프랑스에서 살해당한 군인이었음을 알아내게 된다. 그 이후로 청년의 고통은 완전히 치유될 수 있었다고 한다.

최면퇴행의
사례들

이처럼 병원에서 온갖 정밀검사를 시행해도 해결되지 않는 고질적인 증상 때문에 찾아온 내담자에게 뉴턴 박사는 최면을 걸어 그 원인을 추적했다. 한번은 참을 수 없는 두통 때문에 고생하는 내담자를 최면 상태에 들어가게 했다. 이 환자는 이미 병원에서 여러 검사를 해도 원인을 알아내지 못한 상태였다. 최면에 이른 환자는 자신이 법조인이었던 1800년대로 거슬러 올라갔는데, 검사로서 품고 있는 자신의 이상과 현실 사이에서 큰 괴리를 느끼자 호텔 방에서 권총으로 머리를 쏴 자살을 했다. 이 사실을 최면을 통해 알게 된 후로는 증상이 감쪽같이 사라졌다.

목 부위에 심한 통증을 호소하며 뉴턴 박사를 찾았던 사례도 있다. 온갖 정밀검사를 받아도 통증의 원인을 알 수 없었던 내담자는 최면퇴행 중 미국의 대평원을 달리는 마차에 앉아 있는 자신과 남편의 모습을 보게 된다. 얼마 후 어디선가 날아온 화살이 목을 관통해 엄청난 양의 피를 쏟는다. 이후 육체에서 이탈해 공중으로 떠오르면서 죽어 가는 자신과 자신을 끌어안고 울부짖는 남편, 그리고 목의 상처를 보면서 통증의 원인이 무엇이었는지 비로소 깨닫는다. 전생 기억을 되살리는 최면을 통해 원인을 알게 되자 통증이 사라지는 효과를 경험하게 된다.

『영혼들의 여행』에 실린 인상적인 사례를 하나 더 소개한다. 키가 크고 균형 잡힌 몸매를 가졌으나 다리 통증으로 정상적인 생활이 불가능했던 여성이 뉴턴 박사의 진료실을 찾았다. 이 환자 역시 병원에서 온갖 정밀검사를 받았지만 원인을 발견하지 못한 터라 최면을 통해 내담자의 고통이 전생에 기인하는지를 찾아보기로 하였다.

제일 먼저 그녀는 서기 800년경 바이킹으로 살았을 때로 들어갔다. 이 바이킹은 큰 키와 막강한 힘, 넓은 가슴과 힘센 팔다리를 가진 거인이었는데, 동료들과 배를 타고 긴 항해를 하며 어느 마을을 약탈하다가 피살되었다.

이어 현재의 다리 통증과 가장 관련이 있는 생애로 들어갈 수 있도록 유도하였더니 1871년 미국 뉴잉글랜드 지방에 사는 여섯 살 난 소녀의 삶으로 가게 되었다. 이 소녀는 부모와 함께 마차를 타고 가는 중이었는데, 마차 문을 갖고 장난을 치다가 그만 문이 열리면서 마차 밖으로 떨어지게 되었다. 이때 소녀는 마차 뒷바퀴에 허벅지가 깔려 뼈가 부러졌다. 이후 혈액순환 불량으로 다리가 자주 부어올랐다고 한다. 이후 1912년 사망할 때까지 불우한 아이들을 위해 책을 쓰고 가르치는 삶을 살았다.

박사가 "강인한 바이킹 남자에서 장애를 가진 여자의 몸을 택하기까지 약 1,000년의 세월이 흘렀는데 그동안 어떻게 지냈습니까?"라고 묻자, 내담자는 "환생을 할 때마다 배움을 쌓으면서 내가 진실로 원하는 것이 무엇인지 알게 되었어요. 그래서 육체를 망가지게 하면서 지적인 집중을 이루는 선택을 하게 되었어요."라고 최면 상태에서 대답했다.

"왜 지적인 것을 위해 육체를 망가뜨려야 합니까?"라는 질문에는 "걷지 못해 누워 있게 되면 책을 많이 읽을 수 있고 공부도 많이 하게 되지요. 그러는 동안 나는 마음을 닦고 마음이 내는 소리에 귀를 기울였어요. 그래서 글도 잘 쓰게 되고 다른 사람들과 의사소통도 잘하게 되었지요."라고 대답했다.

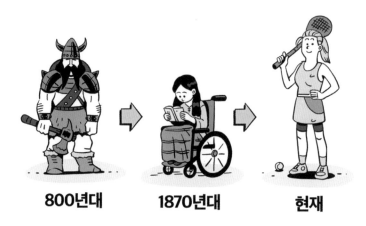

800년대   1870년대   현재

이러한 최면퇴행의 과정을 거친 후에 이 여성은 고통스럽던 다리의 통증이 없어지고 테니스까지 즐기게 되었다.

뉴턴 박사는 최면에 대한 일반인들의 회의적인 태도에 대해서도 언급하고 있다. 최면을 비판하는 사람들은 최면 상태에 든 사람들이 기억을 꾸며 내고 최면술사가 제시하는 어떤 이론적인 틀을 그대로 받아들이는 반응을 보인다고 믿는데, 이것은 잘못된 선입견이라는 것이다.

최면 상태에 든 사람의 뇌파는 깨어 있는 베타 상태에서 명상적인 알파 단계로, 그리고 또 여러 단계의 세타 영역으로까지 떨어진다. 여기서 중요한 것은 세타 상태가 최면이지 잠은 아니라는 점이다. 일단 최면 상태에 들면 사람들은 최면 상태에서 보이는 것이나 들리는 말을 그냥 그대로 전할 뿐 질문에 대해 거짓을 말하지 않는다고 한다. 최면에 든 사람들이 뉴턴 박사를 만족시키려고 영적인 경험을 꾸며서 말한다는 증거는 없는 것이다. 오히려 최면유도자가 자신들의 말을 잘못 알아들은 경우에는 서슴없이 고쳐 주는 적극성까지 보였다.

뉴턴 박사는 최면퇴행 요법이 끝난 후 사람들의 얼굴에 어리는 경외심을 보는 것이 큰 보람이었다고 한다. 영혼의 불멸성을 실제로 접해 본 사람들은 자신에 대해 새로운 이해와 힘이 깃듦을 느끼며, 생에 대한 강한 감각과 에너지를 얻는다고 말한다.

그날의 기억,
사실로 입증된 사례

사실로 입증된 최면퇴행 사례는 여러 가지가 있지만 여기서는 앞에서 잠깐 나왔던 타이태닉호에 대해 살펴보자. 타이태닉호 침몰은 워낙 큰 사고였고 희생자도 많았기 때문에 최면퇴행 사례에 종종 등장하는데, 2016년 5월 15일 방영된 MBC「신비한 TV 서프라이즈」〈그날의 기억〉편에 소개된 이야기가 대표적인 예이다.

타이태닉호는 북대서양 횡단 여객선으로, 건조 당시 세계에서 가장 크고 호화로운 설비로 사람들의 시선을 끌었다. 1912년 4월 10일 영국 사우샘프턴에서 미국 뉴욕을 향해 첫 항해를 떠났으나 4월 14일 밤 빙산과 충돌하면서 1,500여 명의 희생자를 낸 역사상 최악의 해양 참사를 겪는다.

사고 후 원인을 조사하던 중 선체의 강도를 높여 주는 구조물과 탑승 인원에 맞는 구명정 등이 설치되어 있지 않았다는 사실이 밝혀졌다. 결국 부실 설계로 인해 피해자가 늘었다는 주장이 제기되면서 운항사였던 영국 조선 업체에 비난의 화살이 쏟아졌다.

이 사고로 특히 많은 비난을 받은 사람은 바로 설계사였던 토머스 앤드루스다. 그는 타이태닉호를 직접 설계했고 타이태닉호의 첫 항해 역시 함께했는데, 배가 빙산과 충돌했을 때 탈출할 기회를 거절한 채 타이태닉호와 더불어 최후를 맞았다. 그가 마지막으로 바라본 것은 도착 예정지인 뉴욕을 그린 그림이었다고 한다.

타이태닉호 참사가 일어난 지 80여 년 후인 1999년 한 남자가 출간한 책이 큰 화제를 일으켰다. 저자는 미국 애리조나 공무원 출신인 윌리엄 반즈였다. 그런데 뜻밖에도 『내가 타이태닉을 만들었다』라는 제목을 달고 있었다. "그 시대에 태어나지도 않았는데 어떻게 타이태닉을 만들 수 있는가?"라는 질문에 그는 "제가 만든 게 맞습니다. 왜냐하면, 제가 바로 전생에 토머스 앤드루스였거든요."라고 대답했다.

책이 출간되기 20여 년 전인 1975년, 당시 스물다섯 살이던 윌리엄 반즈는 극심한 스트레스로 우울증에 시달리다 최면치료사인 프랭크 바라노스키에게 최면 치료를 받게 된다.

윌리엄　　제가 탄 배가 침몰하고 있어요!

치료사　　배요? 무슨 배를 타고 있는데요?

윌리엄	타이태닉호요.

놀랍게도 그는 최면을 통해 자신의 전생을 보았고 자신이 타이태 닉호를 설계한 토머스 앤드루스라고 말했다. 최면치료사 프랭크는 그 사실을 차마 믿을 수 없어 어떻게 증명할 수 있느냐고 물었다. 그 랬더니 그는 "할아버지는 존 앤드루스, 할머니는 사라 앤드루스, 나 의 증조부모는 제임스와 프란시스예요."라며 토머스의 조상들 이름 을 거침없이 말했다.

최면치료사는 당시 최면 치료 내용이 녹음된 테이프를 가지고 영 국에 있는 토머스 후손의 집을 찾아갔다. 그리고 토머스 후손으로부 터 최면치료 중 윌리엄이 말한 인물들이 모두 맞는다는 사실을 확인 하였다. 게다가 최면치료 이야기를 듣게 된 윌리엄의 어머니는 그가 네 살 때 굴뚝이 네 개 있는 배를 그리고는 "내가 만든 배가 침몰했 어. 그래서 많은 사람들이 죽었단 말이야!"라는 알 수 없는 말을 했 었다고 전했다.

이후 다시 최면치료를 받게 된 윌리엄은 더욱 놀라운 사실을 봤다 고 했다.

선주	마음에 드는군.
윌리엄	마음에 드시니 다행입니다.
선주	단, 몇 가지만 빼고 말이지.
윌리엄	네?

선주	이중 선체는 필요 없을 것 같은데, 자네 생각은 어떤가?
윌리엄	안 됩니다! 반드시 이중 선체를 설치해야 만일의 사고에 대비할 수 있어요.
선주	만일의 경우 때문에 너무 많은 돈이 들어. 더 이상 돈을 쓸 수 없다고.
윌리엄	하지만….
선주	그리고 구명정 수도 반으로 줄이게.
윌리엄	네? 그럼 탑승객 수에 비해 구명정이 턱없이 부족하게 됩니다.
선주	구명정을 탈 일이 어디 있다고. 아름다운 배의 미관만 해칠 뿐이야!
윌리엄	그랬다가 진짜 사고라도 나면?
선주	그런 사고는 안 난다니까.

최면치료 후 윌리엄은, 당시 토머스가 안전을 위한 이중 선체와 모든 승객이 다 탑승할 수 있는 충분한 대수의 구명정 설치를 요구했지만 선주가 묵살했다고 말했다. "난 명예를 회복하고 싶어요."라는 말을 끝으로 윌리엄은 최면에서 깨어났는데 그 후로는 더 이상 전생을 보지 못했다고 한다. 그로부터 20여 년이 지난 후 윌리엄은 이러한 내용을 담은 책을 출간했지만 사람들은 그의 말을 믿지 않았다. 이렇게 조용히 묻히는 듯했던 일이 세상에 다시 화제를 불러일으킨 것은 『타이태닉 앤드 리버풀』이라는 책이 나오면서였다. 『타

이태닉 앤드 리버풀』은 머지사이드 해양박물관의 큐레이터인 엘런과 리버풀대학 출판부, 리버풀박물관이 공동으로 집필한 책으로 타이태닉호 침몰 원인을 규명해 사람들의 이목을 끌었다. 이 책에 따르면, 경쟁사가 새로운 대형 여객선을 건조하자 타이태닉호의 소유사 대표 브루스 이즈메이와 모회사 대표 J. P. 모건이 안전은 뒷전으로 미룬 채 타이태닉호를 서둘러 출항시키기를 원했다고 한다. 결국 이들은 설계자인 토머스의 주장을 묵살하고 비용과 미관상의 이유로 이중 선체와 구명정을 설치하지 않은 채 겉보기만 화려한 타이태닉호를 출항시켰고 이것이 배의 침몰 원인이 됐다는 것이다.

이 내용은 윌리엄이 최면치료 중에 보았다는 자신의 전생 토머스의 이야기와 그대로 일치한다.

이처럼 최면을 통해 알게 된 내용이 실제 사실로 밝혀진 사례가 국내에도 있다. 2013년 8월 13일 자 한국일보에는 어릴 때 집 밖에서 놀다가 길을 잃고 보육원에서 자란 서른두 살 여성의 이야기가 실렸다. 가족과 헤어져 성장한 그녀는 나이가 들자 가족을 찾아야겠다는 생각에 전북경찰청 과학수사대의 프로파일러 박주호 경사를 찾아가 최면으로 가족을 찾아 달라고 요청한다.

그녀는 최면을 통해 길을 잃어버렸던 여섯 살 때의 과거로 거슬러 올라갔다. 그녀는 빨간 티셔츠와 보라색 바지를 입고 분홍색 슬리퍼를 신은 채 철로를 따라 무작정 걸었던 기억을 떠올렸다. 3시간에 걸친 최면 끝에 그녀는 자신이 살던 집의 위치와 아버지 이름 그리고 할머니의 생김새를 기억해 냈다. 경찰은 이를 바탕으로 수소문 끝에 사흘 만에 그녀의 가족을 찾을 수 있었다. 실제로 가족을 만나 보니 최면 속의 기억과 똑같았다고 한다.

브라이언 와이스의
전생치료

미국의 정신과 의사 브라이언 와이스 박사가 자신의 책 『나는 환생을 믿지 않았다』에서 소개한 치료 사례도 대단히 흥미롭다. 환생을 다룬 책들이 대부분 여러 내담자의 사례를 소개하고 있는데, 와이스는 단 한 명의 내담자만을 집중적으로 다루고 있다.

와이스 박사는 불안·공황·공포증으로 정신과를 찾은 스물일곱 살의 여성 환자에 대해 18개월간 정신치료를 하였다. 그 결과 환자는 자신의 반복되는 행동 양태를 인식하게 되었고, 이를 통해 깊은 통찰력과 넓은 이해력를 갖출 수 있었다. 분노를 적절히 조절하는 힘도 크게 향상되었다. 하지만 환자가 처음 호소했던 증세는 전혀 나아지지 않았다.

숨어 있던 과거의 불쾌한 기억을 떠올리게 되거나, 비정상적인 행동 양태를 인식하게 되거나, 자신의 문제를 폭넓은 관점에서 객관적으로 바라볼 수 있는 통찰력을 얻게 되면 증세는 대체로 가라앉게 마련이다. 그러나 이 환자는 다양한 치료 노력에도 불구하고 아무런 성과가 없었다.

결국 와이스 박사는 마지막 수단으로 최면요법을 시행하게 되었다. 이럴 경우 정신과 의사들이 기대하는 것은 환자가 어릴 때 받은 정신적인 트라우마를 찾는 것이다. 그런데 이 환자는 유아기 때의 기억뿐 아니라 기원전 1863년에 있었던 전생까지 기억해 냈다. 이후 여러 생을 거치며 종살이를 하는 등 가난을 겪거나, 가족 간 불화로 피로한 삶을 살았다는 것도 알게 되었다.

여러 차례의 최면퇴행을 통해 치료를 거듭하면서 환자는 더욱더 영적인 사람으로 변해 갔다. 정신적인 어려움으로부터 회복돼 행복과 만족감을 느끼게 되었으며, 더 이상 질병과 죽음을 두려워하지 않게 되었다. 여기까지는 앞서 소개한 『영혼들의 여행』에서 접했던 내용과 크게 다르지 않다.

그러던 어느 날, 박사 자신에게 예측하지 못했던 일이 벌어진다. 그것은 바로 태어난 지 얼마 되지 않아 죽은 자신의 아들과 오래전 세상을 떠난 아버지로부터 메시지를 받은 것이다. 매우 놀라운 일이었지만, 환자뿐만 아니라 최면요법을 시행한 의사 자신도 변화를 겪게 되는 것은 당연한 수순일 수도 있다. 이를 통해 박사 역시 자신의 삶에서 더 많은 희망과 기쁨, 만족을 찾을 수 있었고 자신의 죽음이나 부재가 더 이상 두렵지 않게 되었다고 한다. 와이스 박사는 수차례의 최면 요법을 통해 자신이 체득한 바를 다음과 같이 밝히고 있다.

"사람들의 가슴 밑바닥에 숨어 있는 죽음에 대한 두려움은 많은 돈으로도, 어마어마한 권력으로도 어찌할 수 없는 항구적 공포다. 하지만 삶은 끝이 없고 우리는 죽지 않으며 실제로는 태어나는 것이 아니라 생과 생 사이를 건너는 것일 뿐이다. 이 사실을 알게 되면 죽음에 대한 공포는 용해될 것이다. 만약 사람들이 자신이 수없이 많은 생애를 살아왔으며 앞으로도 헤아릴 수 없이 많은 삶을 살게 될 것이라는 사실을 알게 된다면 그들이 느끼게 될 생에 대한 확신은 얼마나 클 것인가?"

그는 원래 전통적인 과학적 방법에 의해 증명되지 않은 것은 무엇이든 부정하였다. 당시 미국의 몇몇 대학교에서 연구하던 초심리학에도 별 관심을 두지 않았었다. 모두 억지로 갖다 붙인 이야기로 여겼다. 실증주의에 입각한 현대 과학 교육을 받고 유물론으로 중무장한 그에게는 당연한 일인지도 모른다. 그런 그가 이제는 좀 더 직관적이고 주위 사람들의 내밀한 부분을 더 잘 감지하게 되었으며 또한 인도주의적으로 변했다고 말한다. 명상을 시작했으며 돈에 가치를 두지 않게 되었다고도 말한다. 그는 자신의 변화한 모습을 통해 또 다른 모습을 창조하는 경지에 이른 것이다.

최면퇴행 요법을 통해서 환자뿐만 아니라 치료자도 심대한 변화를 겪게 되는 것은, 치료 과정에서 환자를 통해 나타나 정보의 전령 역할을 했던, 고도로 진화한 영적 존재가 있기 때문이다. 그들이 전해 준 삶과 죽음에 관한 수많은 비밀이 이런 변화를 이끌었다고 본다.

다른 사람의 전생을 읽는
에드거 케이시

앞에서 소개한 최면퇴행요법은 최면에 들어간 내담자로부터 전생의 기억을 끄집어낸다. 그런데 치료자가 스스로 최면 상태에 들어가 내담자의 전생을 탐색한 경우도 있다. 에드거 케이시(1877-1945)가 바로 그 주인공이다.

미국의 예언가로 명성을 날렸던 그는 평생을 독실한 크리스천으로 살았다. 젊었을 때는 목사가 되려고 했으나 가정 형편 때문에 신학교에 갈 수 없어서 외판원 생활을 했다. 그러던 중 후두염에 걸려 말을 한 마디도 할 수 없는 상태가 되기도 했다. 이때 우연히 최면에 빠지게 되었는데, 최면 상태에서는 말을 할 수 있었고 무엇보다 다른 사람의 전생을 읽어 낼 수 있었다고 한다. 이 능력을 갖게 된 후, 고통을 호소하는 사람들에게 희망을 주고 길을 안내해 주는 등 여러 도움을 주었다. 이처럼 자신이 최면에 든 상태에서 다른 사람의 전생을 읽어 내는 작업을 '리딩(Reading)'이라고 한다.

심리학자 지나 서미나라(1914-1984) 박사는 에드거 케이시가 남겨 놓은 2,500여 회의 리딩 자료를 분석하여 『윤회』라는 책을 펴냈다. 윤회사상에 익숙한 힌두교나 불교를 믿는 지역에서도 지식인 상당수는 윤회사상을 케케묵은 종교적 미

대공황과 제2차 세계대전, 소련의 붕괴 등을 예언한 에드거 케이시

신으로 오해하는 경우가 많다. 서미나라 박사는 이런 오해를 불식시키기 위해 수많은 사례 분석을 거쳐 윤회에 대해 명확하게 정리를 해 놓았다.

존 G. 풀러는 『에드거 케이시의 삶의 열 가지 해답』에서 에드거 케이시가 수많은 리딩을 통해 도달하게 된 진실을 정리해서 얘기해 주고 있다.

영혼은 사라지지 않으며 각 영혼은 거듭되는 환생을 통해 지상의 육체적 존재와 비물질적인 영적 존재 사이에서 진보와 퇴보를 거듭한다. 많은 사람들은 카르마를 징벌의 과정으로 여겨 현생의 삶이 과거 생에서 행한 잘못에 대한 처벌이라고 생각한다. 그러나 카르마는 징벌이 아니라 각 개인이 과거 생에서 행한 실수를 긍정적인 방법으로 보상하는 기회이다. 즉 과거 생에서 무슨 잘못을 했든지 간에 현생에서 바르게 살아, 과거 생에서 미처 완수하지 못한 일들을 끝마치고 극복하기 위한 것이라고 얘기한다. 중요한 것은 균형을 잡고 시원(신)과의 밀접하고 강렬한 만남을 향해 영혼이 나아가도록 하는 것이며, 각 영적 실체는 세상을 더 나은 곳으로 만드는 일에 기여함으로써 자신의 삶이 실패하지 않았다고 느끼는 것이라고 했다.

그는 또 인간이 탄생이나 능력에서 불공평한 것은 조물주의 변덕이나 유전의 맹목적인 메커니즘 때문이 아니라, 각 개인의 과거 행위가 원인이라고 얘기한다. 이 세상은 지혜와 완성을 향하여 진화하는 학교이며 인간이 겪는 괴로움은 세상이란 학교의 교과서라는 주장이다. 모든 고통과 부자유가 징벌을 목적으로 하는 것이 아니라,

더 나은 생을 위한 교육적 목적을 띠고 있다는 사상은 우리에게 시사하는 바가 크다.

평소 죽음이
너무 두려웠던
사진 작가

찰칵

찰칵

죽음학 강의를 듣고
나서는 아버지 염할때도
전혀 무섭지 않았고, 품위
있는 죽음을 맞이하기 위해
인공영양공급도 안 하기로
동생과 결정했어요.

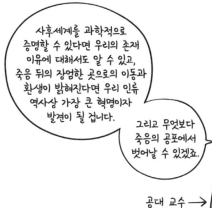

사후세계를 과학적으로
증명할 수 있다면 우리의 존재
이유에 대해서도 알 수 있고,
죽음 뒤의 장엄한 곳으로의 이동과
환생이 밝혀진다면 우리 인류
역사상 가장 큰 혁명이자
발견이 될 겁니다.

그리고 무엇보다
죽음의 공포에서
벗어날 수 있겠죠.

공대 교수 →

우리는 왜 죽음을 두려워할 필요 없는가

7장

환생에 대하여

우리는 주변에서 전생에 대한 이야기를 하는 것을
더러 목격하게 된다. 예를 들어 "저 녀석은 전생에 나랑 무슨 원수지
간이었기에 이렇게도 부모 속을 썩이나?", "전생에 나라를 구했나
봐?", "다음 생에는 부디 좋은 곳에 태어나기를…." 등등.

　그러나 본격적으로 진지하게 환생에 대한 이야기를 꺼내면 손사
래를 치면서 주제를 회피한다. 아니면 얘기 꺼낸 사람을 좀 이상하
거나 미신에 빠진 사람으로 치부한다. 현대인은 왜 이런 반응을 보
이는 걸까? 그 이유는 아래 표에서 보는 것처럼 여러 가지가 있을 것
이다. 그밖에 과학만능주의에 입각한 유물론을 맹신하는 것도 한 이
유일 듯하다.

환생론을 싫어하는 이유

- 다시 태어나 반복해 살아야 한다는 것에 대한 거부감
- 내가 안 믿는 종교의 교리
- 특정 종교에서 한사코 반대
- 종교계에서 성직자의 역할 축소에 대해 우려
- 축생 등에 대한 공포

1981년 미국 갤럽여론조사에 따르면, 미국 개신교도의 21퍼센트, 가톨릭교도의 25퍼센트가 교단의 입장과 무관하게 '윤회론'을 믿는다고 했다. 그렇다면 우리나라의 경우는 어떨까?

한국갤럽조사연구소에서 2015년 펴낸 「한국인의 종교 1984-2014」에는 지난 30년 동안 우리나라 사람들의 종교 실상을 조사한 내용이 담겨 있다. 이에 따르면, 1984년에는 전체 인구의 21퍼센트가 자신의 종교와 무관하게 윤회를 믿는 걸로 나와 있다. 그로부터 30년이 지난 2014년에는 윤회를 믿는 사람이 28퍼센트로 증가하였다. 전체 종교인의 비율과 종교인 중 불교 신도가 차지하는 비율이 증가하지 않은 상황에서도 윤회를 믿는 사람의 비율이 뚜렷하게 높아졌음을 알 수 있다. 이쯤 되면 환생이나 윤회를 무조건 회피할 것이 아니라 한 번쯤 진지하게 생각해 볼 필요가 있다고 본다.

우리나라 사람은 얼마나 윤회를 믿는가?

종교 신도별 불교적 성향: 각 항목에 대해 '그렇다'		1984년	1997년	2004년	2014년 단위 %
윤회설	불교인	29	37	37	38
	개신교인	21	25	22	34
	천주교인	25	30	40	29
	비종교인	17	22	23	21
	전체 인구	21			28

출처: 「한국인의 종교 1984~2014」, 한국갤럽조사연구소, 2015

환생론에 대한
역사적 소고

사람이 죽으면 모든 존재가 소멸해 버려 아무것도 없는 것이라고 생각하는 사람들이 있다. 이러한 생각에 대한 반론 근거 중 하나가 환생론이다. 흔히들 환생론은 불교나 힌두교에서 나온 것이라고 생각하기 쉽다. 그러나 초기 기독교에서도 환생론은 자연스러운 것으로 보았다.

서기 325년 니케아 공의회 이후 모든 기독교 복음서에서 환생을 암시하는 구절이 삭제되었다. 553년에는 제2차 콘스탄티노폴리스 공의회에서 유스티니아누스 황제가 "환생론은 '악마의 재림'이다."라고 경고하였다. 이로써 국가 권력과 결탁하여 제도화된 교회는 환생론을 이단시하고 환생론자들을 처형하기에 이른다.

이탈리아 철학자이자 가톨릭 도미니크회 수도사였던 조르다노 브루노(1548-1600)는 당시 이단시되던 환생론과 무한우주론을 옹호하다가 가톨릭교회로부터 파문당하였다. 또 스위스 칼뱅파와 독일의 루터파에 의해서도 제명을 당하였다. 하지만 이에 굴하지 않고 자신의 생각을 사람들에게 전하고 다니다가 체포돼 8년 동안 좁은 감방에 갇혀 지내게 된다. 모진 고문과 고통에도 자신의 주장을 철회하지 않은 그는 결국 종교재판에 회부돼 1600년 2월 17일 로마에서 수많은 군중들이 지켜보는 가운데 공개 화형을 당하였다. 그는 죽기 직전 가톨릭 성직자들을 향해 "말뚝에 묶여 있는 나보다 나를 묶고 불을 붙이려고 하는 당신들이 더 공포에 떨고 있다."라고 말할 만큼 심지가 굳은 사람이었다. 그로부터 10년 뒤 망원경으로 천체를 관측한 갈릴레오 갈릴레이는 브루노의 우주론이 옳았음을 깨닫는다.

중세 암흑기의 퇴조와 함께 교황권이 붕괴되고 합리적이고 자유로운 이성을 중시하는 계몽주의가 도래하면서 진보적인 지성들에 의해 환생론은 다시 지지를 받게 되었다. 18세기 프랑스의 사상가 볼테르(1694-1778)도 "환생은 부인할 수 없는 사실이며, 정의·의미·목적을 가지고 불공정한 세상의 혼란을 진정시킨다. 두 번 태어나는 것이 한 번 태어나는 것보다 크게 놀랄 만한 일이 아니다."라고 했다.

또 작곡가 구스타프 말러(1860-1911)는 "우리는 모두 돌아온다. 이러한 확신은 삶에 의미를 부여하지만 이것이 한 개인의 안락함을 뜻하는 것은 아니다. 완성과 순수함에 대한 열정, 여러 환생 속에서 계속 이어지는 그 열정이 중요한 것이다."라고 말했다.

환생, 삶의 목적을 이해하기 위하여

리처드 바크의 소설 『갈매기의 꿈』에는 환생에 대한 인상적인 문장이 나온다.

"먹는 일보다, 다투는 일보다, 무리 중에서 권력을 차지하는 일보다 더 가치 있는 삶이 있다는 것에 대해 처음 생각이 미치기까지 우리가 얼마나 많은 삶을 통과해야 하는지 아는가? 우리가 살아가는 목적은 완성을 발견하기 위함이라는 것을 깨닫고 그것을 추구하기까지 또다시 백 번의 생을 거쳐야 할 거야. 우리가 이 세계에서 배운 것을 통해서 우리의 다음 세계를 선택한다는 말일세. 아무것도 배우지 않는다면, 다음 세계도 지금과 똑같은 것일 수밖에 없지. 현재와 똑같은 한계들과, 극복해야 할 무거운 짐에 짓눌리는!"

20세기의 대표적인 신비가 다스칼로스는 지구별에서 살아가는 동안 조금도 영적인 성장을 하지 못하고 다람쥐 쳇바퀴 돌듯 윤회를 반복하는 영혼이 너무나 많다고 안타까워했다. 『갈매기의 꿈』에 담긴 리처드 바크의 생각도 그와 닮아 있음을 보게 된다.

모리스 바바넬(1902-1981)이란 유명한 영매가 전한 메시지도 두 사람의 생각과 같다. "지상의 삶의 전체적인 목적은, 다양한 경험을 함으로써 영이 피안의 세계로 가게 될 때를 가장 잘 준비하게 하는 것이다. 성장은 지상에서의 삶의 경험에 의해 빨라질 수 있지만, 많은 사람들이 자유의지를 사용할 때 잘못된 선택을 하여 지상에서 사는 동안 성장을 제대로 이루지 못하게 된다."

모스크바의 전문의 바바라 이바노바는 우리가 역경을 극복하는 법을 배울 때까지 매 생애마다 비슷한 역경이 나타나기 때문에 우리는 그 문제들을 해결해야 한다고 말한다. 만일 현생에서 해결하지 못하면 우리가 올바른 방법으로 극복하게 될 때까지 다음 생에서도 계속 이어진다고 한다. 이 얘기는 수십 년에 걸친 필자의 인생 경험에 비추어 볼 때 충분히 이해되고 공감이 된다. 어떤 문제에 부딪혔을 때 이를 확실하게 해결하면 다음에 같은 문제를 만날 때 어렵지 않게 풀어 나갈 수 있다.

앞서 소개한 영매 리사 윌리엄스는 "가족이란 전생에서 해결하지 못한 문제를 이생에서 해결하고 극복할 수 있도록 맺어진 인연이다. 각자 역할을 맡아 영적인 성장을 서로 돕는다."라고 했다. 이런 관점에서 볼 때 부모와 자식은 단순히 유전형질을 주고받는 관계가 아니라 이생에서 주어진 공통 과제를 함께 해결해 나가는 동지인 셈이다.

조 피셔도 그의 책 『환생이란 무엇인가』에서 어린이를 단순히 부모의 유전자 조합체가 아니라 자신의 개인적 성장을 위해 태어난 존재로 보는 시각을 가져야 하며, 가족은 단지 그들이 앞으로 올라설 무대를 위한 소품에 불과하다고 말한다. 자식은 자신의 인생에서 주연 배우이고 부모는 조연 배우인 셈이다. 그렇다면 현 세태는 조연 배우가 너무 나서서 주연 배우의 일에 시시콜콜 간섭하는 것과 같다고 할 수 있지 않을까?

카르마에 대한 소고

크리스토퍼 M. 베이치 교수의 『윤회의 본질』은 필자가 섭렵한 윤회 관련 책 중에서 가장 이해하기 쉽고 합리적인 책이다. 이 책은 카르마에 대해 자주 언급하는데, 카르마는 인과법칙을 가리키는 말로서 윤회에 있어서 빠뜨릴 수 없는 용어이자 명제라고 할 수 있다.

흔히 업(業)으로 번역하는 카르마는 행위를 뜻하는 말로 비카파(vikipa. 報), 즉 결과를 만들어 낸다. 요즘에는 이런 구분이 희미해지면서 카르마가 원인과 결과, 즉 업보 모두를 지칭하는 말로 사용되기도 한다. '눈에는 눈, 이에는 이' 혹은 '뿌린 대로 거두리라'는 말이 카르마와 관련해 자주 인용되는 문구일 것이다. 이러한 인과응보식 개념에 의하면 이번 생에서 내가 누군가를 죽였다면 다음 생에서는 그에 의해 내가 살해된다.

그런데 현재의 카르마는 '보상' 개념을 포함하기 시작했다. 이번 생에서 누군가를 죽였더라도 다음 생에서 반드시 그로부터 죽임을 당하지 않아도 된다. 대신 그의 생명을 구해 주어 업을 해결하면 된다고 보는 것이다. 이후 카르마는 좀 더 발전하여 '배움' 개념으로 확장되어서 이번 생에서 살인을 저질렀다면 다음 생에서는 가족을 잃은 사람들을 위해서 헌신하게 됨으로써 이전 행위, 즉 카르마의 결과를 짊어지게 된다.

『윤회의 본질』에는 좋은 왕으로 태어나기 위해 환생을 거듭하는 이야기가 나온다. 주인공은 처음엔 빈털터리 거지로, 다음 생에서는 가뭄에 시달리는 소작농으로, 그다음 생에서는 병든 아이로 태어나는 가혹한 삶을 택한다. 이 세 번의 삶에서 얻은 연민을 동력으로 주인공은 세상을 바꿔 나간다. 이 사례를 보면 현재의 불행과 고통이 전생의 악업 때문이라고 단정할 수 없다. 오히려 미래의 성취를 위한 준비 과정이라고 보는 것이 합당하다.

우리는 흔히 현재 겪고 있는 불행의 원인을 전생의 악업 탓으로 돌리는 경향이 있는데, 영적으로 성장할수록 삶의 내용은 더욱 가혹해지는 경향이 있다고 한다. 영적인 성장을 가속시키기 위해 일부러

카르마 시나리오
환생 후의
인생에 대한 프리뷰

험난한 삶을 계획한다는 것이다.

이처럼 더 나은 영적 삶을 위해 생을 계획하는 카르마 시나리오는 고도로 진화한 영적 안내자들의 제안과 다른 여러 영혼들과의 상의를 거쳐 완성된다. 중요한 것은 이 계획이 삶 속에서 반드시 실행되는 것은 아니라는 점이다. 전체의 큰 윤곽은 설계하지만 구체적인 실행은 살아가면서 본인의 자유의지에 의해 최종 결정된다. 예를 들어 출생 전의 계획에서는 살아가면서 어떤 사업을 하기로 되어 있었으나 실제 삶에서는 사업을 같이 할 동업자가 자신의 마음에 안 든다든가 또는 사업에 대한 열의가 식어서 사업을 하지 않게 된다든가 하는 일이 벌어질 수 있다는 것이다. 계획했던 일의 완성에 대한 평가는 죽어서 육신을 벗어난 후 최종적으로 이루어지게 된다.

윤회론의 위험성

우리의 삶과 죽음을 꿰뚫고 있는 윤회를 이해한다면 생과 사에 대한 이해의 지평이 넓어져 현재의 삶을 좀 더 풍요롭게 영위해 나갈 수 있다. 그러나 너무 윤회론에만 집착한다면 오히려 위험해질 수도 있다.

서울대학교 종교학과 성해영 교수는 박진여 상담가의 책 『당신, 전생에서 읽어 드립니다』 서문에서 윤회론을 이해하는 방식에 대해 말한다. 즉 불운과 행운을 오로지 전생 탓으로만 돌리면서, 자신의 행운은 독점하고 다른 사람의 불행은 방관한다면 윤회는 곧장 우리를 얽매는 올가미가 될 수 있다는 것이다. 또 가난과 질병, 부유함과 행운이 전생에서 비롯된 불가피한 결과라는 믿음은 현실을 개선하려는 의지를 약화시킬 우려가 있음을 경고한다. 결론적으로 윤회론은 사람의 삶에서 디딤돌 역할을 하기도 하지만, 반대로 걸림돌이 될 수도 있음을 주의해야 한다는 경고의 메시지를 던지고 있다.

사후통신,
죽은 자로부터의 연락

필자의 카페 〈정현채 교수의 죽음학 카페_https://cafe.naver.com/talkdeath2live〉에 한 회원이 '저의 신비체험'이라는 제목으로 올린 글을 소개한다.

"처이모부가 돌아가신 장례식장에서 벌어진 일인데…, 친한 다른 친척과 마주 앉아 술을 주거니 받거니 하고 있었습니다. 제가 많이 먹지는 못해서 조금씩 먹고 있는데, 갑자기 제 뒤통수를 누군가 쓰다듬고 있는 느낌을 받았습니다. 뒤를 돌아보니 아무도 없었고…, 바람인가 해서 쳐다보았는데 바람의 느낌은 아니었습니다. 살아생전 그 처이모부와 좋은 감정을 가졌었는데, 제가 많이 안타까운 심정을 갖고 있어서 그랬는지 어쨌는지 잘 모르겠지만, 그런 신비한 환촉(?) 경험을 한 것이죠."

이런 현상은 우리 주변에서 제법 흔하게 접하는 현상으로 흔히 '사후통신(ADC, After Death Communication)'이라고 한다. 사후통신에 대해서는 미국의 빌 구겐하임이라는 사람이 7년간 미국 전역에서 2,000명을 면담해 총 3,300개 사례를 수집하여 『Hello from Heaven』이라는 제목의 책으로 출간했다. 미국인의 약 20퍼센트인 5천만 명가량이 이런 경험을 한 것으로 추정된다. 사후통신은 어떤 사람의 죽은 가족이나 친구가 직접적·자발적으로 접촉을 할 때 일어나는 영적인 체험으로 영매나 최면술 혹은 종교의례에 의존하지 않고서도 경험하게 된다.

대표적인 사후통신 방식

지각적 사후통신	영혼이 바로 옆에 있음을 직감적으로 느낌
청각적 사후통신	영혼의 목소리를 들을 수 있음
촉각적 사후통신	입맞춤이나 포옹 등 고인이 가볍게 치거나 어루만지는 것을 느낌
후각적 사후통신	고인과 관련된 냄새, 즐겨 쓰던 향수나 생전에 좋아하던 꽃향기를 느낌

구겐하임은 자신의 연구 결과를 2005년 9월 미국 버지니아에서 개최된 국제근사연구학회에서 발표한 바 있다. 죽은 자의 영혼이 지상의 지인들에게 자신의 존재를 알리는 방식은 대개 열두 가지 정도가 있다고 알려져 있는데 그중 대표적인 것이 앞의 도표이다.

2009년 3월 4일 자 한겨레신문에는 부부 둘 다 목사로 열심히 목회 활동을 하다 마흔 살의 남편을 교통사고로 갑자기 잃은 부인을 인터뷰한 내용이 실렸다. 부인은 황망한 가운데 장례를 치르게 되었는데 조문객으로 온 한 지인을 포옹할 때 남편의 존재감이 느껴졌다고 한다. 남편은 '상상도 할 수 없을 만큼 아주 좋은 곳에 와 있고 이제 세상에서 더 할 일이 없기에 떠났다'며 자신과 남겨진 두 아이를 위로했다고 한다. 그래서 부인은 이 메시지를 전달받은 뒤로 공황상태를 극복하고 목회 활동을 계속할 수 있었다고 한다. 이 사례는 '지각적 사후통신'에 해당될 것이다.

꿈을 통한
사후세계와의 소통

서울대학교 의과대학 내과에서 재직하다가 몇 년 전 타계한 허인목 명예교수는 1967년 약업신문에 「저승에서 온 소식」이라는 글을 기고했는데, 성승모 정신과 의사가 2009년 조선일보에 〈정말 저승은 있을까?〉라는 칼럼을 쓰면서 허교수의 글을 인용했다.

당시는 의료보험도 없던 시절이라, 늑막염을 치료받던 한 중년 부인은 늘 치료비 때문에 걱정이 많았다고 한다. 그러던 어느 날 갑자기 환자가 뇌내출혈로 사망했다. 얼마 후 환자의 딸이 다니던 절의 스님 꿈에 죽은 부인이 나타나서는 "내가 지금 옆구리가 아픈데 딸에게 말해 주세요. 그러면 딸이 알 것입니다."라고 말하고는 사라졌다고 한다. 이 스님은 꿈에 나타난 분을 본 적도 없고 전후 사정도 전혀 모르는 상태였지만, 꿈에서 들은 대로 딸에게 이야기를 전해 주었다. 그러자 딸은 어머니가 갑자기 세상을 떠나면서 미처 내지 못한 치료비 걱정을 한 모양이라고 이해하고는 병원으로 찾아가 치료비를 갚았다고 한다.

허인목 교수는 기고한 글에서 "사람이 죽어도 영혼이라는 것이 남아서 천당에 가든지 지옥에 가든지 또는 불교에서 말하는 극락에 가든지, 어디인가 가는 곳이 있는 것이 아닐까?"라고 적었다. 현대 과학 교육을 받아 유물론에 입각하고 실증주의로 무장한 의대 교수가 경험한 일이었다는 점에서 의미가 있다고 생각한다.

이런 사례는 요즈음도 종종 신문에 실린다. 어떤 며느리가 꿈을 꿨는데 돌아가신 시어머니가 꿈에서 찬장을 뒤지더라는 것이다. 며느리는 단순한 꿈이라 생각하고 무심히 넘겼는데 어느 날 찬장을 정리하다 보니까 시어머니 명의로 거액이 예금된 통장이 있더라고 했다. 시어머니가 꿈을 통해서 며느리에게 알려 준 셈인데 죽음으로 모든 게 끝난다면 이런 일은 도저히 일어날 수 없을 것이다.

다음 얘기는 2015년 1월 필자가 수집한 사례로, 병원 내시경센터에 근무하는 간호사의 경험담이다.

친하게 지냈던 이웃집 언니가 있었는데, 남편의 직장 때문에 일산으로 이사를 가게 돼 자주 볼 수는 없었지만 종종 전화 연락을 하며 지냈다고 했다. 그러던 어느 날 꿈에 그 언니가 나타나 "잘 지내?"라고 묻더란다. 다음 날 언니에게 안부 문자를 넣었더니 언니의 남편이 대신 회신을 보냈는데, "얼마 전 아내가 세상을 떠나서 오늘이 49재인데 보고 싶은 사람에게 인사를 하고 갔나 봐요."라는 답이 왔다고 한다. 죽은 사람이 꿈에 나타나 소통을 한 사례다.

2014년 6월 8일 MBC 「신비한 TV 서프라이즈」에서 방영한 〈어머니의 복수〉 편에서는 이란에서 있었던 대단히 감동적인 실화를 소개하고 있다. 이 사례는 당시 여러 외신을 통해 보도되기도 하였다.

두 아들을 둔 어머니가 어느 날 오토바이 사고로 둘째 아들을 잃고 실의에 빠져 지내고 있었다. 그런데 설상가상으로 어머니의 생일 선물을 사러 시장에 갔던 큰아들마저 행인과 사소한 다툼 끝에 칼에 찔려 죽게 된다. 범인은 죽은 아들 또래의 젊은이로 바로 경찰에 체포돼 사형선고를 받고 2014년 4월 형 집행이 이루어지게 되어 있었다. 이란에서는 '눈에는 눈, 이에는 이'라는 율에 따라 피해자가 범인의 사형 집행에 직접 관여한다. 누구나 복수를 기대하고 있던 사형 집행장에서 이 어머니는 교수대 레버를 당기는 대신 사형수의 뺨을 몇 대 때린 후 용서해 주었다. 사람들은 뜻밖의 사태에 어리둥절한 표정을 지었다.

그런데 거기엔 특별한 사연이 있었다. 사형 집행 사흘 전 죽은 아들이 어머니의 꿈에 나타나 "저는 먼저 죽은 동생과 너무나 좋은 곳에 아주 잘 있어요. 복수는 잠시일 뿐이고 복수를 하면 평생 사람을 죽였다는 죄책감을 안고 살아가게 되니 살인범을 용서하세요."라고 말한 뒤 사라졌다고 한다. 수년 간 아들의 복수를 별러 온 어머니였던 만큼 콤플렉스가 꿈으로 투사된 것은 아니라고 생각한다.

이 사례를 통해 용서와 화해의 감동적인 메시지를 얻게 되는데, 필자가 의미를 두는 것은 죽은 두 아들이 당시 어디에 있었느냐, 그리고 지금은 어디에 있느냐 하는 점이다. 많은 사람들이 생각하는 것처럼, 죽으면 모든 게 끝이고 사후세계 같은 것은 존재하지 않는다면 이런 일은 절대로 일어날 수가 없다.

지금까지의 사례와는 대조적으로 죽은 사람이 아니라 앞으로 태어날 영혼이 꿈으로 소통을 하는 경우도 더러 있다. 앞에서 소개했던 정신과 의사 브라이언 와이스 박사의 초심리학 강의를 수강하던 대학원생의 경험담이다.

아내가 임신 4개월이었던 그는 어느 날 밤 꿈을 꾸었는데 한 여자아이가 나타나더니 자신의 전생 이름, 대학원생 부부를 부모로 선택한 이유, 자신이 이번 생에서 풀어야 할 업과 해야 할 일 같은 내용을 또박또박 말했다고 한다. 꿈이 너무나 생생하고 놀라워 잠에서 깬 직후에 아내에게 얘기했더니 아내도 그 시각에 똑같은 꿈을 꾸었다는 것이다. 그로부터 몇 개월 후 딸이 태어났음은 물론이다. 우리나라도 태몽 상징을 통해 어떤 아이가 태어날지를 추측하는 경우가 많기는 하지만 이 사례처럼 당사자가 출현하여 구체적인 내용을 말하는 경우는 드물다. 당사자가 주도하는 윤회 과정이라는 점이 흥미롭다.

환생에 대한
앎이 가져다주는 변화

살아가면서 우리는 안하무인격으로 행동하는 무례한 사람을 종종 만나게 된다. 이럴 때 일반적인 반응은 대부분 반응 1과 같을 것이다. 그러나 환생에 대해 알게 되면 반응 2처럼 행동할 수 있을 것이다. 반응 2처럼 행동하면, 자칫 감정적인 대립에서 시작된 사소한 갈등이 물리적 충돌로까지 커지는 것을 막을 수 있을 뿐만 아니라 나 자신의 부정적인 카르마가 커지지 않도록 할 수 있다.

서양의 윤회론자들에 따르면, 실제로 고등동물의 경우 양자(Quantum)적인 비약적 발전을 통해 인간으로 태어나는 경우가 있다고 한다. 그러나 불교에서 얘기하는 것처럼 인간이 동물로 태어날 가능성은 거의 없다고 한다.

베이치 교수는 『윤회의 본질』에서 수많은 생을 통해서 이어지는 의식의 진화 과정에는 뚜렷한 임계점이 있는데, 하나의 문턱을 넘고 나면 다시는 이전의 상태로 퇴보할 수 없다고 주장한다. 그중 하나가 동물의 의식으로부터 인간의 의식으로 건너오는 것이고, 일단 인간 의식이라는 원천에 속하게 되면 모든 공부는 그 범위 안에서 이루어진다고 한다. 즉 물리학을 전공한 대학원생이 다시 초등학생 시절로 되돌아가 구구단을 외우고 산수를 배울 필요가 없는 것처럼 인간이 다시 동물계로 되돌아가서 생을 다시 배우는 일은 없다는 것이다.

필자는 12년째 죽음학 강의를 해 오고 있다. 강의 후 받는 질문에는 윤회에 관한 것이 꽤 많다. 그럴 때면 필자는 "윤회의 규칙은 논리적이고 세련되어서 인간의 삶 다음에는 다시 인간의 삶, 또는 그보다 더 진보된 삶이 있다."라는 얘기를 들려주곤 했는데, 그러면 청중들이 크게 안심하곤 했다.

운전 중에 난폭 운전을 하는 운전자를 만나면 필자는 욕을 하기보다는 어렵게 인간세계로 들어온 상대가 좀 더 영적인 성장을 할 수 있도록 빌어 준다. 전생에 동물이었을 때 드넓은 들판을 마구잡이로 뛰어다니던 습성이 아직 남아 있어서 그러려니 하고 말이다.

환생과 기억

"환생이 사실이라고 하더라도 기억을 못 하면 무슨 소용이 있나요?"

이런 질문을 사후세계에 관한 강의를 할 때 자주 받게 되는데, 당연히 궁금할 수 있다고 본다. 우리는 수많은 생을 살아오면서 형성된 기억을 태어나면서 모두 망각하게 된다. 간혹 두 살에서 일곱 살 사이에 전생 기억을 말하는 경우도 있지만 점차 나이가 들면서 잊어버리게 되는 것이 대부분이다

그런데 전생의 기억은 소멸하는 게 아니라 평상시 접근이 금지된 보관소 같은 곳에 봉인된 채 보존된다. 그 이유에 대해 브라이언 와이스 박사는 "네가 500년 전에 내 머리를 돌로 때린 적이 있잖아?" 하며 과거 누군가와 있었던 관계를 모두 기억하게 된다면 감당하기 어려울 것이라고 말한다. 그리고 과거 생에서 잘못한 일로 인해 벌을 받았던 기억이 남아 있고 이 기억 때문에 도덕적인 행동을 하게 된다면, 이는 아직 배움에 이르지 못한 것이라고 말한다.

이 내용을 교통 상황에 비교해 보자. 운전할 때 교통규칙을 지키지 않으면 범칙금을 내야 하고 벌점도 부과된다. 이런 벌칙 때문에 교통규칙을 지키는 것이라면 진정한 깨달음에 도달했다고 할 수 없다. 규칙을 안 지키면 다른 사람을 다치게 하고 심하게는 죽음에 이르게 할 수도 있다는 것을 제대로 인식하고, 범칙금이나 벌점 유무와는 무관하게 교통규칙을 준수할 수 있게 될 때 진정한 깨달음에 이른 것이라고 볼 수 있다. 즉 다른 사람에 대해 위해를 가하면 벌을

받기 때문에 윤리적으로 행동하는 것은 진정한 깨달음이 아니다. 우리 모두가 영적인 존재임을 깨닫고 다른 사람에 대한 연민과 사랑 그리고 배려를 해 나갈 때 이 지구별에 온 목적을 달성하게 되는 것이다. 바로 이런 이유 때문에 태어나면서 전생의 기억을 망각하게 된다.

그러나 망각한 전생의 기억이 언제까지나 봉인된 채 있는 것은 아니다. 우리가 수명을 다해 죽음을 맞고 육신을 벗어나면 과거 여러 생을 되돌아보면서 그 봉인이 풀리게 되고 기억의 통합과 깨달음이 이루어지게 된다. 이때 태어나기 전에 세웠던 계획이 살아가면서 실제로 얼마나 이루어졌는지를 분석하고 통합하는 과정을 거치게 된다. 밀봉됐던 기억이 삶에서 해제되는 경우가 바로 육체가 절체절명의 순간에 이르렀을 때 하게 되는 근사체험의 순간이다. 체험자의 의식이 엄청나게 고양되며 마치 고향에 온 듯이 친숙한 느낌을 받게 된다.

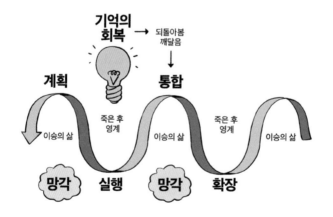

우리는 왜 죽음을 두려워할 필요 없는가

한 학기 동안 열심히 공부하면 방학을 맞이하듯이 육체의 수명이 다하면 죽음을 맞게 된다. 죽음이라는 통로를 통해 육신을 벗고 비물질계로 이동해서도 우리의 영혼은 성장을 이루어 간다. 우리 모두가 고귀한 영적 존재이므로 지구별에서의 우리 삶은 영적인 것이고, 우리의 두 눈에 보이는 물질우주의 바탕에는 더 큰 영적우주가 존재한다. 그리고 우리는 반복되는 삶과 죽음을 통해 물질적인 우주와 영적인 우주를 오가며 지구에 온 목적을 완성할 때까지 길고 긴 여정을 계속해 나가게 된다. 이러한 과정의 반복인 윤회는 다른 사람에 대한 이해와 배려 그리고 사랑을 통해 우리에게 내재된 불성이나 신성을 조금씩 실현해 나가도록 이끈다.

삶이 힘들고 고달프지만 우리는 그걸 통해 깊어지고 넓어진다. 배를 타고 항해할 때, 별 어려움 없이 항구에 도착한 사람과, 도중에 폭풍우를 만나 온갖 어려움을 극복하고서 항구에 도착한 사람은, 항해술이나 체험의 깊이에서 천지 차이가 나는 것과 같은 이치이다. 육체적·정신적으로 어려움을 겪으며 살아가는 장애인을 '도전자(challenger)'로 부르자는 움직임도 이와 맥을 같이한다고 할 수 있다.

모두가 영적인 존재인 우리는, 눈에는 보이지 않지만 서로 연결되어 있다. 또 삶의 궁극적인 목적은 영적인 성장을 계속해 나가 우주의식과 하나가 되는 것이다. 언젠가 우리는 수명을 다하여 육신을 벗게 된다. 그 후 궁극적으로 가게 되는 사후세계에 대한 지식들이 각자의 삶의 의미와 이유를 탐구해 나가는 데 조금이나마 도움이 되었으면 한다.

8장

죽음이 사라진다면
축복일까, 재앙일까?

　　지난해 70대의 한 남성이 진료실을 찾아왔다. 그분
은 "암에 안 걸리고 아흔 살 넘겨 살 수 있도록 병원에서 할 수 있는
모든 정밀 검사를 다 해 주세요."라고 요청했다. 그래서 필자가 그분
에게 "몸에 암이 생기지 않는 곳은 머리카락과 손톱, 발톱 세 군데를
제외하고는 없습니다."라고 얘기했더니 몹시 아쉬워하는 눈치였다.

100세까지 산다는
환상

　　　　　　　요즘 여러 언론매체에서는 '100세 시
대'를 자주 얘기하곤 한다. 그런 환상을 부추긴 탓인지는 몰라도 웬
만하면 팔구십은 보통이요, 백 살을 사는 일도 그다지 어렵지 않은
것으로 여기는 분위기이다. 그러나 평균 수명이 늘어났다고는 해도
백 살까지 산다는 것은 쉬운 일이 아니다.

　　문득 몇 년 전에 타계한 지인 한 분이 생각난다. 평소 술을 멀리하
면서 음식 관리를 했고, 등산과 골프 등 운동도 열심히 해서 나이보

다 훨씬 젊어 보였다. 정년퇴임 때만 해도 주위에서 다들 아흔까지 사는 데 별문제가 없을 것이라고 했다.

2년 후 건강검진 때 관상동맥이 좁아지는 협착이 발견되었는데 심장질환 전문가들은 특별한 치료가 필요하지 않다고 했다. 그러나 본인이 한사코 원하여 좁아진 심장 혈관을 넓히는 스텐트 시술을 받게 되었다. 시술 후에는 재협착이 되는 걸 방지하기 위해 피를 굳지 않게 하는 약물을 지속적으로 복용했다.

그런데 몇 개월 후 주차장에서 넘어져 머리를 크게 다쳤다. 신경외과에서 두개골을 열고 응급 수술을 하려고 했으나 혈액응고를 억제하기 위해 복용하고 있는 약물로 인해 머릿속 출혈이 워낙 심해 손을 대지 못했다. 결국 그 지인은 중환자실에서 수 주일을 보낸 뒤 사망하였다.

평소 건강에 대한 자신감으로 죽음에 대한 준비는 하지 않았던 것 같다. 수십 년을 같이 살아온 가족에게 유언이나 유서는 물론, 한마디 작별인사도 하지 못한 채 황망하게 세상을 떠나고 만 것이다.

이 사례를 접하면서 필자는 삶의 유한함과 더불어 죽음의 예측 불허성을 다시 한번 절실하게 느꼈다. 지금 당장은 건강한 육체이더라도 언제 갑자기 죽음과 마주하게 될지 모른다는 당연한 사실을 새삼스레 깨달았다.

불자뿐만 아니라 일반인에게도 널리 알려진 「보왕삼매론(寶王三昧論)」의 첫 구절은 "몸에 병이 없기를 바라지 마라."이다. 여기서도 알 수 있듯이 인간은 누구나 본능적으로 병이 없기를 바라고 더 나아가 죽지 않기를 바란다. 이런 바람은 지극히 자연스럽고 당연한 것이다. 그러나 그 바람대로 되기 몹시 어려운 것이 또한 인간 삶의 현실이다.

죽지 않는 삶이란?

죽지 않는 약을 찾기 위해 처절한 노력을 기울였던 중국의 진시황. 그러나 진시황은 나이 쉰을 넘기지 못하고 세상을 뜨고 말았다. 사인은 불사(不死)를 위해 장기간 복용했던 단약 때문이었는데, 이 단약에 포함된 수은이 진시황을 죽게 만든 것이니 삶의 아이러니가 아닐 수 없다. 고대 중국에서 불로장생 비법으로 불린 선단(仙丹)·연단술(煉丹術)·방중술(房中術)·양기보충법(陽氣補充法) 등은 도교의 주요 자금줄이었다고 한다. 죽지 않으려고 하는 사람들의 열망이 고대로부터 얼마나 대단했던가를 미루어 짐작할 수 있다.

영국 빅토리아 시대의 시인 테니슨의 작품에 등장하는 티토노스는 새벽의 여신 에오스의 애인이다. 에오스는 인간인 티토노스를 불사의 몸으로 만들기 위해 제우스를 찾아가 자신의 애인이 영원히 죽지 않게 해 달라고 간청을 해 소원을 이루게 된다. 그러나 늙지 않게 해 달라는 부탁을 잊는 바람에 티토노스는 불사의 몸이 되었건만 점차 늙는 것은 피할 수 없다. 나중에는 얼굴을 쳐다볼 수 없을 정도로

꽈악?

연단술

방중술

양기 보충법

선단

흉한 모습을 지니게 됐다고 한다.

앤 라이스의 소설 『뱀파이어와의 인터뷰』에 등장하는 뱀파이어는 처음 다른 뱀파이어에게 물렸을 때 나이가 그대로 유지된다. 그러나 영원한 젊음을 간직한 뱀파이어는 성장할 기회를 박탈당한 자신의 불로장생을 저주하고, 오히려 언젠가는 죽음을 맞게 되는 인간을 부러워한다.

영국 드라마 「토치우드」에서는 어느 날 갑자기 아무도 죽지 않게 되는 사건이 발생한다. 처음에는 이를 '기적의 날'이라고 부르며 좋아하지만 시간이 경과하자 이것이 축복이 아님을 깨닫게 된다. 전 세계적으로 매일 30만 명이 사망해 왔는데 죽는 사람이 없어지자 사흘만 지나도 100만 명에 육박하는 인구가 더 늘어나게 되는 것이다. 죽지는 않지만 질병에는 걸리고 치료도 받아야 한다. 그런데 중환자실에 입원해 있는 그 어떤 환자도 죽지 않으니 중병에 걸려도 중환자실에 빈 병상이 없어서 입원 치료를 받지 못하는 상황이 벌어진다. 결국 인구 폭발로 식량 부족이 발생하여 4개월 뒤에는 사회 체계가 붕괴되는 가상의 상황을 이 드라마는 그리고 있다. 사람이 죽지 않을 경우 어떤 일이 일어나는지를 현실감 있게 잘 보여주었다.

늙음과 죽음은 피할 수 있는가?

보건의료 전문 인터넷 매체 e헬스통신은 『사이언스』에 게재된 포스텍 생명과학과 남홍길 교수 팀의 흥미로운 연구 결과를 소개하였다. 식물의 노화와 관련이 있는 유전자 ORE1(ORESARA1 오래 살아)·EIN2·miR164 간의 상호관계를 조사한 것이다.

노화가 진행될수록 EIN2가 miR164의 분해를 막아 ORE1의 양이 증가한다. 그렇다면 ORE1의 양이 증가하는 것을 막으면 노화를 방지할 수 있지 않을까 하는 궁금증이 자연스럽게 생긴다. 그러나 인위적으로 ORE1의 양이 증가하는 것을 막아도 식물의 노화와 죽음은 계속 진행되었다고 한다.

이 연구 결과는 식물이 나이가 들면 노화와 죽음을 피할 수 없도록 프로그래밍이 되어 있다는 명확한 증거라고 할 수 있다. 이 연구는 식물을 대상으로 한 연구이지만 같은 생물인 동물이나 사람에게도 적용될 수 있으리라고 본다. 즉 일정 시간을 살면 어느 시점에서는 필연적으로 죽도록 미리 설계가 되어 있다고 볼 수 있다.

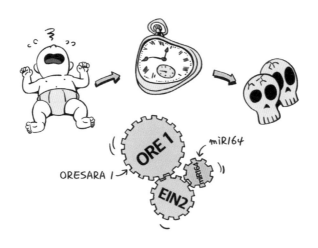

영생은 축복인가?

건축가 김수근 선생은 1986년 55세에 간암으로 세상을 떠났다. 타계하기 얼마 전 선생은 병문안을 온 후배에게 "나, 50년 넘게 살았지? 하지만 일과 여행, 놀이를 다른 이들 세 배는 한 것 같으니 150세까지 산 셈이지!"라며 담담하게 생을 마무리하였다. 삶의 길이에만 집착하는 모습과 크게 대조된다고 하겠다. 평소 김수근 선생과 같은 생사관으로 삶을 영위한다면 영생의 길을 찾을 이유는 없을 것이다.

영화「그린마일」은 주인공이 교도소에서 간수로 일하던 시절을 회상하는 장면으로 시작된다. 그는 살인 혐의로 수감된 사형수가 병을 치유하는 특별한 영적 능력이 있음을 알게 되는데, 이 사형수는 뇌종양을 앓고 있는 교도소장 부인의 병을 낫게 해 준다. 그러나 사형수는 살인범의 누명을 쓴 채 전기의자에 앉아 사형을 당하게 된다. 그 순간 영적 능력이 전해져 주인공은 108세까지 살게 된다.

그런데 이렇게 오래 살게 된 것이 그 간수에게 진정 행복이었을까? 간수는 오래 살면서 사랑하는 아내와 아들 그리고 친구 들이 죽는 것을 지켜보아야만 했다. 또 혼자 남겨지는 처절한 외로움에 몸서리를 치기도 했다. 결국 그는 자신이 저주받은 인생이라고 생각하였다. 매일 밤 먼저 세상을 떠난 가족과 친구 들을 떠올리며 자신은 대체 얼마나 더 오래 살아야 할지를 슬퍼하느라 밤을 지새운다. 죽지 않는다는 것이 과연 축복인가를 다시금 생각하게 하는 장면이 아닐 수 없다.

영생의 공포에 대해, 이주헌 미술평론가는 그의 책 『내 마음속의 그림』에서 다음과 같이 말하고 있다.

"어느 날 나는 죽음에 대한 것과 같은 공포를 영생에 대해서도 느끼기 시작했다. 매일 하늘나라에서 하프를 뜯으며 하느님을 찬양하는 것까지는 좋다. 그러나 그렇게 매일을 보내며 영원히 안 죽는다고 생각하니 이처럼 끔찍한 일이 없다. 천 년을 살아도 십만 년을 살아도, 살아야 할 날이 끝없이 남아 있다는 사실은 더할 데 없는 공포였다."

도쿄 경제대 서경식 교수는 2009년 5월 8일 자 한겨레신문에 동료 교수의 장례식장에서 느낀 소감을 썼다. 그 가운데 매우 인상적인 한 대목을 소개한다.

"부인이 와서 관 덮개를 열고 N 교수 주검과 대면시켜 주었다. 죽은 이의 얼굴은 의외로 평온해 보였다. 그 순간에도 내 속에서 밀고 올라온 것은 슬픔이나 애도의 염이라기보다는 '마침내 어깨 짐을 벗었군요.' 하는 위로의 기분이었다. 거기엔 약간의 선망의 기분도 들어 있었다."

지인의 죽음에 대해 슬픔이나 애도뿐만 아니라 어깨의 짐을 벗음에 대한 선망의 느낌이 들었다는 내용이 매우 신선하고도 인상적이었다. 아마도 자신보다 먼저 고되고도 엄중한 지상에서의 임무를 완수하고 떠난 사람에 대한 부러움 같은 감정이 아니었을까 생각해 본다.

영생을 위한 노력 vs.
삶의 유한함을 관조

2011년 7월 9일 자 중앙일보에 실린 〈영하 196도 속, 그들 과연 깨어날까〉라는 제목의 기사는 냉동된 채 미래에 다시 살아나기를 기다리는 사람들의 얘기를 다루고 있다. 미국 미시간주 냉동보존재단의 냉각기 안에 보존된 시신은 103구, 애리조나주 알코르생명연장재단에 보관된 시신은 104구다. 러시아

비용
시신 1구당
최소 20만 달러
(약 2억 3,000만 원)

문제점
이미 사망한 시신이
회생할 수 있으리라는
확신은 아직 없음

크리오러스에 보관된 시신을 포함하면 전 세계적으로 부활을 기다
리는 냉동 시신은 총 223구에 달한다.

　미국의 물리학자 로버트 에틴거는 1961년 인체냉동보존술을 정
립한 책『냉동인간』을 출간했다. 2011년 에틴거는 아흔두 살의 나
이로 사망했는데, 그의 시신은 자신이 설립한 재단 냉각기에 보존된
어머니 그리고 두 아내와 함께 냉동보관되었다. 그는 생전에 "늙는
다는 것은 정상이 아니라 질병이다. 그래서 예방하고 치유하려는 것
이다. 냉동인간을 깨어나게 하는 시점엔 질병과 상처를 치료하고 젊
음까지 되돌리는 기술도 실현되어 있을 것이다."라고 말했다.

에틴거가 주장한 냉동인간의 해동 과정은 단순하다. 먼저 호흡과 혈액이 순환되도록 한 뒤, 사망에 이르도록 한 심각한 질병을 치료하고 손상된 장기를 고친다는 것이다. 하지만 50여 년이 지난 지금도 '냉동 → 해동 → 소생'의 과정이 가능한 것은 세포(정자와 난자 등)와 일부 조직, 배아 정도에 불과하다. 장기의 경우 저온보관해 이식할 수 있지만 냉동과 해동을 통해 이식된 예는 없다. 냉동과 해동 과정에서 세포 손상을 막지 못하기 때문이다. 따라서 에틴거의 꿈이 실현될지는 현재로서는 알 수 없다. 과연 사람들이 수백 년씩 살게 될 때 생기는 문제점을 한 번이라도 곰곰이 생각해 보기는 했는지 모르겠다.

2015년 4월 16일 자 조선일보에는 영원히 살 수 있다고 믿는 미래학자의 식단이 소개됐다. 발명가이자 미래학자인 레이먼드 커즈와일은 인간이 영원히 살기 위해서는 '세 개의 다리'를 건너야 한다고 주장한다.

- 첫째, 건강 관리를 통해 노화 속도 늦추기
- 둘째, 생명공학의 혁명으로 인간의 신체를 재설계하기
- 셋째, 나노기술을 적용한 로봇으로 병원균에 대처하기

그는 하루에 250개의 알약을 먹다가 최근에는 100개 정도로 줄였다고 한다. 비타민을 비롯해 심장·눈·뇌를 위한 약과, 블랙베리·라즈베리·연어·고등어·녹차·콩·오트밀 등의 건강기능식

품에 드는 비용만도 1년에 수백만 원을 지출한다고 한다. 이런 방법을 통해 영생을 할 수 있을지는 좀 더 두고 봐야겠지만 그럴 가능성은 매우 희박해 보인다.

이와는 대조적으로 삶의 유한함을 절감하면서 죽음을 담담하게 대하는 사람도 있다. 신종 플루가 한창 유행하던 무렵 김형태 변호사는 한겨레신문에 「때가 되면 결국은 죽는 것을」이라는 제목의 칼럼을 실었다. 그 가운데 인상적인 한 대목을 소개하면 다음과 같다.

"처가 며칠 몸살을 앓았다. 처음에는 기침이 나고 목이 붓더니 열도 났다. 병원에 간다는 걸 겁을 주어 말렸다. 요즘 유행하는 신종 플루인지 확인하는 데만 15만 원이 든단다. … 비교적 가벼운 질병의 공포 때문에 들어가는 15만 원의 검사비를 당장 굶어 죽어 가는 아프리카 아이에게 돌리고, 내가 적당히 늙으면 독감에 걸려 죽어 주는 게 '멀리 있는 자'와 '태어나지 않은 자'에 대한 도리이다."

외국의 미래학자는 영생을 위해 하루 수백 알의 약을 복용한다고 했다. 그에 비하면 김 변호사의 죽음관은 참으로 현명하다고 하지 않을 수 없다.

장후예위가 『술은 익어가고 도는 깊어지고』에 소개한 『장자』의 「지락 편」 가운데 한 대목을 인용한다.

여행길에 오른 장자가 쉬기 위해 잠이 들었는데 공교롭게도 해골

위였다. 꿈에서 장자는 해골과 대화를 나누게 된다.

> 장자　생명의 신에게 부탁해서 당신의 형체를 회복시켜 살과 근육이 다시 자라나게 하고 부모와 아내, 친구 들의 곁으로 돌아갈 수 있게 해 준다면 어떻게 하겠소이까?
>
> 해골　싫소이다! 내가 왜 임금보다 더한 즐거움을 포기하고 인간 세상의 고통 속으로 다시 기어들어 가겠소?

해골이 이런 반응을 보인 것은 다소 의외라고 할 수 있다. 그러나 속사정을 알고 보면 이해가 간다. 해골이 있는 곳은 모셔야 할 왕도 없고 짊어져야 할 책임도 없으며 추위와 더위도 없다. 자기 하고 싶은 것은 모두 맘대로 할 수 있다. 그러니 그 만족감이 왕이 누리는 기쁨이나 즐거움 같은 것과 어찌 비교가 되겠는가?

우리가 죽음을 두려워하고 영생을 바라는 것은 아직 가 보지 않은 미지의 세계에 대한 정보가 없기 때문일 것이다. 따지고 보면 그렇게 회피하고 혐오할 만한 세계가 아님에도 불구하고 말이다.

스캇 펙은 미국의 정신과 의사이자 신학자, 작가로 활동하던 인물이다. 그는 자신의 강연을 들은 청중이 "우리에게 무언가 인생의 은총 같은 게 있을까요?"라고 묻는 질문에 다음과 같이 대답했다.

"우리 모두 죽게 된다는 점이죠. 인생을 끝낼 준비를 할 만큼 세상살이에 지친 건 아니지만 이런 쓰레기 같은 세상을 수백 년 더 헤치고 살아야 한다면 아마 내가 가진 모든 돈을 털어서라도 일찌감치 죽는 쪽에 투자할 겁니다."

미국의 교육자이자 3대 대통령을 지낸 토머스 제퍼슨은 "우리 모두에겐 죽음이 무르익어 찾아올 때가 있습니다. 우리가 죽음으로써 또 다른 성장을 이루어야 할 바로 그때가 말입니다. 우리에게 주어진 시간을 다 산 뒤에 남의 것을 탐할 수는 없죠."라고 말한 바 있다.

미국의 은퇴한 외과 의사 셔윈 B. 눌런드는 그의 책 『사람은 어떻게 죽는가』에서 "죽음의 손을 뿌리칠 수 있다는 환상은 부질없고 품위만 떨어뜨릴 뿐이며 결코 명예로운 일이 될 수 없다."라고 말한다. 이는 인류 발전의 영속성과 양립할 수 없는 일이라며 사람이 죽지 않는다면 세상에는 과거만이 되풀이될 것이라고 주장하기도 한다. 우리가 영생을 할 경우 자녀들의 권익과 양립할 수 없다. 수명을 다한 사람은 적절한 시기에 지구에서 물러나 줘야 한다. 그래야 우리의 후손들이 살아갈 수 있을 것이다.

'늙어감'에 대한 예찬

임상심리학자 존 C. 로빈슨은 그의 저서 『남자답게 나이 드는 법』에서 나이를 먹는다는 것이 어떤 것인지에 대해 견해를 피력하고 있다. 그는 "노인이 된다는 것은 우리가 생각하는 것처럼 슬픈 일이 아니다."라면서 주름진 얼굴, 약해진 체력의 이면에는 우리를 의식 전환의 길로 이끄는 대단히 의미 있는 과정이 숨겨져 있다고 주장한다. 그리고 이를 호기심과 관심, 연민을 가지고 탐구한다면 우리는 내면의 진화를 이루어 삶을 깊이 이해하게 될 뿐 아니라 그 너머에 있는 것들에 대한 직관력도 갖게 될 것이라고 강조한다. 저자의 이러한 관점은 우리가 늙어가면서 삶을 바라보는 새로운 안경을 갖게 되는 것이라고 할 수 있다.

이 책을 쓰면서 필자의 40년 전 모습인 20대 초반 사진과 현재 모습을 비교해 보았다. 우선 외관을 보면 흰 머리카락은 늘어난 반면 머리숱은 감소했으며 얼굴의 주름살도 크게 증가하였다. 귓바퀴 근처로 삐져나온 귀털은 마치 오랜 세월을 살아 낸 훈장처럼 수북하다. 또 수십 년간 진료하면서 컴퓨터 모니터를 자주 보다 보니 목 디스크 통증과 허리 통증으로 고생하고 있다. 게다가 이따금씩 불면증으로 잠을 이루지 못하기도 한다. 젊을 때부터 있던 왼쪽 무릎의 통증은 더 심해져 산에 오르는 도중에 간간이 주물러 줘야 한다. 또 18년째 약을 먹고 조절 중인 고혈압 그리고 고지혈증과 함께 살아가고 있다.

이어서 내면의 변화도 살펴보았다. 우선 젊었을 때 가지고 있던 우울증이 거의 사라졌다. 일 중심으로 나 자신을 몰아치던 조급함에서 벗어나 가족과 후배 들을 둘러보는 시간이 많아졌다. 다른 사람의 단점을 찾기보다는 장점을 찾아 덕담을 하게 되었으며 아침에 산등성이로 떠오르는 태양과 저녁노을을 감상하는 등 젊은 날엔 잘 느끼지 못했던 자연의 아름다움으로 마음은 평화로워졌다. 그리고 무엇보다도 죽음에 대한 두려움이 사라지고 삶의 의미에 대해 깊이 성찰하게 되었다. 20~30대 젊은 나이에 세상을 떠났다면 이런 경험을 하지 못했을 테니 이것만으로도 크게 감사할 일이다.

장자는 이렇게 말했다.

"하늘과 땅은 나를 생겨나게 하고 삶으로 나를 괴롭게 하며 늙음으로 나를 한가롭게 한다. 또한 죽음으로 나를 쉬게 한다. 그렇기에 삶을 소중하게 여기고 죽음을 선한 것으로 대해야 한다."

육체가 죽음을 맞을 기회가 없이 무한하게 산다면 사람들은 삶의 귀중함을 알지 못할 것이다. 이는 마치 무제한 데이터 요금제를 약정한 스마트폰 사용자가 데이터의 소중함을 모르고 마구 사용하는 것과 같은 이치다. 삶이 유한하기 때문에 현재의 순간순간은 소중한 것이다. 그래서 우리는 주어진 매 순간을 음미하며 값지게 살아가야 한다.

사람은 태어난 후부터, 크고 작은 질병을 앓고 세월이 흐르면 늙기 마련이다. 그러다가 수명이 다하면 결국엔 자신의 삶을 마무리하고 죽음을 맞이하게 된다. 죽음은 소멸이 아니라 우리가 이 지구별에 온 의미를 찾는 일이고 생을 완성하는 일이다.

고대 그리스의 철학자 소크라테스는 "죽음은 인간이 받을 수 있는 축복 중 최고의 축복이다."라고 말했다. 또 20세기의 위대한 신비가 다스칼로스는 "인간은 저승사자의 입맞춤보다 더 달콤한 키스를 맛본 적이 없으리라."라는 말을 남기기도 했다. 죽음은 인간의 정신이 성장할 수 있는 절호의 기회다. 이 점을 알게 된다면 영생이 축복인지 아니면 재앙인지를 분명히 판단할 수 있을 것이다. 수명을 다하여 육신을 벗어날 때가 되면 미련 없이 자신의 의자를 후손들에게 물려줘야 한다. 조병화 시인의 시 〈의자〉처럼.

　　　　　의자
　　　　　　　　　　　조병화

　　　(전략)
　　　묵은 이 의자를 비워 드리지요.

　　　먼 옛날 어느 분이
　　　내게 물려주듯이

　　　지금 어드메쯤
　　　아침을 몰고 오는

　　　어린 분이 계시옵니다.

　　　그분을 위하여
　　　묵은 의자를 비워 드리겠습니다.

9장

훌륭한 죽음과 아름다운 마무리

생태건축으로 잘 알려진 건축가 정기용(1945-2011)은 전라북도 무주에서 10년 넘게 주민센터·도서관·천문대·납골당 등 여러 건축물을 설계하였다. 그는 오랫동안 지역 건축물을 설계하느라 많은 경제적 손실을 감수해야 했다. 그런 이유로 생전에 '건축계의 공익요원'이라는 별명을 얻기도 하였다. 그는 대장암으로 5년 이상 투병하다가 2011년 타계하기 몇 달 전 인터뷰를 하였다. 다큐멘터리 「말하는 건축가」에서 그는 말기 암 환자가 죽음을 어떻게 바라보고 있는지를 담담하게 말하고 있다.

"나이가 들고 늙을수록 조금은 철학 공부를 해야 되는 것 같다. 오히려 철학적이어야 된다. 죽는 준비를 단단히 해야 한다. 옛것을 돌아보고 회상하고 추억하고 눈물을 흘리고 그런 것이 아니라, 산다는 게 무엇인지, 왜 사는지, 세상이 무엇인지, 나는 누구인지, 어떻게 살았는지, 가족은 무엇인지, 친구는 무엇인지, 건축은 무엇인지, 도시는 무엇인지 하는 근원적인 문제들을 다시 곱씹어 보고 생각하고 그러면서 좀 성숙한 다음에 죽는 게 좋겠다. 한마디로 위엄이 있어야 되겠다. 밝은 눈빛으로 초롱초롱한 눈빛으로 죽음과 마주하는 그런 인간이 되고 싶다.”

타계하기 며칠 전, 그는 봄 내음을 맡고 싶다며 침대에 실려 가족, 직원 들과 같이 가까운 산으로 봄나들이를 갔다. 거기서 그는 이렇게 마지막 말을 남겼다. “여러분 고맙습니다. 여러분 고맙습니다. 나무도 고맙고, 바람도 고맙고, 하늘도 고맙고, 공기도 고맙고, 모두모두 고맙습니다.” 참으로 감동적인 장면이다.

문득 수년 전 어느 일간지에서 본 기사가 생각난다. 모 재벌그룹 명예 회장이 나이가 들어 죽음이 임박해 오자 ‘사람이 죽으면 어떻게 되는가?’ 하는 궁금증이 생겼다. 그래서 그는 비서들과 주변사람들에게 끊임없이 이 질문을 했다고 한다. 이 분이 만족할 만한 대답을 얻고 세상을 떠났는지에 대해서는 후속 기사가 없어서 알 수 없다. 아마도 평소에 돈과 명예만 추구하지 말고 죽음 문제에도 관심을 가졌어야 했는데 그러지 못한 걸 후회하지 않았을까 생각해 본다. 로마의 철학자 키케로는 “지혜로운 사람에게는 삶 전체가 죽음에 대한 준비이다.”라고 말했다.

미국의 세계적인 사진가 W. 유진 스미스(1918-1978)의 1951년 작품 〈후안 라라의 장례식〉은 가족과 가까운 친지에 둘러싸인 채 침상에 누워 조용히 임종을 맞는 노인의 모습을 보여 주고 있다. 침상 옆에 쪼그리고 앉아 임종 과정을 지켜보고 있는 사람들의 표정에서는 아쉬움은 있지만 공포는 보이지 않는다. 오히려 죽음을 자연의 순리

W. 유진 스미스, 〈후안 라라의 장례식 전야〉, 1951

로 받아들이는 것 같은 분위기가 엿보인다. 이러한 광경은, 의식이
없는데도 대형병원의 중환자실에서 온갖 생명유지 장치를 주렁주렁
매단 채, 수십 년 같이 살아온 가족과 격리되어 외롭게 있다가 쓸쓸
하게 혼자 세상을 떠나는 요즘 세태와는 크게 대조가 된다.

종교는 죽음의 두려움을
해결해 줄까?

　　　　　　　　사람들은 종교를 갖고 있으면
죽음에 대한 두려움에서 해방될 수 있다고 생각한다. 그런데 다음에
소개하는 사례는 반드시 그렇지 않을 수도 있음을 시사한다.

영국의 유명한 장의사인 배리 엘빈 다이어가 쓴 『행복한 장의사』에 실린 사례 가운데 하나다. 목회 활동을 오래한 어느 신부가 간암으로 병원에 입원하였다. 병세가 위중해 임종할 때가 가까워지자 신도였던 장의사가 병문안을 갔더니 신부가 "죽음이 두렵다네."라고 말했다. 장의사가 "하지만 신부님은 하느님을 믿지 않으십니까? 믿음은 어디로 갔습니까?" 물었더니 신부는 "미지의 세계로 들어가는 것만큼 두려운 것은 없네."라고 대답했다.

장의사는 "성직자라면 일반인보다 몇 배 강한 신앙심으로 죽음에 대한 두려움을 극복하리라 생각했는데 실상은 그렇지 않은 것을 보고 충격을 받았다."라고 술회하였다. 이는 영국의 사례이기는 하지만 특정 지역이나 특정 종교에 국한되지 않는다는 것은 또 다른 사례를 통해서도 알 수 있다.

영화 「마리 이야기」는 프랑스에서 일어난 실화를 토대로 만든 것이다. 태어날 때부터 듣지도 말하지도 보지도 못하는 마리를 보듬어서 세상과 소통할 수 있게 해 준 수녀가 불치의 병으로 임종을 맞게 되었다. 그러자 원장수녀는 그녀에게 다음과 같이 말했다.

"죽음은 모두에게 힘든 과제입니다. 수도자라면 죽음 앞에 담대할 줄 알았는데 알고 보니 아니었어요. 누구든 다 불안해하시더군요. 말로는 기쁘다고 하고 곧 주님을 만날 거라 행복하다고 했지만 그건 솔직한 심정이 아니었어요. 진심은 다른 것 같았죠. 모두 두려움과 싸우고 있었던 겁니다. 나 또한 죽을 때는 그럴 것 같네요."

죽음을 외면하고
혐오하는 현실

'죽음'이라는 단어는 은연중에 금기시돼 왔다. 대화 중에 죽음이라는 말을 꺼내면 재수 없다면서 더러 면박을 주기도 한다.

필자는 2008년 서울 모 구청에서 진행한 〈웰다잉을 위한 행복한 삶, 아름다운 마무리 준비 교실〉의 강의를 한 차례 맡은 적이 있다. 그때 담당 공무원한테 들은 얘기다. 강좌 제목에 '죽음'이라는 단어가 들어가자 상급자가 결재를 해 주지 않아 몹시 애를 먹었다고 했다. 결국 '죽음'이란 단어 대신 '웰다잉'으로 바꿨더니 그제야 결재 도장을 찍어 주더라는 것이다.

또 2009년 가을, 어느 의학 관련 학회에서 죽음학 강의를 요청받았다. 강의 제목을 〈죽음과 임종〉이라고 해서 제출했더니 학회에서 난색을 표명하였다. 이유는 강의 제목에 죽음이란 단어가 들어가 있어서 칙칙해 보인다는 것이다. 결국 주최 측의 요청으로 제목을 〈아름다운 마무리〉로 바꾸고 강의를 진행한 적도 있다.

위의 두 사례만 봐도 우리나라 사람들이 죽음이란 단어를 얼마나 혐오하고 기피하는지를 쉽게 짐작할 수 있다. 그러나 이 원고를 쓰고 있는 2018년을 기점으로 최근에는 강의 제목에 죽음이 들어가 있다고 해서 제목을 바꿔 달라는 요청 같은 것은 없다. 우리나라의 죽음 문화도 이제 조금씩 바뀌고 있는 것 같다.

그렇다면 우리나라 사람들은 원래부터 죽음에 관해서 이처럼 회피하는 문화를 가지고 있었을까? 비교종교학자인 최준식 교수에 따르면, 우리의 죽음 문화가 지금과 같은 기조를 띤 것은 유교의 영향이 컸다고 한다. 조선 왕조 500여 년을 지배해 온 유교는 내세관이 없다. 만약 고려 왕조가 계속돼 불교가 유지되었더라면 장례문화를 비롯해 죽음과 관련된 생각과 행동 들이 지금과는 상당히 달랐을 걸로 생각한다.

200년 전에 가톨릭이 들어오고 100년 전에 개신교가 들어왔어도 한국인의 머릿속에는 유교가 뿌리 깊게 박혀 있다. 그래서 신앙을 가진 사람들조차도 죽음에 대해 말하기를 꺼린다. 오랫동안 신앙생활을 해 온 분이 "사람이 죽으면 끝이지 뭐!"라고 말하는 걸 보고 의아했던 적이 있다. 건물 층수를 말할 때 4층 대신 F층이라고 부르는 것은 우리 사회가 죽음을 어떻게 보고 있는가를 단적으로 말해 주는 사례라고 하겠다.

죽음이라는 단어는 과연 죽음을 많이 불러오는 것일까? 필자는 이를 확인해 보기 위해 몇 년 전에 간단한 조사를 해 본 적이 있다. 서울대학교 병원 병동 가운데 죽음을 뜻하는 사(死) 자와 발음이 같은 숫자 '4'가 들어간 병동 세 곳, '4'가 전혀 들어가지 않은 병동 세 곳을 각각 선정하여 그 병동들의 1년간 입원 환자 수와 사망 환자 수를 비교하였다.

과연 그 결과는 어땠을까? '4'가 두 개나 들어간 44병동은 정형외과 병동이라 1년간 사망 환자가 전혀 없었다. 반면 '4'가 전혀 들어가지 않은 병동은 중환자가 많이 입원하는 내과병동이라 사망 환자

수가 대단히 많았다. 이를 계기로 사(死) 자를 연상시키는 '4'가 죽음을 많이 불러들이는 것은 아니라는 사실을 확인할 수 있었다.

1995년 6월, 서울 삼풍백화점이 붕괴하면서 500여 명이 사망하였다. 바로 전해인 1994년 10월에는 성수대교가 끊어지면서 직장인과 학생 등 많은 시민이 졸지에 목숨을 잃었다. 사망자 가운데 그 누구도 자신이 곧 죽게 되리라는 걸 사전에 알지 못했을 것이다.

2017년 7월에는 경부고속도로에서 졸음운전을 하던 기사가 몰던 버스가 앞에 가던 승용차를 덮쳐 운전자 부부가 그 자리에서 즉사한 사고가 발생하였다. 이 승용차 운전자는 난폭운전을 하지도 않았고 교통규칙을 준수하며 운행 중이었다. 그런데 버스가 느닷없이 뒤에서 덮치는 바람에 한순간에 목숨을 잃었다.

이처럼 우리는 언제 어디서 죽음과 마주치게 될지 아무도 알지 못한다. 따라서 자신의 죽음에 대해 평소에 늘 성찰하고 준비해 둬야한다. 그러나 우리는 죽음 문제에 대해 귀를 막고 눈을 감은 채 매일매일 바쁘게 살아간다.

상황이 이렇다면 건강할 때 유언장과 사전연명의료의향서를 작성하고 미리미리 죽음 준비를 해야 한다. 하지만 이런 얘기를 꺼내면 사람들은 화를 내거나 슬쩍 화제를 돌려 버린다. 그러다가 정작 본인이 암, 특히 말기 암이라는 진단을 받게 되면 주위에서 이런 얘기를 꺼내기가 거의 불가능해진다. 이는 한국인들이 죽음에 대해 무관심하거나 부정, 회피 또는 혐오하는 데서 연유한 것이다.

몸이 건강할 때, 잘 죽는다는 것은 무엇인지, 자신의 죽음을 어떻게 준비할 것인지에 대해 생각하는 사람은 매우 드물다. 한국죽음학회 최준식 회장에 따르면, 한국인은 평소 죽음에 관해 완전히 방치된 상태로 있다가 본인이나 가족의 죽음이 닥치면 '벌렁 나자빠진다'고 표현한다. 아주 적절한 표현이라고 생각한다.

죽음에 대한 이런 태도는 외국의 경우도 크게 다르지 않다. 쥘리에트 비노슈가 딸로 출연한 프랑스 영화 「여름의 조각들」은 어머니의 일흔다섯 생신을 축하하기 위해 두 아들과 딸 그리고 손자손녀들이 모이는 장면으로 시작된다. 어머니는 언제 닥칠지 모를 자신의 죽음에 대비하려고 장남에게 유품 정리와 인계에 대해 얘기한다. 그러나 죽음에 대해 언급하는 것조차 불편하게 받아들이는 장남은 강한 거부감을 보이며 어머니의 얘기를 듣는 둥 마는 둥 넘겨 버린다. 생일잔치가 끝나자 몇 달 후 다시 만나자는 약속을 하고는 다들 떠났다. 혼자 남겨진 어머니는 오랜 세월 동안 옆에서 자신을 돌봐 준 친구에게 쓸쓸하게 읊조린다.

"죽는 얘기… 당연히 할 말인데… 내가 떠날 땐 많은 것들이 함께 떠날 거야. 기억들, 비밀들…. 사랑하는 모든 것들을 언젠가는 떠나보내야 해."

그로부터 얼마 후 어머니의 부고를 듣고 달려온 장남은 묫자리를 둘러보고 돌아오는 길에 차를 세운 채 흐느껴 운다. 몇 번이고 더 생일잔치를 해 드리게 될 줄 알았는데 영영 그런 날은 오지 않게 된 것이다. 부모가 자식에게 죽음 준비를 얘기해도 자식들이 이를 귀담아 듣지 않는 현실을 이 영화를 통해 엿볼 수 있다.

한편 웰다잉 책을 읽고 인터넷 서점 감상평란에 글을 올린 어느 독자의 이야기는 위와 정반대의 상황을 말해 준다.

"고혈압에 의한 합병증으로 어느 날 갑자기 장애인이 되셔서 불편한 몸으로 살아가시는 아버지께 농담 반 진담 반으로 이제는 미리 유언장도 작성해 놓으시고 마음의 준비도 하시라고 말씀드리면 버럭 화를 내시곤 한다. 이 책을 읽고 아버지께서 죽음을 두려워하지 않으시기를 마음속으로 기도해 본다."

이 원고를 쓸 무렵 필자 지인 부친이 돌아가셔서 문상을 갔었다. 평소 건강하셔서 백 세까지 사실 걸로 알고 죽음 준비를 전혀 하지 않은 상태에서 죽음을 맞이했다고 한다. 결국 지인 부친은 자신의 삶을 정리도, 마무리도 하지 못한 채 황망하게 떠나신 셈이다. 참으로 안타까운 마음을 금할 수 없었다.

죽음을 터부시하는 분위기와 생명연장 의료기술의 발달은 어떤 면에서는 맥을 같이한다. 의료진도 삶을 마무리하고 정리하는 중요한 한 단계로 죽음을 보지 않고, 의료의 패배나 실패로 보는 경향이 짙다. 무의미한 연명의료는 환자와 가족 모두에게 고통만 안겨 준다. 그럼에도 환자의 가족이나 의료진이 여기에 매달리는 것은 바로 이러한 가치관 때문이라고 할 수 있다.

죽음은 꽉 막힌 벽인가, 열린 문인가?

대부분의 사람들은 죽음에 대해 얘기하는 것을 꺼린다. 심지어 죽음과 관련된 단어를 보는 것조차 두려워한다. 그렇다면 과연 죽음은 그렇게 피하기만 하면 자신과는 무관해질 수 있는 것일까?

철학자 유호종 박사는 『죽음에게 삶을 묻다』라는 책에서 '죽음을 똥으로 볼 것인가, 또는 된장으로 볼 것인가'에 따라 죽음을 대하는 태도가 완전히 달라진다고 얘기한다. 아무리 마음 수양을 오래 했어도 똥을 한 숟가락 퍼서 입에 넣고 구수하다고 생각할 수는 없다. 만일 죽음이 똥과 같은 것이라면 그날이 오기 전까지는 절대로 생각하지 않고 지내는 것이 상책일 것이다. 그러나 죽음이 된장과 같은 것이라면 어떨까? 죽음은 된장이 될 가능성이 없는 것일까? 만약 죽음이 된장이라면 맛있는 찌개를 해 먹을 수 있지 않을까?

말기 암으로 극심한 통증을 겪으며 괴로운 나날을 보내다가도 임종 직전과 후에는 얼굴에 평화로운 표정이 깃드는 것을 의료 현장에서는 자주 접하곤 한다. 그런 점에서 보면 죽음은 똥보다는 된장일 가능성이 더 많아 보인다.

　많은 사람들은 죽음이란 텔레비전 전원 스위치가 꺼져 화면이 깜깜해진 상태와 같다고 생각한다. 이에 대해 유호종 박사는 다른 케이블 TV의 버튼이 눌려져 다른 채널로 들어가는 건 아닌지 한번 생각해 보자고 제안한다.

　또 죽음을 두고 집이나 건물 전체가 정전이 돼 칠흑같이 깜깜해진 상태라고 이해하는 사람들이 더러 있다. 다음에 소개하는 영화 「히어애프터」에서도 그런 생각이 여실히 드러난다. 인도네시아로 휴가를 갔다가 쓰나미에 휩쓸려 심장과 호흡이 멎은 여주인공이 심폐소생술로 되살아난 후 남자친구와 나누는 대화의 한 대목이다.

　　여주인공　　물어볼 게 있어, 죽으면 어떻게 될까?
　　남자친구　　이상한 질문이네. 죽으면 그냥 불이 꺼지는 거지. 왜?

여주인공	그냥 그거야? 꺼지는 것?
남자친구	완전히 꺼지지. 플러그가 빠지는 거야. 영원한 공허겠지.
여주인공	뭔가 존재할 순 없을까? 내세 말이야.
남자친구	없을 거야. 그런 게 있다면 누군가 발견했겠지. 증거가 있을 거야. 그런데 이 좋은 자리에서 그런 것들만 물어볼 거야?

죽음을 꽉 막힌 벽으로 여길 것인가, 아니면 벽 한편에 나 있는 문으로 여길 것인가. 둘 중 어느 것이냐에 따라 삶을 살아가는 태도와 방식이 크게 달라질 수 있다.

실화를 바탕으로 만들어진 영화 「굿' 바이: Good & Bye」는 오케스트라의 첼로 연주자인 주인공이 실직한 후 고향에 내려가 겪는 이야기를 다루고 있다. 여행 도우미를 구한다는 광고를 보고 찾아갔더니, 그곳에서는 '영원한 여행 도우미'를 구한다고 한다. 즉 시신을 염습해 입관하는 곳이었다. 보수를 후하게 줄 테니 함께 일하자는 사장의 제안을 엉겁결에 받아들인 그가 염습사로서 겪게 되는 여러 에피소드들을 가슴 뭉클한 감동과 함께 유머러스하게 그리고 있다.

주인공은 어릴 적 친구 어머니가 갑작스럽게 사망하자 경건한 마음으로 정성을 다해 염습을 마친 후 시신을 화장터로 모신다. 고인의 친구이며 오랜 세월 화장로의 불을 지피는 일을 해 온 노인은 뒤늦은 후회로 흐느껴 우는 고인의 아들에게 다음과 같이 이야기한다.

"여기 화장터에서 오래 일하면서 알게 됐지. 죽음은 문이야. 죽는다는 건 끝이 아니야. 죽음을 통과해 나가서 다음 세상으로 향하는 거지. 난 문지기로서 많은 사람을 배웅했지."

오랜 경험에서 체득한 노인의 시각처럼 죽음을 문으로 보는 죽음관은 우리의 일상생활에 긍정적이고도 심대한 영향을 줄 수 있다. 미국에서 발간된 죽음학 책 『생의 마지막 춤: 죽음, 죽어감과 대면하기』의 서문에서도 죽음을 벽으로 볼 것인지 문으로 볼 것인지에 대해 질문을 던지고 있다.

스위스 출신의 정신과 의사이자 분석심리학을 창시한 카를 구스타프 융은 그의 수제자였던 폰 프란츠 여사를 통해 "죽음은 사라지는 게 아니라 알 수 없는 세계로 가는 것이다."라는 말을 남겼다. 또한 융 자신도 생전에 썼던 편지에서 "죽음의 저편에서 일어나는 일은 말할 수 없이 위대해서 우리의 상상이나 감정으로는 제대로 파악하기조차 어렵다"라고 했다.

우리는 여행을 가기 전에 가려는 곳에 대해 인터넷으로 검색해 보거나 관련 책자를 사서 열심히 정보를 얻으려고 한다. 또 떠나기 직전까지 집안을 정돈하고 다른 가족을 위해 이것저것 챙겨 놓거나 자신이 집을 비운 사이 필요한 여러 가지 사항을 메모로 남겨 놓기도 한다. 하물며 죽음에로의 여행을 위한 사전 준비는 아무리 강조해도 지나치지 않을 것이다.

유호종 박사는 『죽음에게 삶을 묻다』에서 죽음을 직시한다는 것은 지상에 머물렀던 시선을 돌려 먼 하늘의 별을 바라보는 것과 같다고 얘기한다. 대학 총장을 지낸 한 명예교수는 우리나라 사람의 대화는 '평등하다'고 말하는데, 아파트 평수와 자식의 학교 시험 등수 외에는 하는 얘기가 별로 없다는 점을 꼬집은 것이다. 이러한 물질적인 대화에서 벗어나 '나는 누구인가? 사람은 어디로부터 와서 어디로 가는 것인가? 삶은 무엇인가? 살아갈 이유는 무엇인가? 어떻게 살아갈 것인가?' 같은 실존적인 문제에 관심을 갖게 되는 계기는 주로 죽음을 대면함으로써 생겨나는 경우가 많다. 사람은 누구나

살아가면서 돈이 필요하고 명예도 추구하는 법이지만 죽음에 대해 성찰하게 됨으로써 이웃과 다른 사람에 대한 이해와 나눔 그리고 사랑을 실천할 수 있는 길에 더 가까이 다가서게 된다고 본다.

죽음의 질이
바닥권인 한국

2010년에 전 세계 40개국을 대상으로 죽음의 질을 조사한 결과가 발표됐다. 영국이 1위였고 한국은 바닥권인 32위를 차지하였다. 이는 한국의 의료 질이 떨어져서가 아니다. 한국은 CT나 MRI 같은 고가 의료장비가 영국보다 서너 배 더 많고 항암제도 많이 사용한다.

그런데 통증 관리에서 제일 중요한 마약성 진통제 사용은 외국의 10분의 1이라고 한다. 죽기 직전까지도 치료를 받아 나아져야 한다는 것만을 목적으로 삼기 때문에 정작 통증을 경감시키는 일에는 신경을 쓰지 않기 때문이다. 그래서 환자는 통증으로 엄청난 고생을 하다가 죽게 된다.

이렇게 통증 관리가 제대로 되지 않는 것은 마약성 진통제에 대한 오해가 원인인 경우가 많다. 살날이 며칠 남지 않았는데도 마약성 진통제를 써서 중독이 되면 어떻게 하느냐고 걱정을 하는 것이다. 정말 안타까운 일이다. 이런 현상은 환자의 죽음을 받아들이지 않기 때문이라고 생각한다. 치료로 회복이 불가능한 환자에게 절실하게 필요한 것은 곧 다가올 죽음을 인정하고 통증을 줄이는 일이다.

그러면 영국은 어떻게 죽음의 질이 1위가 되었을까? 영국 사람들도 처음부터 죽음을 잘 받아들인 것은 아니었다. 2014년 11월 5일 방영된 EBS 「다큐프라임」 〈데스〉 3부 '카르페 디엠. 행복의 문을 여는 열쇠, 죽음'에서는 이러한 일에 앞장선 영국 정부의 노력을 보여 준다. 영국 전역에 걸쳐 있는 다잉 매터스(Dying matters)는 사람들이 죽음에 관해 언제 어디서든 이야기하고 삶의 마지막을 계획할 수 있도록 돕는 연합 단체이다. 이 단체는 죽음의 중요성을 알리기 위해 설립했는데 5년 전 창립 이후 죽음에 대한 금기를 깨기 위해 노력하고 있다. 매년 5월이면 '죽음 알림 주간'을 운영하여 죽음이 생의 자연스러운 과정이라는 사실을 알리고 삶의 변화를 꾀하려고 한다. '당신은 한 번 죽습니다'라는 기치 아래 잘 살고 잘 죽기 위한 구체적인 방법들을 제시하고 있다. 유언장 작성하기, 장례 계획 세우기, 노후 요양 계획 세우기, 장기기증서 작성하기, 아이들과 죽음에 관해 이야기 나누기 등이 그것이다.

이 다큐에서는 데스 카페(Death cafe)도 소개하고 있다. 카페를 빌려 맛있는 음식과 음료를 들며 죽음에 대한 자신의 생각을 스스럼없이 나눈다. 모두 처음 만난 사람들이지만 마음속에 담아 두었던 죽음에 대해 이야기하며 삶의 새로운 의미를 찾아가면서 서로에게 힘이 되고 있다. 참석자들은 한결같이 "데스 카페에 중독된 것 같아요. 죽음에 대한 시각이 넓어지면서 죽음에 대해 깊이 생각할 수 있게 됐습니다. 흥미로우며 인간미가 가득하고 편안합니다."라고 말

영국의 죽음 알리기 운동

한다. 그러나 이처럼 꼭 레스토랑이나 카페를 임대하지 않아도 된다. 친구나 지인 들과의 식사 모임에서 죽음을 주제로 대화를 이끌어 나간다면 그 자체로 훌륭한 데스 카페나 데스 디너 모임이 될 수 있을 것이다.

이와는 대조적으로 죽음의 질이 바닥권인 우리나라의 사회적 분위기를 말해 주는 사건이 하나 있었다. 2009년 8월, 헌법재판소는 학교 주변에 납골당 건축을 불허하는 판결을 내린 적이 있다. 아이들에게 상복을 입고 눈물 흘리는 사람들을 보여 주는 건 교육적으로 좋지 않다는 이유에서였다. 판결문에는 나와 있지 않지만 집값이 떨어진다는 점도 크게 작용하지 않았을까 싶다.

비단 이뿐만이 아니다. 비슷한 시기에 국회에서는 학교 주변 금지 시설에 납골당을 포함시키는 법안을 통과시켰다. 만일 납골당이 예정대로 학교 주변에 건립됐다면 학생들에게 인간의 필연적인 죽음에 대해 생각해 보게 함으로써 삶을 대하는 자세를 가다듬게 하는 긍정적인 교육 효과가 있었을 텐데 참으로 안타까운 일이 아닐 수 없다.

죽음을 외면하는 것은 의사라고 다르지 않은 것 같다. 의무 기록에 환자의 사망을 '죽다(Die)'라고 적지 않고 '만료되다(Expire)'라고 적는 것이 그 한 예다. 이처럼 의사 사회에서도 죽음에 대해서는 잘 이야기하지 않는데 이는 의학 교육이 유물론과 실증주의를 기반으로 하기 때문일 것이다.

눈에 보이지 않는 것에 대해서나 생물학적인 죽음을 넘어선 것에 대해서 이야기하려면 앞에서 거론한 문제들을 두루 다 들여다봐야 한다. 그러나 의사들 역시 눈에 보이지 않는 것은 존재하지 않는다고 생각하는 것이 일반적이다. 이것은 의사만의 문제가 아니라 모든 현대인들의 공통된 문제라고 할 수 있다. 어렸을 때부터 그렇게 배워 왔기 때문이다. 그래서 아이들의 눈높이에 맞춰 죽음 준비 교육을 하는 것이 매우 중요하다고 본다.

훌륭한 죽음을 찾아서

2000년 미국 내과학회지 『Annals of Internal Medicine』에 「훌륭한 죽음을 찾아서: 환자, 가족 그리고 의료진 간의 합의 도출」이라는 논문이 실렸다. 의학 논문은 의료 전문가 혼자 또는 여러 명이 모여서 공동으로 연구를 한 결과를 발표하는 것이 보통이다. 그런데 이 논문은 특이하게도 임종을 앞둔 환자와 가족과 의료진이 모여서 토론을 하고 회의를 하여 내린 결론을 다루었다. 논문에서 밝힌 훌륭한 죽음의 주요 요소는 다음과 같다.

훌륭한 죽음의 주요 요소
- 통증 완화, 조절
- 명확한 의사 결정
- 죽음 준비
- 훌륭한 마무리: 갈등해소, 인사
- 다른 사람들에 대한 기여
- 온전한 인간으로서의 존재감

네 번째 항목까지는 익숙한 내용이다. 그런데 나머지 둘, 즉 '다른 사람들에 대한 기여'와 이를 통한 '온전한 인간으로서의 존재감'을 느끼는 것은 매우 신선한 내용이라고 할 만하다.

2008년, 미국의 배우 폴 뉴먼이 여든셋의 나이로 세상을 떠났다는 기사가 실렸다. 그는 폐암으로 방사선 치료를 받았으나 병세가 진행되자 중환자실 대신 집에서 가족과 친지 들이 지켜보는 가운데 눈을 감았다. 여기까지는 유명인의 부고 기사와 크게 다르지 않으나 폴 뉴먼의 삶의 방식에는 좀 특별한 면이 있다.

폴 뉴먼은 생전에 요리를 좋아했는데, 이런 사실을 잘 알고 있던 그의 친구는 식품회사를 세워 본격적으로 경영해 볼 것을 권하였다. 친구의 조언에 따라 몸에 해로운 첨가제나 방부제를 쓰지 않고 유기농법으로 제조한 스파게티 소스나 샐러드드레싱 등을 만드는 사업을 시작해 첫해에 상당히 큰 수익을 봤다고 한다. 그는 여기서 나온 수익금을 난치병을 앓는 어린이들을 위해 기부하였다. 그 액수는 26년간 3,000억 원에 달했다.

특이한 건 그의 회사 운영 방식이었다. 매년 12월에 대출금을 상환한 후 나머지를 자선기금으로 다 기부하고 새해가 되면 은행에서 새로 대출을 받아 사업을 운영했다. 또 아들이 마약 관련 사고로 숨지자 마약 퇴치를 위해서도 노력하였다. 폴 뉴먼의 부고 기사를 보면서 필자는 그가 참 훌륭한 삶을 살았고, 또 삶만큼이나 훌륭한 죽음을 맞이했다는 생각을 했다.

폴 뉴먼 정도는 아니지만 소시민으로서 죽음과 직면하여 자기 나름대로의 기여를 통해 인간의 존재감과 삶의 의미를 찾는 이야기가 있다. 일본 영화 「이키루」가 그것이다. 일본어 '이키루(いきる)'는 '살다'라는 뜻이지만 이 영화의 내용은 죽음에 대한 것이다. 「라쇼몬」이라는 영화로 유명한 일본의 구로사와 아키라 감독이 1952년 발표한 작품인데, 죽음학 분야에서는 지금까지도 여전히 중요하게 인용되고 있다. 각종 국제영화제에서 50개가 넘는 상을 받았으며, 1997년에는 세계 10대 고전 명화로 선정되기도 했다.

시청의 말단 과장인 주인공은 소화가 안 돼 어느 날 병원에 가서 검사를 받는다. 그런데 위암 말기여서 완치를 위한 수술은 불가능하고 수명도 몇 달 밖에 안 남았다는 청천벽력 같은 이야기를 듣게 된다. 크게 낙심한 그는 평소에 하지 않던 술과 도박에 잠시 빠지기도 했다. 그러나 공허한 마음은 채울 수가 없다.

그렇게 실의에 빠져 있던 그는 얼마 남지 않은 자신의 마지막 삶에서 자기가 할 수 있는 일을 찾아 하나라도 끝마치고 떠나야겠다고 생각하였다. 마치 꺼져 가던 장작더미에서 반짝 불이 일듯 기운을 차린 그는 책상 위에 산더미처럼 쌓여 있는 미결서류 더미 중에서 마을 주민들의 숙원 사업이 담긴 민원서류 하나를 찾아낸다.

그것은 비만 오면 커다란 물웅덩이로 변하고 파리가 들끓는 마을 공터를 어린이 공원으로 만들어 달라는 진정서였다. 7개나 되는 부서가 관여된 일인 데다 그 누구도 성의껏 추진하려고 하지 않아 전혀 진척이 되지 않고 있었던 사안이다. 주인공은 이 일을 직접 나서서 추진해 나간다. 그 과정에서 여러 부서의 냉대를 받게 되자 한 동료 직원이 "그런 푸대접을 받는데 화도 안 납니까?"라고 물었다. 그러자 그는 "나는 누구를 미워할 수가 없네. 그럴 시간이 없어."라고 대답한다.

해당 부서의 과장이 결재 도장을 찍어 줄 때까지 자리를 뜨지 않는 '끈끈이 작전'으로 매달린 결과 마침내 어린이 공원이 완공되었다. 공원 개장 전날 눈 내리는 밤 주인공은 공원 그네에 앉아 나지막하게 노래를 부르다 마침내 숨을 거둔다.

주인공이 퇴근길에 잠시 멈추어 서서 하늘을 바라보며 "저녁노을이 이렇게 아름다운 걸 모르고 30년을 살아왔네. 그러나 이제는 시간이 없구나." 하고 말하고는 고개를 푹 숙인 채 힘없이 발걸음을 옮기는 장면은 무척 인상적이다.

1970년대부터 일본에서 교수로 재직하면서 바람직한 죽음 문화 정착에 힘써 온 독일인 알폰스 데켄 신부는 이 영화에 대해 "타인에 대한 사랑을 통해 주인공은 기쁨과 만족감을 느꼈고, 죽음과 직면함으로써 보다 바르게 살 수 있었다."라고 평했다.

미국의 사상가 랠프 월도 에머슨(1803-1882)은 "진정한 성공이란, 작은 정원을 가꾸든 사회 환경을 개선하든, 자기가 태어나기 전보다 세상을 조금이라도 더 살기 좋은 곳으로 만들어 놓고 떠나는 것"이라고 정의했다.

영화 「이키루」의 주인공은 말기 암으로 진단을 받기 전까지는 삶에서 아무런 의미를 느끼지 못한 채 살아왔다. 살 수 있는 시간이 몇 달 남지 않은 시점에 이르러서야 비로소 자신이 그동안 미라처럼 살아왔다고 깨닫게 되었다. 비록 짧은 기간이었지만 진정으로 성공적인 삶을 산 셈이다.

말기 암 환자 일부는 보통 사람이 갖지 못하는 특별한 안경을 갖게 되는데, 이를 통해서 사물의 참된 모습과 보다 깊은 가치를 들여다보게 된다고 한다. 주인공이 저녁노을의 아름다움을 뼈저리게 느끼게 된 것도 자신의 삶이 얼마 남지 않은 시점이었던 것이다.

루게릭병에 걸린 모리 교수는 제자였던 미치 앨봄과 매주 화요일에 만나 삶과 죽음에 대한 주제로 대화를 나눈다. 열네 번에 걸친 대화를 모아 펴낸 책 『모리와 함께한 화요일』에서 모리 교수는 자신을 존엄히 마지막 여행을 준비하는 사람이라고 소개한다. 그는 또 사랑하는 사람들에게 작별할 시간이 있어서 운이 좋다고 얘기한다. 파도는 바위에 부딪혀 없어지는 것 같지만 여전히 바다의 일부라면서 죽음으로 우리가 소멸하는 것이 아님도 일깨워 준다. 제자와의 대화를 통해 주변 사람들에게 많은 감동과 교훈을 남기고 그는 평화롭게 눈을 감는다.

최준식 교수는 『종교를 넘어선 종교』에서 여러 종교가 제시하는 '행복 획득법'으로 기독교의 사랑, 불교의 자비 그리고 유교의 인(仁)을 들면서 "진정한 행복이란 자기를 위해서가 아니라 남을 위해서 살 때만 얻을 수 있다."라고 말하고 있다. 우리는 모두 제각기 독립된 존재인 것처럼 보이지만 실은 모두가 서로 연결된 존재이다. 연세대 철학과 김형석 명예교수도 얼마 전 언론과의 인터뷰에서 "백 살 가까이 나이가 드니까 나 자신과 내 소유를 위해 살았던 것은 다 없어져요. 남을 위해 살았던 것만이 보람으로 남습니다."라고 말했다. 여러 종교가 제시해 온 행복해지는 법을 실천하며 살아오신 것 같다.

갓 태어난 아기에 대해서는 축복하고 관심과 사랑을 쏟는다. 하지만 죽음을 앞둔 사람에 대해서는 무관심하고 외면하거나 피한다. 이런 문화는 학교나 사회 그 어디서도 웰빙과 함께 웰다잉을 가르치지 않은 탓이다. 죽어 가는 사람들에 대해 어떤 관심과 예우를 보이느냐는 그 사회의 성숙도를 알려 주는 척도다.

2006년 퓰리처상 수상작인 사진 작품 〈남편과의 마지막 밤〉은 이라크 전쟁에서 전사한 남편의 관 앞에서 남편이 평소 즐겨 들었던 음악을 들으며 마지막 밤을 보내고 있는 아내의 모습을 담고 있다. 정복을 갖춰 입은 군인이 곁에 서서 예의를 표하고 있는 가운데.

토드 헤슬러, 〈남편과의 마지막 밤〉, 2006

아름다운
죽음을 위하여

완화의료 전문의 아이라 바이오크는 『아름다운 죽음의 조건: 죽음 직전의 사람들에게 배우는 삶의 지혜』라는 책을 펴냈다. 말기 암 환자 등 수많은 환자들의 임종을 지켜본 그는 아름다운 죽음의 조건으로 다음 네 가지 조건을 제시했다.

- 첫째, 사랑해요
- 둘째, 고마워요
- 셋째, 용서합니다, 용서해 주세요
- 넷째, 안녕히 가세요

말기 암 환자가 호흡이 불안정해지고 의식이 나빠지면 대형병원 중환자실에 들어가 기관절개술을 받는다. 이후 그 환자는 가래 뽑는 소리, 인공호흡기와 모니터에서 나는 소음 등으로 어수선한 환경에서 지내다가 수십 년간 함께 살아온 가족들에게 작별인사 한마디도 전하지 못한 채 세상을 떠나는 것이 보통이다.

이와는 대조적인 경우도 없진 않다. 2013년 12월 26일 방영된 「KBS 파노라마」〈블루베일의 시간〉에서는 국내 최초의 호스피스인 강릉 갈바리 의원에서 임종을 맞는 말기 암 환자의 모습을 보여 주고 있다. 53세의 간암 환자는 아직 의식이 맑을 때 가족과 함께 그간 미처 하지 못했던 애기들을 편지로 나눈다. 그리고 떠날 때가 되었을 때 온 가족에 둘러싸여 마지막 숨을 거둔다. 가족과 형제 들은 가쁜 숨을 몰아쉬는 임종자의 손을 잡고서 "고마웠어요. 사랑해요. 우리 걱정은 하지 말고 편안히 떠나세요."라고 작별인사를 한다. 호스피스 실무자가 환자에게 "환한 빛을 따라 가세요."라고 안내해 주는 가운데 임종을 맞는다. 이는 앞에서 말한 아름다운 죽음의 조건에 상당 부분 부합한다고 할 수 있다.

국내에서는 아직도 의사가 환자에게 호스피스 이야기를 꺼내는 건 힘이 든다. 호스피스는 사람들이 죽으러 가는 곳으로 인식하고 있기 때문이다. 평상시 사전연명의료의향서 애기를 꺼내기 힘든 것과 마찬가지다. 그런 걸 미리 써 놓으면 죽음이 일찍 찾아올지도 모른다는 두려움 같은 걸 느껴서인 것 같다. 그런 와중에 심각한 병에 덜컥 걸리게 되면 이야기하기는 더 힘들어진다. "나보고 빨리 죽으라는 이야기냐? 재수 없는 이야기를 왜 하느냐?" 화를 내기도 한다. 사전연명의료의향서를 통해 자신의 의사를 전혀 표현해 놓지 않은 채 위급한 상황이 되면 일이 어렵게 된다. 의료진은 환자가 회복을 기대할 수 없는 상황임에도 불구하고 일단 온갖 응급처리를 다 하게 된다. 또 적지 않은 경우에는 의식이 없는 상태로 중환자실로 가서 생을 마감하게 된다.

병원이 질병 치료를 위한 곳이라면 호스피스는 남아 있는 삶의 질을 높이기 위한 곳이라는 점에서 서로 지향점이 다르다. 호스피스를 죽으러 가는 곳이라고 인식하기보다는 존엄하게 죽음을 맞이하는 곳으로 인정하고 받아들이는 마음이 필요하다.

수년 전 죽음학 강의를 듣고 나서 어느 요양병원장은 자신의 경험을 얘기해주었다. 기독교인이었던 그녀는 임종이 임박한 아버지께 이렇게 말했다고 한다. '저희 가족들 걱정은 하지 마시고 빛을 따라 가세요. 저희도 언젠가 아버지를 따라 갈게요.' 또 다른 강의 때에 원불교의 성직자 한 분도 부친의 임종이 다가왔을 때 자신이 아버지에게 했던 말을 공유했는데 같은 내용이었다. 종교는 다르지만 지혜로움에서는 일치했다. 죽어간다는 사실을 숨기고 '저희를 두고 가지 마세요. 제발 돌아가지 마세요.'라고 붙잡았다면 편안한 죽음을 맞이하기 어려웠을 것이다.

원불교 경전인 『대종경』 「천도품」에서는 임종이 임박한 사람은 생각을 비워 마음을 수습·정리해야 하며 유언 문제로 정신통일에 방해가 되지 않도록 해야 한다고 강조한다. 또 평소에 누구에게 원망을 품었거나 원수진 일이 있으면 그를 불러 될 수 있는 한 마음을 풀도록 한다. 혹 그 상대자가 없으면 혼자라도 원망하는 마음을 놓아 버리라고 권한다. 아울러 평소에 가졌던 집착을 억지로라도 버리는 데 전력을 다하라고 강조한다.

삶의 종말체험을 연구한 영국의 정신과 의사 피터 펜윅 박사는 그의 저서 『죽음의 기술』에서 "훌륭한 죽음에 방해가 되는 가장 큰 장애물은 채 마무리 짓지 못한 일이며, 그 일을 해결하는 가장 중요한 방법은 화해"라고 적고 있다. 그는 또 평화로운 죽음을 맞고 싶다면 다음과 같이 할 것을 권한다.

"우리는 다른 사람을 용서하고 그들의 용서를 구하고 자신의 잘못이나 오해에 대해 스스로를 용서할 필요가 있다. 만약 당신이 죽어 가는 사람을 돌보고 있다면, 그들을 위해 해 줄 수 있는 가장 값진 일은, 그들에게 깨어졌거나 위기에 처한 인간관계를 바로잡을 기회를 만들어 주는 것이다. 이런 화해가 중요한 것은 죽어 가는 사람이 평화롭게 세상을 떠나도록 만들기 위해서만은 아니다. 그것은 뒤에 남는 사람들도 죄의식을 느끼지 않은 채 평화로운 이별을 하도록 만들기 때문이다."

2010년 한국죽음학회에서 발간한 『한국인의 웰다잉 가이드라인』에는 '죽음을 준비하는 아름다운 마음 갖기'로 다음 사항들을 실행할 것을 권하고 있다.

- 자신의 삶을 돌아보고 진정한 삶이 무엇인가를 떠올려 본다.
- 자신이 죽은 뒤 가족에게 누가 되지 않게 주변을 잘 정리한다.
- 마무리가 안 된 인간관계가 있는데, 그 사람과 만나 화해할 수 없다면 마음속에서라도 맺힌 마음을 풀고 털어 낸다.
- 종교가 있다면 신앙생활에 더 충실히 임한다.
- 유언장 작성 후에는 유산 상속과 같은 세속적인 관심을 가능한 일찍 털어 낸다.
- 죽음 이후의 삶이 있다는 믿음을 가지고 공부하면서 사후를 적극적으로 준비한다.
- 죽음과 관련해 일어나는 중요한 영적 현상인 근사체험과 삶의 종말체험을 통해 죽음은 소멸이 아니라 옮겨감이라는 사실을 안다. 이것은 사후생에 대한 믿음이라기보다는 앎이다.
- 아직 남은 능력으로 이웃에게 베풀 수 있는 일이 있는지 알아보고 실천에 옮긴다.
- 무의미한 연명치료에 집착하지 않는다.
- 가족이나 의료진, 주위 사람에게 무리한 요구를 하지 않는다.

2010년 10월, 지인의 남편이 간암 말기로 임종이 임박한 상황이었다. 지인은 남편이 말기 암으로 세상을 곧 떠나게 될 것을 알고 있으면서도 "여보, 제발 죽지 말아요. 저를 떠나지 마세요."라고 붙들고 있는 상황이었다. 필자는 지인과 그녀의 남동생에게 '바람직한 죽음과 임종'이라는 강의를 한 적이 있는데 그 후로 지인은 크게 생각이 바뀌었다. 남편이 삶을 잘 마무리하고 세상을 떠날 수 있도록 "여보, 내 걱정은 말고 아프지 않은 곳으로 어서 가세요."라고 말해 주자 고통으로 일그러졌던 얼굴이 편안해지면서 바로 떠나가더라고 했다.

임종 직전 지인의 남편은 다른 사람은 들을 수 없는 아름다운 음악이 들린다고 했다. 또 먼저 세상을 떠난 친지가 병실에 와 있다면서 불안한 눈치를 보였다. 그러자 삶의 종말체험 현상에 대해 잘 알고 있던 지인이 '오래전에 죽은 친지가 마중을 나온 것이니 두려워하지 말라'며 편안한 죽음을 맞이할 수 있도록 도와주었다고 한다. 근사체험이나 삶의 종말체험 같은 영적인 현상에 대해 잘 알고 있으면 환자가 평화롭게 마지막을 맞을 수 있도록 도울 수 있다. 지인도 그 점에 대해 무척 고마워했다.

예수회 사제이자 심리학자로서 미국의 예일대학과 하버드대학에서 강의를 하다가 그만두고 장애인 공동체에서 생활하던 헨리 나우웬은 1996년 심근경색으로 사망하였다. 그는 사망하기 얼마 전 교통사고로 중상을 입고 사경을 헤맬 때의 심정을 『거울 너머의 세계』

에서 "진정한 고통은 사랑하는 사람들과 헤어지는 문제가 아니었다. 문제는, 내가 용서하지 못한 사람들과 나를 용서하지 못한 사람들을 남겨 두고 떠나야 한다는 것이었다."라고 피력하였다.

그는 또 친구를 통해 사람들에게 "저에게 상처를 준 모든 사람들에게 전해 주세요. 제가 마음 중심으로부터 그분들을 용서한다고 말이에요. 그리고 저 때문에 상처받은 사람들에게도 다 말해 주세요. 부디 저를 용서해 달라고 말입니다."라는 말도 전했다.

자아초월 심리학의 대가인 켄 윌버는 『세상에서 가장 아름다운 용기』라는 책에서 결혼 직후 발견한 유방암으로 5년간 투병하다가 임종을 맞는 아내에게 다음과 같이 말한다. "여보, 갈 시간이면 갈 시간인 거야. 걱정하지 말아요. 그러니 가고 싶으면 가요. 빛 쪽으로 가요. 트레야, 그 빛에 달라붙어. 우리는 내버려 두고 그 빛으로 달라붙어."

스콧 니어링의 임종 이야기도 빼놓을 수 없다. 앞에서 그의 죽음관을 소개한 바 있는데 어떤 사람은 그가 죽음을 맞이한 방식을 비판하기도 한다. 그러나 삶과 죽음의 긴 스펙트럼에서 본다면 이는 분명히 훌륭한 죽음과 아름다운 마무리라고 생각한다.

스콧 니어링은 백 세가 되자 곡기를 줄여 가며 육신을 벗어날 준비를 하다가 임종을 맞게 되었다. 그의 부인 헬렌 니어링은 남편에게 이렇게 말한다.

"여보, 이제 무엇이든 붙잡고 있을 필요가 없어요. 몸이 가도록 두어요. 썰물처럼 가세요. 같이 흐르세요. 당신은 훌륭한 삶을 살았어요. 당신 몫을 다했어요. 새로운 삶으로 들어가세요. 빛으로 나아가세요. 사랑이 당신과 함께 가요. 여기 있는 것은 모두 잘 있어요."

헬렌 니어링은 남편의 마지막 모습을 『아름다운 삶, 사랑 그리고 마무리』에서 다음과 같이 기술하고 있다.

"천천히, 그는 자신에게서 떨어져 나가 점점 약하게 숨을 쉬더니 나무의 마른 잎이 떨어지듯이 숨을 멈추고 자유로운 상태가 되었다. '좋아.' 하며 숨을 쉬고 나서 갔다. 나는 보이는 것이 보이지 않는 곳으로 옮겨 갔음을 느꼈다."

헬렌 니어링은 죽음은 '소멸'하는 것이 아니라 '옮겨감'이라는 사실을 분명히 알고 있었던 것으로 보인다.

2015년 6월 3일 자 중앙일보 기사는 박어진 작가의 책 『나이 먹는 즐거움』의 에필로그를 소개하고 있다. 성숙한 죽음관을 보여 주는 이 글에서, 박어진 작가는 자신의 죽음 이후와 장례에 대해 다음과 같이 당부한다.

의식을 잃으면 응급실이나 중환자실로 끌고 가지 말 것, 인간의 위엄을 지닌 채 우아하게 죽을 수 있도록 해 줄 것, 종교의식 대신 노래를 부르고 춤을 춰 줄 것, 시신기증서대로 이행해 줄 것, 어떤 표식도 남기지 말 것, 제사 같은 건 절대 지내지 말 것….

여기에 덧붙여, 즐겁게 이 지구별 행성에서 머물다 간 사람으로 자신을 기억해 주길 바라며 그동안 고마웠고 자식들도 지구별의 통과 여객으로 재미나게 살다 가라고 부탁하고 있다. 이 얼마나 위엄 있고 기품 있는 죽음 준비 자세인가?

한국 영화 「써니」의 마지막 장면 역시 참으로 감동적이다. 학창 시절의 친구가 암으로 죽자 절친했던 친구들이 그녀의 유언대로 영정 앞에서 춤을 추면서 친구를 떠나보낸다. 비록 영화의 한 장면이기는 하지만 바로 위에서 소개한 박어진 작가의 소망을 실현해 보이고 있다.

죽음을 관찰하다

2011년 3월 18일 방영된 KBS 「금요기획」 〈죽음에 관한 세 가지 시선〉에서는 『마지막 사진 한 장』의 저자 베아테 라코타를 인터뷰했다. 그는 수년간 호스피스를 찾아다니며 죽음을 앞둔 환자들의 임종 직전과 직후의 얼굴 모습을 사진으로 찍은 기록과 환자들의 사연을 이 책에 담았다. 작가는 처음 작업을 시작할 때는 다른 사람들과 마찬가지로 죽음, 특히 그들의 시신을 두려워했다고 한다. 그러나 3년에 걸쳐 작업을 진행하는 동안 죽어서 침대 위에 누워 있는 사람들이 사실은 예전에 알고 좋아했던 그 사람들과 같은 존재라는 사실을 느끼게 되었다고 한다. 사랑하는 사람을 잃는 것은 끔찍하나 언젠가 다가올 일이기 때문에 미리 준비해야 한다고도 말한다.

그는 많은 사람들이 제법 나이를 먹을 때까지도 친척이나 친구의 죽음을 직접 경험해 보지 못했다고 지적한다. 그래서 만약 어느 날 갑자기 말기 암으로 사형선고를 받았는데 죽음과 관련된 경험이 전혀 없다면 얼마나 당황스럽고 무기력하겠느냐고 반문한다. 그는 평소에 죽음에 대해 자주 생각해 보고 친숙해져야 한다고 자신의 경험을 털어놓는다. 그 역시 여전히 죽음은 두렵지만 이 작업을 통해 죽음을 바라보는 시각은 완전히 달라졌다면서 죽음이 더 이상 낯설지 않다고 말한다.

조선 시대 사람들의 정신세계를 지배했던 것은 유교였다. 그런데 유교에는 내세관이 없어서 사람들이 죽음을 혐오하고 현세에 집착하는 경향을 보였다고 종교학자들은 분석한다. 이러한 사회 분위기에서도 몇몇 선비들은 자신의 죽음을 가정하고 스스로 자신의 죽음을 애도하는 자만시(自挽詩)를 짓기도 했다. 자만은 스스로[自] 애도하다[挽]라는 뜻이다. 『내 무덤으로 가는 이 길』이란 책에 소개된 시 가운데 몇 편을 소개한다.

〈저승에도 취향이 있으려나〉를 쓴 정기안(1695-1767)은 "인생 백 년 하물며 잠깐이거니, 내 입에 술잔 물고 있는 날 얼마나 될까? 우울하게 유령(劉伶)의 혼에게 묻노니, 황량한 들판에서 다시 술잔 잡을 수 있는가? 큰 고래 냇물 들이마시듯 술 마시는 배 채우지 못했으니, 이 한스러움 관 뚜껑 덮은 뒤에도 다스리기 어려워라…." 라고 적고 있다.

〈묘지로 가는 이 길도 나쁘지만은 않구려〉의 작자인 이양연(1771-1853)은 "시름으로 보낸 일생, 달은 암만 봐도 모자라더라. 그곳에선 영원히 서로 대할 수 있을 터이니, 묘지로 가는 이 길도 나쁘지만은 않구려."라며 저세상으로 가는 것을 담담히 받아들인다.

그 외 시 제목만 소개하자면, 정렴(1506-1549)의 〈선생은 어찌하여 이토록 오래 사셨는가〉, 노광리(1775-1856)의 〈웃음 머금은 채 기쁘게 저승 향하네〉, 이정암(1541-1600)의 〈이제 저승길 웃으며 가리라〉, 그리고 김택영(1850-1927)의 〈그대 겨우 서른인데 어째서 자만시를 이리 일찍 쓰는가〉 등이 있다.

이 자만시들은 자신이 죽기 수년 전에 쓴 것부터 죽음에 임박해 쓴 것까지 시점이 다양하다. 그 가운데는 임종 무렵 아들에게 받아 쓰게 한 자만시도 있어서 눈길을 끈다. 평상시 자신의 죽음을 염두에 두고 있었다는 점에서 '메멘토 모리'를 실생활에서 실천한 예라는 생각이 든다.

'훌륭한 죽음'의 사례들

사람은 언젠가 반드시 죽는다는 사실은 누구나 다 알고 있다. 그러나 대부분의 사람들은 그 엄연한 사실을 자신이나 부모·형제·배우자·자식에게 적용해서 생각하지는 않는 것 같다. 『철학, 죽음을 말하다』의 한 대목을 소개한다.

노담이 죽자 진일이 문상을 갔다가 형식적으로 세 번만 곡을 하고는 나와 버린다. 그러자 제자가 진일에게 선생님의 친구분이신데 이런 식으로 조문해도 괜찮은 거냐고 따지듯이 묻자 진일이 현답을 한다.

"괜찮다. 처음 나는 그가 이치를 깨달은 사람이라고 생각했는데, 지금 보니 그렇지 않구나. 아까 내가 들어가 조문을 할 때 보니까 늙은 사람들은 곡하기를 마치 자기 자식을 잃은 듯 슬퍼했고, 젊은 사람들이 곡하는 모습은 마치 부모를 잃은 듯했다. 저들이 이렇게 모여 슬퍼하게 된 데에는 필시 이유가 있는 법. 노담이 평소에 드러내 놓고 말을 하거나 곡을 하게 시키지는 않았겠지만, 결과적으로 그런 행동을 유도한 측면이 있었을 게야. 이런 것을 자연의 참모습을 등지고 그 자연으로부터 처음 물려받은 것을 망각하는 행태라고 하지. 옛사람들은 이를 자연의 질서를 배반하는 형벌이라고 불렀어. 마침 이 세상에 오게 된 것은 그가 올 때가 되었기 때문일 뿐이고, 떠난 것은 그가 떠날 순서가 되었기 때문일 뿐이야. 이렇듯 세상에 오면 편안히 그때에 머물고, 떠날 때는 또 그런 순리에 몸을 맡긴다면 슬픔과 기쁨이 비집고 들어올 틈이 없는 것이지. 옛사람들은 이를 일러 삶과 죽음의 굴레로부터 풀려나는 것이라고 했지."

물론 정든 사람을 떠나보내며 어찌 슬픔을 느끼지 않겠는가? 하지만 태어남과 죽음 모두 자연의 순리라는 걸 받아들이면서 슬픔을 다독여야 한다.

중국의 장후예위가 쓴 책 『술은 익어가고 도는 깊어지고』에는 어느 노승의 죽음에 한 선사가 읊었던 시가 소개돼 있다.

"사방은 먹구름 한 점 없이 청명하고 향기로운 실바람은 부드럽게 불어오며 온 산은 아무런 소란함 없이 조용하도다. 쉽게 바스러지는 육신을 버렸으니 오늘 이 기쁨이 어찌 크지 않겠는가? 이제 노여움도 걱정도 없으니 어찌 축하하지 않을 수 있겠는가?"

죽음학 강의를 시작한 이후 필자는 신문을 잡으면 자연스럽게 부고란을 먼저 보게 되었다. 또 유명인의 임종에 관한 기사도 즐겨 읽는다. 그런데 부고 기사를 읽을 때마다 늘 아쉬운 생각이 들곤 했다. 왜냐하면 대부분의 부고 기사는 고인의 생전 업적에만 주로 초점이 맞춰져 있기 때문이다. 고인이 임종에 임박해 무슨 말을 남겼고, 자신의 죽음을 어떻게 받아들였으며, 또 삶의 마지막을 어떻게 마무리했는지에 대한 내용은 거의 찾아보기 어렵다.

필자가 '훌륭한 죽음'의 모델로 기억하는 사람이 몇 분 있어 소개한다. 우선 홍성훈 선생님과 정두희 선생님이다. 평소 홍 선생님과 가까이 지낸 필자의 의대 후배에 따르면, 홍 선생님은 인천에서 정형외과 의원을 개원하여 주민들을 위해 헌신적인 진료를 해 왔으며,

인도주의실천의사협회에서도 활동하셨다고 한다.

어느 날 속이 아파 검사를 해 보았더니 위암이 발견됐다. 이미 간으로 전이돼 잔여 수명이 얼마 남지 않은 상태였다. 암 진단을 받은 날 홍 선생님은 평소 생각해 놓은 대로 불필요한 치료는 받지 않겠다고 결정하였다. 그날 저녁 지인들에게 전화를 걸어 위암 말기 사실을 담담하게 알렸다. 후배들이 서둘러 마련한 본인의 사진 전시회에서 지인들을 만나 마지막 인사를 나누었는데 자신의 장례식에 올 조문객들을 미리 다 만나 본 셈이다. 홍 선생님은 암 진단을 받은 지 한 달째 되는 날 취침 중에 평온하게 세상을 떠나셨다.

사학과 교수 출신으로 서강대에서 학장을 지낸 정두희 선생님은 위암으로 5년간 투병하다 2013년 초 돌아가셨다. 필자는 때때로 정 선생님의 투병 과정을 지켜보았는데 자신의 병을 받아들임으로써 삶과 신앙에서 나날이 깊어지는 모습이 참 아름다워 보였다. 호스피스 병동으로 병문안을 갔다가 우연히 임종의 순간을 함께 지키게 되었는데 지금도 그 장면이 한 장의 판화처럼 마음에 아로새겨져 있다.

2017년 2월 5일 자 중앙 SUNDAY 기사 〈웰다잉을 실천한 그들의 마지막 순간〉은 국내 유명인들의 임종 모습을 소개하고 있다.

신영복(1941-2016) 성공회대 교수는 대학에서 경제학을 가르치던 중 소위 '통일혁명당 사건'에 연루돼 20년 넘게 감옥 생활을 하였다. 수감 시절 지인들에게 보낸 서신을 한 권의 책으로 묶어 『감옥으로부터의 사색』을 출간했다. 2014년 피부암인 흑색종 진단을 받고 치료하던 중 암이 전신에 퍼지는 전이가 진행되며 상태가 악화되자 신 교수는 퇴원해 집에서 임종을 맞았다. 임종 무렵 그는 앞서 소개했던 스콧 니어링처럼 마지막 10여 일간 곡기를 끊었다고 한다. 마지막까지도 의식이 있었으며, 밝은 표정으로 세상과 작별을 고했다고 전해진다.

김석기 옹은 2008년에 96세로 세상을 떠났다. 김 옹은 눈길에 미끄러져 고관절이 부러졌다. 대수술 끝에 퇴원했지만 거동이 불편했다. 그러던 어느 날 아들과 "인생 숙제가 얼추 끝났으면 의식적으로 죽음을 준비하고 맞아야 한다."라는 얘기를 나누고는 그날부터 식사량을 줄여 나갔다.

이듬해 새봄이 올 무렵 목욕탕에 다녀온 뒤로는 음식을 끊고 물만 마셨다. 의식이 흐릿해지자 대학병원으로 옮겼지만 김 옹은 링거를 꽂지 못하게 하고는 큰아들 집으로 가자고 했다. 안방에 누운 김 옹 옆에서 아들과 손자 들이 이야기를 들려줬다. 김 옹은 그만 가겠다면서 편하게 눈을 감았다.

장례를 마치고 며칠 뒤 다시 모인 자손들은 또다시 통곡했다. 평소 김 옹이 쓰던 책상 위에 가지런히 놓인 것들 때문이었다. 사망 신고 때 필요한 절차를 적은 메모지와 통장·도장·주민등록증·금전출납부 그리고 주변 지인들과 얽힌 대소사가 상세히 기록돼 있었다. 달력에도 졸한 날에 동그라미가 쳐져 있었다고 한다. 참으로 아름다운 죽음이 아닐 수 없다.

자신의 장례식을 미리 꼼꼼하게 준비했던 국내 사례를 하나 더 소개한다. 이 이야기는 20년 전 한 장례식에 참석했던 지인의 목격담을 전해 들은 것이다.

고인의 발인식이 끝나자 유가족과 조문객 들은 화장장으로 가기 위해 버스에 올라탔다. 차가 출발한 지 5분 정도 되자 갑자기 경쾌한 음악이 흘러나왔다. 처음에는 다들 운전기사가 버튼을 잘못 누른 것으로 생각했다. 그런데 그게 아니었다. 놀랍게도 운전석 위에 있는 모니터에 고인이 나와 "이렇게 궂은 날씨에 와 주신 조문객들에게 감사의 인사를 전합니다."라며 인사를 하는 것이었다. 실제로 그날 날씨가 궂었다는데 고인은 어떻게 날씨를 정확하게 예측할 수 있었을까? 죽음 직전 특별한 능력을 얻게 된 것일까? 아니다. 고인은 장례식 당일의 날씨 상황에 대비해 궂은 날, 비오는 날, 눈 오는 날, 화창한 날 등 여러 버전으로 비디오를 제작해 놨던 것이다. 죽음을 맞이하는 마음가짐을 엿볼 수 있다.

15분 정도 걸쳐 진행된 비디오 영상에서 고인은 자신의 출생과 이력, 생전 인상 깊었던 경험 등을 소개해 주었다. 고인은 또 주위 사람에게 받은 좋은 영향과 생전에 자신을 도와주었던 분들에게 감사하며 "저는 비록 먼저 가지만…" 하면서 작별인사로 마무리했다고 한다.

죽음을 받아들이는 것에 대한 문화가 다소 획일적이었던 20년 전

에 이렇게 자신의 죽음을 철저히 준비했던 분이 있었다니 그저 놀라울 따름이다. 이처럼 훌륭하게 삶을 마무리한 사례를 접하면서 필자는 머지않은 장래에 맞게 될 죽음의 롤 모델로 삼아야겠다는 생각을 해 보곤 한다.

인도 태생으로 미국에서 외과 의사로 활동 중인 아툴 가완디는 『어떻게 죽을 것인가』를 펴냈다. 그는 이 책에서 말기 환자들을 돌본 경험과 더불어 자기 아버지의 임종을 직접 겪으며 고뇌했던 경험을 차분하고 조리 있게 풀어놓고 있다.

저자는 "사람들은 자신의 삶이 유한하다는 사실을 깨달으면서부터는 그다지 많은 것을 원하지 않는다. 돈을 더 바라지도, 권력을 더 바라지도 않는다. 그저 가능한 한도 내에서, 이 세상에 사는 동안 자신의 이야기는 자신이 쓸 수 있기를 원할 뿐이다."라고 얘기한다. 자신의 우선순위에 따라 직접 선택을 하고 다른 사람이나 세상과의 연결을 유지할 수 있기를 바란다는 것이다.

이 책에 소개된 연구 성과 하나도 눈길을 끈다. 심폐소생술과 인공호흡기 그리고 중환자실 치료를 받은 말기 암 환자들은 그런 치료를 전혀 받지 않은 환자들에 비해 마지막 일주일간 삶의 질이 훨씬 나빴다고 한다. 또 그런 환자를 돌봤던 사람들도 환자가 사망한 후 심각한 우울증을 겪을 확률이 3배나 높았다고 한다.

반면 고통완화 전문 팀과 상담을 한 말기 암 환자들은 화학요법 치료를 일찍 중단하고 호스피스 케어를 선택하였다. 그 환자들은 생의 마지막 단계에서 고통을 덜 경험했으며, 심지어 25퍼센트나 더 오래 살았다. 이를 통해 저자는 끝까지 연명 의료에 집착하기 쉬운 의료인들에게 경종을 울리고 있다.

공동묘지에서 배우는
삶의 모습

2012년 2월, 미국을 여행 중이던 딸이 뉴욕 월스트리트에서 찍은 사진을 한 장 보내왔다. 다름 아닌 공동묘지 사진이었다. 예전에는 도시 외곽에 있던 묘지였을 텐데 도시가 확장되면서 도심에 위치하게 된 것 같았다. 우리나라 같으면 공동묘지 자리를 밀어 버리고 그 자리에 새로운 건물을 세웠을 것이다. 그런데 도시 밖으로 이장하지 않고 빌딩 숲 한가운데 여전히 남겨 두었다는 점이 인상적이었다. 죽음을 상징하는 묘지가 사람들로부터 격리돼 있지 않고 일상 속에 들어와 있다. 이곳 사람들은 자신들 삶의 권역 안에 있는 공동묘지를 보면서 죽음에 대해 저절로 사유하게 될 것이다.

2012년 4월 27일 자 조선일보에 한 심리학자의 연구 결과가 실렸다. 사는 게 힘들고 버겁게 생각되면 공동묘지를 걸어 보라는 내용이다. 공동묘지에 가면 삶에 긍정적인 변화가 생겨 자신과 남에 대한 해악을 최소화하는 생각과 자세를 갖게 된다고 한다. 또 인생의 목표와 가치의 우선순위를 다시 매기게 되며, 가족에 대한 애틋함이 증가하여 술과 담배를 줄여 건강을 챙기게 된다고 한다.

또 다른 사람에 대한 배려심도 증가한다고 한다. 묘지 밖에 있는 사람들과 안에 있는 사람들을 대상으로 들고 있던 노트북을 떨어뜨리고는 누가, 얼마나 잘 도와주는지를 관찰하였다. 결과는 묘지 안에 있는 사람들이 밖에 있는 사람들보다 도움의 손길을 내미는 비율이 40퍼센트나 더 높았다고 한다. 또 공동묘지를 정기적으로 산책하는 사람은 낯선 타인에 대한 배려심이 높아 여행객을 도와주는 비율이 더 높다고 한다. 이는 죽음에 대한 자각이 높아져 인내심·평등 의식·연민·감정이입·평화주의 등에 대한 동기가 부여되기 때문이라고 설명한다.

그렇다면 한국은 어떤 상황일까? 거의 대부분 도시에서 공동묘지를 혐오시설로 여기고 있다. 도심 속의 공동묘지는 상상조차 할 수 없다. 건축가 승효상은 "우리는 묘지가 일상 가까이에 없어서 도시가 경건하지 못하다."라고 얘기한 적이 있다. 앞의 미국 심리학자의 연구 결과와 일맥상통한다고 하겠다.

샤르댕 신부는 "우리는 영적인 체험을 하는 인간이 아니라, 인간 체험을 하고 있는 영적인 존재이다."라는 말을 남겼다. 나 자신과 이웃, 카페나 식당의 서빙 도우미, 중국집 배달원, 청소 노동자 등도 모두 고귀한 영적인 존재인 것이다. 이런 사실을 깨닫는다면 소위 '갑질' 같은 행동을 함부로 하지 않을 것이다. 삶의 유한함, 죽음의 예측 불허함 등을 일찍 자각한다면 '존엄한 죽음'에 이르기 위해 살아 있는 하루하루를 더 충실하고 밀도 있게 살아가게 될 것이다.

10장

안락사를 바라보는 시선들

개나 고양이 같은 반려동물이 회복 불가능한 병에 걸려 지독한 고통으로 죽어 갈 때면 동물병원에 데려가 안락사를 요청한다. 그러지 않으면 주위 사람들로부터 잔인하다는 비난을 받기 쉽다. 하지만 정작 사람은 같은 상황에서 안락사를 시도하면 살인죄가 된다. 인간에게만 그런 특권이 허용되지 않는다. 리처드 도킨스는 『만들어진 신』에서 인간에게만 그런 특권이 허용되지 않는 것은

불행히도 개나 고양이가 아닌 호모사피엔스의 일원으로 태어났기 때문이라고 주장한다.

세계적인 신학자 한스 큉 신부의 책 『안락사 논쟁의 새 지평』에 인용된 「죽음 및 사망에 관한 구술」에서 스위스 법학자 페터 놀도 비슷한 질문을 하고 있다. "짐승들은 안락사가 허용되는데, 무슨 이유로 인간은 안 되는가? 왜, 무엇 때문에 안 된다는 말인가?"

한국에서는 존엄사에 대한 논의조차도 시작된 지 얼마 되지 않았다. 따라서 안락사에 대한 폭넓은 논의가 이뤄지려면 아직은 상당한 시간과 진통이 있으리라 예상한다. 따라서 다른 나라의 현실을 들여다보는 것은 장차 우리 자신에게도 던져질 질문을 미리 예상해 보는 차원이 될 것이다. 안락사를 다룬 몇 편의 영화와 다큐멘터리를 통해 이를 둘러싼 찬반 논란을 짚어 보려고 한다.

살리는 것이
죽이는 것

2005년 아카데미상 7개 부문 수상 후보에 올라 화제가 됐던 「밀리언 달러 베이비」는 얼핏 보면 권투 영화처럼 보이지만 사실은 안락사를 다루고 있다. 클린트 이스트우드가 감독하고 또 배우로도 출연해 권투 선수인 주인공의 매니저 역을 맡았다.

시골 태생으로 어려운 환경에서 자란 주인공은 식당 종업원으로 일하며 권투 선수의 꿈을 키워 간다. 권투를 배우려고 체육관을 처음 찾았을 때 관장은 훈련에만 최소 4년이 걸리는데 이미 나이가 서른이 넘어 가망이 없으니 포기하라며 차갑게 대한다. 주인공은 이에 굴하지 않고 피나는 노력 끝에 마침내 정상에까지 오르게 된다. 그런데 타이틀전 도중 상대 선수의 반칙으로 넘어지면서 목뼈가 부러지는 중상을 입게 된다. 전신이 마비돼 인공호흡기에 의존해야만 숨을 쉴 수 있는 처지가 된 것이다.

매니저로서 주인공을 친딸처럼 돌봐 온 관장은 전국의 여러 병원에 문의를 해 보았지만 하나같이 회복 가능성이 전혀 없다는 대답만 듣고 절망에 빠진다. 주인공은 오래전에 불치병에 걸린 강아지를 안락사를 시켰던 얘기를 꺼내며 죽을 수 있게 해 달라고 부탁한다. 매니저는 "꿈도 꾸지 말라!"라며 펄쩍 뛰었지만 주인공은 "이렇게 살 수는 없어요. 전 뭔가를 해냈고 관중들은 내 이름을 환호했지요. 난 원했던 모든 것을 가져 본 거예요. 그걸 빼앗기지 않게 해 줘요. 관중들의 환호 소리가 더는 들리지 않는 이곳에 이렇게 누워 있지 않게 해 달라구요."라고 호소한다. 매니저가 "그런 부탁은 제발 하지 마. 난 못 해."라며 일언지하에 거절하자 주인공은 아무도 없을 때 자신의 혀를 깨물어 자살을 시도한다. 과다출혈로 생명이 위험할 수 있는 상황에서 의료진은 진정제를 주사하여 계속 자게 함으로써 또다시 이런 시도를 하지 못하도록 한다.

결국 매니저는 23년간 다닌 성당의 신부를 찾아가 상담을 요청한다. "난 그 아이와 함께 있고 싶어요. 하지만 이건 죄를 짓는 일이에요. 그 아이를 살려 두는 건 사실상 죽이는 일이에요." 매니저의 이야기들 들은 신부는 안락사가 어떤 일보다 큰 죄가 되므로 절대로 안 된다고 하면서 만약 그런 일을 하면 평생 후회하게 될 것이라고 경고한다.

한편 주인공은 약 기운이 떨어져 정신이 들면 또다시 자신의 혀를 깨물어 자살을 시도한다. 그러자 병원에서는 응급조치 후 입에 재갈을 물려 놓는다. 진정제 주사로 정신이 혼미해져 대화조차 할 수 없게 된 주인공을 바라보면서 매니저는 조금씩 마음이 흔들린다. 망설이는 매니저에게 친구는 이렇게 격려한다.

"난 선수를 찾아냈고 자넨 그 선수를 최고로 만들었지. 그 애가 용기를 내서 우리를 찾았을 때 프로 선수가 되는 건 꿈도 꾸지 못했어. 그런데 1년 반 만에 타이틀전을 가졌어. 자네가 그렇게 해 준 거야. 자넨 그 애에게 보통 사람들이 원해도 가질 수 없는 그런 기회를 줬어. 죽으면서도 그 앤 이렇게 생각할 거야. '난 정말 행복했다'라고. 만약 나라면 여한이 없을 것이네."

아무도 없는 어두운 병실에 도착한 매니저는 자신을 바라보는 주인공에게 "이제 네 인공호흡기를 뗄 거야. 진정제 주사도 같이 놓아 줄 테니 편히 잠들어."라고 말한다. 그리고 주인공이 시합 전 걸치는 망토에 자신이 새겨 준 아일랜드어 '모쿠슈라'의 의미를 말해 준다. "나의 소중한 혈육이라는 뜻이었어." 주인공은 눈빛으로 고마움을 표현하며 눈물을 흘리고는 조용히 숨을 거둔다.

1962년부터 1965년까지 개최된 제2차 바티칸 공의회에서는 '교회 밖에도 구원이 있다'는 혁신적인 발표를 하였다. 이 회의를 주도했던 사람은 칼 라너 신부 와 한스 큉 신부였다. 한스 큉 신부가 쓴 『안락사 논쟁의 새 지평』에서 소개한 안락사에 대한 교황청의 선언은 아래와 같다.

안락사에 대한 로마 교황청의 신앙집회 선언문

- 환자가 자기 책임에 따라 죽음의 시간 내지 죽음의 날을 결정한다면, 창조주의 독점적 권리를 침해하는 것이 아니다.
- 죽음이 임박해 있고 더 이상 어떤 치료로도 죽음을 막을 수 없다면 치료 포기를 양심에 따라 결정해도 좋다.
- 단, 이런 경우에도 환자에게 시행해야 할 정상적인 도움을 중단해서는 안 된다.

14년간의 전신마비, 단 60초 동안의 체험

2011년 국내에서 개봉했던 인도 영화 「청원」도 안락사를 주제로 하고 있다. 유명 마술사인 주인공은 14년 전 공연 도중 사고로 추락해 목뼈가 부러지면서 전신마비가 된다. 게다가 몸속의 노폐물을 걸러 주는 콩팥이 제대로 기능을 하지 못해 정기적으로 혈액투석을 받아야 하는 처지다. 14년 동안 방송 활동 등을 통해 전국의 전신마비 환자들에게 희망을 줬던 주인공은 몸 상태가 날로 악화되자 법원에 안락사를 청원하게 된다.

주인공의 집에서 진행된 재판에서 검사는 주인공의 어머니에게 아들의 안락사 결정에 찬성하느냐고 물어본다. 어머니는 답했다.

"난 엄마예요. 저 애를 낳았죠. 하지만 자기 인생은 스스로 결정하는 거예요. 그 인생이 누구 건데요? 아들을 살려 낸 주치의 선생님? 헌신적으로 돌봐 주는 간호사님? 아들을 위해 싸우는 변호사님? 안락사를 반대하고 계신 검사님? 아들의 미래를 결정할 권한을 가진 판사님? 그 인생은 오로지 아들만의 것이에요. 부탁드립니다. 아들에게 헌법의 기본권인 존엄한 삶을 보장해 주세요."

아들이 안락사를 도와 달라고 한다면 어머니로서 돕겠느냐는 검사의 질문에 어머니는 한숨을 쉬면서 말한다. "네 도울 겁니다. 더는 아프지 않게 해 주고 싶어요. 이제 고통에서 벗어나게 해 주고 싶어요."

어머니는 흐느끼면서 "사랑한다, 내 아들…"이라며 끝내 말을 잇지 못한다. 판사는 주인공에게 마지막으로 말할 기회를 준다. 주인공은 마술을 보여 주겠다며 한 사람이 겨우 들어갈 수 있는 나무 궤짝을 가져오게 한다. 주인공은 60초면 끝난다면서 검사에게 마술의 신세계를 경험해 보라고 설득한다. 마지못해 궤짝 안에 들어간 검사는 잠시 후 숨이 막힌다며 비명을 지른다. 약속한 60초가 다 되어 가도 마술을 보여 주지 않자 판사가 소리친다. "지금 뭐 하고 있는 겁니까? 이런 게 마술입니까? 어서 검사를 꺼내 주시오!"

잠시 후 나무 궤짝 밖으로 나온 검사는 숨을 헐떡이면서 "이게 재미있습니까? 숨이 턱턱 막히고 죽을 것 같은데…."라고 항의한다. 그러자 주인공은 "검사님은 지난 14년간 전신마비 환자로 살아온 저의 삶을 60초간 체험하였습니다. 겨우 60초라고요."라고 담담히 말한다.

이어지는 장면에서는 비가 쏟아지는 밤에 꼼짝 못 하고 침대에 누워 있는 주인공의 얼굴 위로 천장에 난 구멍에서 빗방울이 떨어진다. 조수와 어머니에게 도움을 청하지만 아무도 오지 않는다. 조수는 깊이 잠들었고, 어머니는 옆방 의자에 앉은 채 돌연사했기 때문이다. 다음 날 아침 출근한 간호사는 밤새 떨어진 빗방울로 흠뻑 젖은 침대 위에서 덜덜 떨고 있는 주인공을 발견한다. 그러나 청원은 결국 법원에서 기각되고, 친구들과 마지막을 암시하는 이별 파티를 여는 것으로 영화는 끝이 난다.

안락사에 대한
오해와 편견

프랑스의 작가이자 신문기자, 디자이너로도 활동했던 마리 드루베는 쉰여섯에 폐암 판정을 받았다. 그 후 16개월간 투병 생활을 하다가 몸과 마음의 고통이 극에 달하자 안락사가 허용되지 않는 프랑스를 떠나 벨기에로 건너간다. 이곳에서 합법적인 절차를 거친 후 적극적 안락사의 방법으로 2011년 10월 평화롭고도 위엄 있는 죽음을 맞이했다. 투병 생활 중 그녀가 쓴 원고를 사후에 남편이 보완해 펴낸 책이 『내가 죽음을 선택하는 순간』이다.

그녀는 프랑스의 반려동물 웹사이트에 올라온 글들을 보면서 프랑스인들은 사람보다 반려동물을 더 배려한다고 비판한다. 반려동물을 배려하는 마음이 사람에게는 해당되지 않는다면 차라리 개가 되는 편이 더 낫겠다고 절규한다.

『내가 죽음을 선택하는 순간』에는 17세기 영국 철학자 프랜시스 베이컨의 『대혁신』 가운데 한 대목이 인용돼 있다. 베이컨은 존엄사에 대해 이렇게 피력하였다.

"진료실은 건강을 되찾게 해 주는 곳일 뿐만 아니라 환자가 몸과 마음의 고통을 위로받는 곳이다. 더 이상 희망이 없을 때는 평화롭고 고요한 죽음을 맞을 수 있도록 해 주어야 한다. 존엄한 죽음만이 인간에게 주어진 최소한의 행복이기 때문이다."

2010년에 발표된 영화 「유 돈 노우 잭」은 130여 명의 환자에게 안락사를 시행한 미국 의사 잭 키보키언(1928-2011)의 실화를 다루고 있다. 키보키언 박사는 안락사에 관한 기사나 논문에 자주 인용되는 인물이다. 필자는 이 영화를 우연한 기회에 보게 되었는데 키보키언 박사에 대해 글을 쓴 사람들조차 그를 제대로 이해하지 못했다는 사실을 깨달았다. 영화 원제 'You Don't Know Jack'을 직역하면 '당신은 잭을 모른다'라는 뜻이지만 실제 쓰임은 '당신은 쥐뿔도 모른다'라는 의미의 관용구다. 주인공의 이름에서 착안한 제목일 텐데 이런 중의성이 묘한 뉘앙스를 풍긴다. '이것이 살인자의 얼굴인가?'라는 부제 역시 안락사의 의미를 되묻고 있는 질문이 아닐까 추측해 본다.

키보키언 박사의 어머니는 말기 질환으로 극심한 고통에 시달리다가 세상을 떠났다. 이후 박사는 같은 상황에 놓인 환자를 보면서, 네덜란드 같은 일부 유럽 국가에서 이미 시행하고 있는 안락사를 미국에서는 행하지 않는 현실에 의문을 품는다. 의사는 병을 치료하는 직업이자 죽음을 다루는 직업이기도 하다. 따라서 그는 '의사조력자살'도 인정해야 한다는 입장을 견지한다.

첫 시술 환자는 알츠하이머병으로 병세가 하루가 다르게 악화되고 있었다. 키보키언 박사는 시술 장소를 제공하기로 했던 자원봉사자가 결정을 번복하는 바람에 고민에 빠졌다. 할 수 없이 그는 교외의 한적한 공원에 차를 세워 놓고 그 안에서 시술을 하게 된다.

환자는 남편과 작별인사를 끝낸 후 침상에 누워 이야기를 건넨다. 키보키언 박사는 "아직 취소할 시간이 있어요. 지금이라도 관둘 수 있어요. 저를 의식하지 않으셔도 돼요. 무슨 말인지 아세요? 지금 조력 자살을 하겠다는 결정을 번복해도 괜찮습니다."라고 환자에게 말했다. 그러나 환자는 "약물이 들어가는 스위치를 언제 젖히면 되는지 말씀해 주세요."라고 물어본 뒤 일말의 망설임도 없이 바로 실행에 옮겼다. 환자가 키보키언 박사에게 마지막으로 한 말은 "감사합니다."였다.

환자가 조용히 숨을 거둔 뒤 키보키언 박사는 "고통받는 환자의 죽음은 의사의 진정한 소명의식을 일깨운다. 환자가 원하는 바를 최선을 다해 해 줘야 한다. 인간적이고 신속하고 고통 없는 죽음을 맞이하게 해야 한다."라고 독백한다. 환자의 사망으로 키보키언 박사는 경찰서에 연행되나 곧바로 풀려난다. 검시관도 환자가 자살한 것으로 결론지었기 때문에 적용할 혐의가 없었던 것이다.

키보키언 박사가 의사조력 자살 요청을 받고 모두 응한 것은 아니다. 요청의 98퍼센트는 거절했다고 한다.

올림픽 대회의 유망주였던 한 젊은 스키 선수는 교통사고로 다리를 쓰지 못하게 되자 극심한 절망감에 분신자살을 시도하지만 미수에 그친다. 그는 심한 화상으로 망가진 몸을 이끌고 키보키언 박사를 찾아와 의사조력 자살을 요청한다. 그러나 키보키언 박사는 이 요구를 거절하고 정신과에서 우울증 치료를 받으라고 권한다. 조력 자살을 생각할 것이 아니라 우울증 치료를 받으면 행복해질 수 있다며 젊은이를 설득한다. 이러한 면은 일반인에게 잘 알려지지 않은 부분이다.

TV 인터뷰에서 사회자가 "의사조력 자살은 엽기적이지 않은가?"라고 물었다. 그러자 키보키언 박사는 1967년 남아프리카 공화국에서 외과 의사 크리스티안 바너드(1922-2001)가 사상 처음 시행했던 심장이식 수술을 빗대며 반론을 편다.

"의사들마저도 그릇된 일로 여겼습니다. 신의 뜻과 자연의 섭리에 위배된다는 거였죠. 사람의 가슴을 칼로 째고 열어서 펄떡펄떡 뛰는 심장을 꺼내는 건 엽기적이지 않은 것인가요? 마취제인 에테르도 마찬가지입니다. 1543년에 발견했지만 1846년이 되어서야 비로소 쓰기 시작했죠. 그 전에는 누구나 의식이 말짱하게 깨어 있는 상태로 수술을 받았어요. 외과 의사가 의식이 또렷한 사람의 살을 칼로 째고 열었다니까요. 에테르를 왜 그리 오랫동안 금지했는지 아십니까? 종교 교리 때문이었죠. 어리석은 관념 때문인 겁니다. 고통을 감내하는 게 신의 뜻이라는 관념 말입니다."

그가 살던 집 주위에는 반대자들의 시위가 그치지 않았다. 시위대는 "생명은 하나님의 선택입니다. 휠체어를 타고 다니는 사람들을 모조리 죽일 작정입니까? 불구라고 해서 존재 가치가 없는 건 아닙니다. 세상의 불편한 것들을 다 없애 버릴 순 없어요. 당신은 낙태 시술자들보다 더한 사람이에요. 오직 하나님만이 생명을 창조하고 파괴할 수 있어요."라고 거세게 항의한다. 사람들이 안락사에 대해 어떤 오해를 갖고 있는지를 잘 보여주는 장면이라고 하겠다.

모두가 누려야 할
권리

미국 오리건주와 워싱턴주, 네덜란드 등에서 합법적으로 시행하고 있는 의사조력 자살은 일련의 보호 장치가 마련되어 있다. 그 내용은 다음과 같다.

1. 환자는 의식상태가 온전해야 하며, 의사조력 자살을 위한 요구를 자의적이고도 반복적으로 요청해야 한다.
2. 환자에게, 적절한 완화치료로는 경감될 수 없는 통증과 고통이 있어야 한다.
3. 존엄사나 의사조력 자살을 원하는 환자의 소망이 진지하고 굳은 결심임을 확인하는 대기 기간을 두어야 한다.
4. 담당 의사는 독립된 기능을 가진 다른 의사로부터 2차 의견을 얻어야 한다.

위와 같은 내용을 볼 때 의사조력 자살은, 본인의 의사와 무관하게 타인에 의해 이루어지는 살해 행위와는 엄연히 구별해야 한다.

미국 검찰은, 난치병으로 고통스럽게 살다가 키보키언 박사의 도움을 받아 삶을 평화롭게 마감한 환자의 부인을 불러 증언을 들었다. 키보키언 박사에게 살인 혐의를 적용할 수 있는지를 알아보기 위해서였다.

| 검찰 | 부인, 고인을 위해서 부탁드립니다. 진실을 말해 주세요. |
| 부인 | 제 남편은 지난 22년간 수차례 발작을 일으켰고 여러 번 죽을 고비를 넘겼습니다. 그이는 다음 날 잠에서 깨어나지 않기를 기도하곤 했죠. 권총 자살도 생각했지만, 제가 잔해를 치우는 걸 원치 않았어요. 저는 남편이 겪는 극심한 고통을 알았지만 죽지 말라고 사정했죠. 9개월 동안 매일 통사정을 했습니다. 그러다 남편에게 크리스마스 전에 선물로 뭘 받고 싶은지 물어봤어요. 마지막이 될 선물이었죠. 남편은 받고 싶은 선물이 한 가지밖에 없다고 하더군요. 키보키언 박사를 만나는 것이라고 했습니다. |

부인의 말을 들은 검찰은 더 이상 사건 수사를 진행할 근거가 없다고 판단했다. 키보키언 박사가 안락사를 시행하기 전 얼마나 신중했는가는 다음의 사례에서도 엿볼 수 있다. 또 다른 환자가 안락사를 요청했을 때 환자 및 그의 부인과 나눈 대화다.

| 키보키언 | 당신의 뜻에 대해 가족과 상의했나요? 그들이 동의했나요? |
| 환자 | (발음하기가 힘들어 가까스로 대답한다.) 그들은 이해합니 |

다. 제가 결정할 일이에요.

부인   자신이 결정할 일이라고 말하고 있어요.

키보키언   나는 당신에게 약물을 주입할 겁니다. 한두 달 더 기다려 볼 생각은 없나요? 아니면 두 주일 정도 기다려 볼까요?

환자   아니오.

키보키언   일주일 정도는 어떨까요? 한 주만 더 기다려 보고 결정 할까요?

환자   그러죠.

키보키언   좋습니다. 그러면 일주일만 더 기다려 봅시다.

     (그러나 그날 밤 늦게 환자의 부인이 키보키언 박사에게 전화를 건다.)

부인   너무 늦게 전화를 드려 죄송해요. 남편이 더 이상 기다릴 수 없대요. 너무나 무서워해요.

키보키언   네, 알겠습니다. 바로 출발할게요. 그럼 남편과 작별인사를 해 두세요.

키보키언 박사는 기자로부터 "시술 비용으로 환자에게 얼마를 청구하느냐?"는 질문을 받았다. 그는 "당신 지금 제정신이오? 이런 일에 돈을 받다니!"라고 대답했다. 그는 아마추어 화가이기도 했는데 그림 전시회를 통해 얻은 수익으로 안락사 비용을 충당해 왔다.

키보키언 박사는 처음에 하던 의사조력 자살을 나중에는 본인이 환자에게 직접 약물을 주입하는 적극적 안락사로 발전시켰다. 그리고 그 시술 장면을 「60분」이라는 시사 프로그램에 공개하였다. 이 일로 검찰에 기소돼 법정에 서게 되는데, 변호 미숙 등으로 결국 유죄 판결을 받게 된다. 7년 반 동안 감옥에 수감되었던 그는 출옥한 후 몇 년 뒤에 세상을 떠난다. 죽기 얼마 전에 한 인터뷰에서 "의사 면허를 박탈당하고 감옥까지 가면서 왜 이런 고생을 사서 하느냐?"라는 질문에 그는 이렇게 대답한다.

"저는 제 자신을 위해 싸우는 겁니다. 제가 갖고 싶은 권리거든요. 저도 심각하게 아플 수 있습니다. 그때 나를 도울 수 있는 동료 의사가 있었으면 좋겠어요. 이게 사람들에게 도움이 될 수 있다고 확신합니다."

잭 키보키언 박사 →

안락사는 자살과는 전혀 다르다. 자살은 대체로 충동적이고 폭력적인 방법을 동원한다. 또 격리 상태이거나 은둔 상태에서 고통스럽게 이루어진다. 그로 인해 가족과 친구 들은 이루 말할 수 없는 죄책감과 상처를 평생 안게 된다. 그러나 합법화된 안락사는 여러 가지 주변 여건을 숙고한 끝에 행하는 온건하고 평온한 죽음이다. 가족 구성원의 이해와 도움이 필수적이고, 전문가들의 진단과 협의가 있어야 한다. 약물 또한 진정제 · 근육이완제 · 모르핀 · 전해질처럼 의

료계에서 통상 사용하는 약물을 쓴다.

마리 드루베는 벨기에에서 안락사로 삶을 마무리했다. 『내가 죽음을 선택하는 순간』에 그녀의 마지막 정황이 잘 묘사돼 있다. 그녀는 앞으로의 과정에 대해 위의 그림과 같이 의사에게 묻는다.

죽음은 내게 주어진
마지막 자유

스페인 영화 「씨 인사이드」는 다이빙 사고로 경추가 부러지면서 전신마비가 돼 28년을 누워서 지낸 한 남자의 실화를 영화화한 작품이다. 그는 안락사를 청원하지만 법원은 이를 받아들이지 않았다. 그러자 몇몇 사람의 도움으로 독극물을 녹인 물을 마시고 삶을 마감하면서 그 과정을 비디오로 촬영하게 한다.

법원에 안락사를 청원한 주인공에게 변호사는 왜 죽으려고 하는지를 묻는다. 그 질문에 주인공은 다음과 같이 대답한다.

"이런 상태의 내 삶은 존엄성이 없으니까요. 다른 전신마비 환자들은 이런 삶이 존엄하지 않다고 하면 화를 내겠죠. 난 누굴 비난하지 않아요. 내가 뭐라고 살고 싶어 하는 사람을 비난하겠어요? 그러니까 나와 내 죽음을 도와줄 사람들도 비난하지 않았으면 좋겠어요."

이어 변호사는 "누군가가 당신의 죽음을 도와줄 거라고 생각하느냐?"라고 물었다. 주인공의 대답이 이어진다.

"그거야 믿음을 갖고 있는 사람에게 달렸죠. 죽음에 대한 두려움을 극복한다면 그리 어려운 일도 아니죠. 죽음은 항상 우리 주변에 존재해 왔고 앞으로도 그럴 테죠. 결국엔 우리 모두가 죽게 되는 거예요. 죽음은 우리 삶의 일부인데 전신마비 환자인 내가 죽고 싶다는 것에 대해 사람들이 왜 그렇게 떠들어 대는 거죠? 마치 무슨 전염병이라도 되는 것처럼 말이죠."

그의 안락사 청원이 스페인 전역에 알려지면서 뉴스에서도 이를 보도하였다. 이때 전신마비 환자로서 목회 활동을 하고 있는 한 신부의 인터뷰가 사람들의 눈길을 끈다. 그 신부는 "주인공은 살고 싶지 않다고 하지만 역시 전신마비 환자인 저는 모르겠습니다. 저는 이분이 사회적 관심이나 우리의 주목을 원하는 게 아닐까 합니다. 아마도 그의 주위에 있는 가족이나 친구 들이 그에게 제대로 사랑을 주질 못했거나 도움을 못 줬기 때문이겠죠. 사실 이분이 바라는 건 좀 더 사랑을 받는 게 아닐까요?"라며 비판적 견해를 폈다.

신부의 발언은 주인공을 26년간 헌신적으로 돌보아 온 그의 형수와 가족 들에게 큰 상처를 주었다. 주인공의 안락사 청원을 두고 그가 가족의 사랑을 받지 못해 사회의 관심을 끌려는 행동 정도로 폄하한 것이다.

그 후 신부는 주인공을 설득하기 위해 주인공의 집으로 찾아온다. 주인공은 2층 자신의 침대에 누운 채로, 휠체어를 탄 신부는 1층 계단 앞에 머문 채로 서로 목소리를 높여 논쟁을 벌인다. 신부가 안락사를 반대하는 이유를 정리하면 다음과 같다.

"우리는 영원 속에 존재하기 때문에 생명은 우리 것이 아닙니다. 생명이 자신의 것이라는 발상이 바보 같은 극단으로 치닫게 합니다. 삶을 끝내는 자유는 자유가 아닙니다. 삶은 단지 팔을 움직이거나 뛰어다니거나 공을 차는 것 이상의 의미가 있습니다. 삶은 또 다른 무엇이죠. 삶은 그 이상이랍니다."

영화 「씨 인사이드」는 1990년대 말에 스페인에서 일어난 실화이다. 따라서 안락사 청원을 받은 당시의 스페인 법정이 이 문제를 어떻게 다루었는지를 살펴보는 일은 매우 의미 있는 일이다. 법정 심리 절차에서 변호인이 한 발언을 들어 보자.

"이 나라는 종교의 자유와 사유재산을 인정하고 개인이 품위를 유지하고 고통받지 않을 권리를 헌법으로 보장하고 있습니다. 원고처럼 부당한 상황에 있는 사람이 자신의 삶을 스스로 결정하겠다는 것은 정당한 것입니다. 사실 자살을 했거나 시도했다고 처벌을 받지는 않습니다. 그러나 존엄성을 지키며 죽기 위해 타인의 도움을 받아야 하는 경우에는 정부가 개입해서 목숨은 개인 자신의 것이 아니라고 하고 있습니다.

친애하는 재판장님, 이건 철학적인 신념입니다. 다른 말로는 종교적인 믿음이라고 할 수 있습니다. 종교적으로 중립이라고 주장하는 정부가 결국은 매우 종교적인 이유로 안락사를 반대하는 겁니다. 판사님들께서 법률적인 판단과 함께 이성적이고도 인간적인 판단을 내려 주시길 바랍니다."

이어 변호인은 원고가 직접 소견을 말할 수 있도록 기회를 달라고 요청하였다. 그러나 이 요청은 받아들여지지 않았다. 28년이라는 세월을 기다려 온 주인공이 단 3분간 발언하는 것조차 법률적 절차에 맞지 않는다며 거절을 당한 것이다.

결국 안락사 청원은 기각되었다. 주인공은 자신을 도와주는 자원봉사자들의 도움을 받아 원래의 계획대로 삶을 마무리하기로 하였다. 이때 한 자원봉사자가 그에게 "안락사를 결정하기 전에 정말 충분히 생각해 봐요. 자신이 한 말에 대해 의무감을 느끼지 마세요. 사람들과의 약속을 지키기 위해서, 혹은 우리를 실망시키지 않기 위해서 억지로 안락사를 할 필요는 없다는 뜻이에요. 당신이 그러지 않겠다고 해서, 처음의 말을 번복한다고 해서 비난할 사람은 아무도 없어요."라며 거듭 신중하게 결정할 것을 권하였다. 이는 키보키언 박사가 의사조력 자살을 받기로 한 환자에게 시술 직전에 했던 시행 유보 권유와 일치한다.

결국 주인공은 독극물을 마시고 스스로 죽음의 길을 택했다. 그는 죽기 전에 마지막으로 남긴 비디오 촬영을 통해 세상 사람들에게 자신의 생각을 전했다.

"저명하신 판사, 정치가 그리고 종교 지도자 여러분. 여러분에게 존엄함의 의미는 무엇입니까? 여러분의 양심이 무엇이라고 대답하든 간에 저는 제가 살고 있는 이런 삶에는 존엄함이 없다는 결론을 내렸습니다. 저는 적어도 존엄성을 지키며 죽기를 바랐습니다. 하지만 이 나라의 제도가 보여 준 적대감에 지쳐 범죄자처럼 숨어서 죽음을 맞이하게 됐습니다. 저를 죽음에 이르게 한 모든 과정은 일련의 정교한 행위들로 나뉘어 있어서 어느 한 사람의 행위만으로는 범죄가 성립되지 않습니다. 그래도 정 그들을 처벌하시고자 한다면 그들의 손을 자를 수밖에 없을 것입니다. 그들은 단지 손만 빌려 줬을 뿐이니까요. 모든 계획은 다 저의 머리에서 나온 것입니다. 보다시피 제 옆에는 독극물이 든 물한 잔이 있습니다. 이것을 마시면 저는 삶을 마감하게 됩니다. 요컨대가장 소중한 재산인 육체를 포기하는 거지요. 저는 삶이 의무가 아니라권리라고 믿습니다. 하지만 제 경우에는 삶이 권리가 아닌 의무였기에전신마비라는 이 끔찍한 상황을 28년 이상 견뎌야 했죠. 그동안 살아온 길을 되돌아보았을 때 행복한 기억은 별로 많지 않습니다. 제 의지와 무관하게 흘러간 그 시간만이 이제는 저의 편이 될 것입니다. 시간이 더 흐르고 인간의 양심이 진화하면 언젠간 제 요구가 정당했는지 아닌지 밝혀지겠죠. 자, 그럼…."

만약 주인공이 안락사를 허용하는 나라로 가서 안락사 시술을 받앗다면 어떤 장면이 펼쳐졌을지 상상해 보기로 하자. 우선 그는 합법적인 절차에 따른 자세한 안내를 받았을 것이며, 무엇보다 가족들의 따뜻한 배웅 아래 존엄한 죽음을 맞이했을 것이다.

키보키언 박사가 안락사에 사용했던 약물은 병원에서 수술이나 마취 혹은 치료에 사용하는 것이다. 이런 약물로 시술을 받을 경우 의뢰인이 고통 없이 세상을 떠날 수 있다. 반면 의료 전문가의 도움을 받지 못한 「씨 인사이드」의 주인공은 독극물로 인해 고통스럽게 생을 마감해야만 했다. 이 장면에서, 『내가 죽음을 선택하는 순간』을 쓴 마리 드루베가 '존엄사는 나의 권리'라며 남긴 말을 되새겨 볼 필요가 있다.

"저는 말기 암이어서 곧 죽게 될 거예요. 그렇다면 사랑하는 사람들 앞에서 육체적으로도 품위를 지키며 평화롭게 떠나는 편을 택하고 싶어요. 사경을 헤매는 환자의 모습이 아니라 지난 세월 살아온 모습 그대로 떠나고 싶습니다. 가족들에게도 평소의 아내로, 평소의 엄마로 추억할 수 있도록 해 주고 싶어요. 떠나는 순간에 제 자신의 모습을 지키는 것이 제 권리라고 생각해요."

침묵의 음모

미국 시사 주간지 『타임』의 유명 고정 칼럼인 「열 가지 질문」에 미국 오리건주에 거주하는 피터 굿윈 박사와의 생전 인터뷰가 실렸다. 굿윈 박사는 1994년 오리건주에서 존엄사법을 입법화할 당시 핵심적인 역할을 한 의사다.

오리건주에서는 1997년 이후 930명 이상의 불치병 환자가 법의 정당한 절차를 밟고 '사람답고 존귀하게 내 생명을 끝내는 약 처방'을 받아 존엄스러운 죽음을 택했다. 굿윈 박사 자신도 그중 3명의 환자에게 위와 같은 약 처방을 해 준 적이 있다. 그런 의사 자신이 이제 불치의 뇌질환을 앓게 돼 존엄사법에 따라 스스로 죽음을 선택하였다.

『타임』에 실린 「열 가지 질문」 가운데 네 가지를 소개한다. 이 내용은 김건열 박사가 편저한 『존엄사III. 임종의료와 의학교육』에서 재인용한 것이다.

질문　오리건주의 존엄사법은, 불치병으로 6개월 이내의 시한부 삶을 진단받은 환자가 죽음을 촉진시킬 수 있는 처방을 받을 수 있게 법적으로 허용하고 있습니다. 이것이 의사조력 자살인가요?

답변　전형적인 자살은 충동적이고 때로 폭력적이며 언제나 격리·은둔 상태에서 이루어집니다. 그러나 오리건주의 존엄사는 가족의 협의·도움과 여러 가지 주변 여건의 숙고, 전문인들의 전문적인 진단과 협의 끝에 이루어지는 온건하고 평온한 죽음입니다.

질문 오리건주의 존엄사법이 귀하에게 문제가 된 이유는 무엇입니까?

답변 그것은 내가 앓게 된 뇌질환 때문입니다. '뇌피질기저신경절 퇴행증'이라는 뇌질환인데 그 병으로 인해 오른손의 모든 기능이 소실되었고 왼쪽의 기능도 많이 약해진 상태입니다. 나는 혼자서는 식사도 못 하며, 균형 감각도 악화 일로에 있습니다. 내 담당 의사 세 사람이 내 잔여 수명은 6개월 이내라고 진단을 내린 바 있습니다. 그리고 내 주치의는 내게 생명을 끊을 수 있는 약을 처방해 주었습니다. 그리고 나는 그 약을 조제해 가지고 있는데 그걸 가지고 있으니 참으로 안심이 됩니다.

질문 이런 사실을 자녀들에게 말할 때 자녀들의 반응은 어떠했습니까?

답변 아이들은 내 생명의 끝이 가까워졌음을 받아들였습니다. 그리고 함께 많이 울었습니다.

질문 죽음 이후의 바람으로 무엇이 있습니까?

답변 선택할 수 있다면 나보다 먼저 세상을 떠난 아내와 합치는 것이 으뜸가는 소망입니다. 그리고 가능한 한 배움을 계속 이어 갔으면 합니다.

　굿윈 박사는 인터뷰에서 오리건주 이외의 다른 주로 존엄사법이 확대되지 않고 있는 이유에 대해 '침묵의 음모' 때문이라고 대답했다. 종교적인 이유, 의료진의 의무, 사람들의 편견 등이 죽음에 대해 침묵하는 것을 강요한다는 것이다. 참고로 2018년 현재 미국에서는 오리건주 이외에도 워싱턴주·버몬트주·몬태나주·캘리포니아주까지 이 법이 확대되었다.

품위 있는 죽음을
택하는 사람들

2009년 4월 26일 방영된 「SBS 스페셜」 〈마지막 선택, 품위 있게 죽고 싶다〉 편에서는 수십 년 전부터 안락사 제도를 시행해 온 유럽의 여러 국가들을 소개하였다. 스위스에서는 1942년부터 안락사를 인정하고 있다. 법적 근거는 형법 115조인데, "이기적인 동기로 누군가를 자살하도록 부추기거나 도움을 주는 자는 자살이 이루어지거나 시도되었을 경우 징역 5년 또는 벌금에 처한다."라고 규정하고 있다. 얼핏 제재를 위한 법률처럼 보이지만, 이기적인 동기나 목적이 아니라면 자살을 돕는 것이 불법은 아니라는 얘기다.

스위스에서 안락사를 지원하는 단체는 모두 다섯 군데다. 그중 가장 큰 단체는 엑시트(EXIT)인데 회원 수는 약 5만 명이며 스위스 국적을 가진 사람만 가입할 수 있다. 주로 불치병을 앓고 있는 말기 환자들이며, 회원들의 연회비로 운영된다. 10명의 상근 직원들이 상담과 대외 활동을 맡고 있다.

안락사를 받을 수 있는 조건은 매우 엄격하다. 참을 수 없는 고통을 호소하는 말기 환자이면서 스스로 행위에 대한 판단 능력이 있어야 한다. 즉 치매 같은 정신질환을 앓고 있거나 우울증 등 판단 능력이 의심스러운 환자는 대상이 되지 않는다.

안락사를 선택한 환자는 편안한 죽음을 맞을 수 있도록 자원봉사자의 도움을 받는다. 모든 안락사 시술은 시행 후 당국, 즉 검시관이나 경찰에 보고하고 조사를 받아야 한다. 이런 철저한 체계 덕분에 지난 27년 동안 문제가 됐던 적은 단 한 번도 없었다고 한다.

안락사를 돕는 의사는 무보수로 자원봉사를 한다. 스위스에서는 연간 약 6만 명의 사망자 중 대략 1,600명가량이 안락사를 택한다. 의사는 극약을 처방하기만 하고 환자 스스로 복용하는 의사조력 자살 방식이다. 환자는 가족들에 둘러싸여 외롭지 않게 그리고 편안하게 생을 마감한다. 이때 자원봉사자는 환자 옆에서 "빛이 당신을 인도할 것입니다. 그리고 편안해질 것입니다."라고 말해 준다.

2012년 8월 17일 자 데일리메일에 안락사 관련 기사가 하나 실렸다. 유전성 난치병으로 투병 중이던 예순일곱 살의 스위스 여성이 병세가 악화되자 안락사를 받기로 하고 시술 중이었다. 그런데 약물을 복용한 후 2시간이 지나도 사망하지 않자 입회 중이던 경찰이 구급차를 불러 환자를 응급실로 이송하였다. 그러자 안락사를 지원하는 단체인 디그니타스(DIGNITAS)에서는 이 경찰관을 조력 자살을 방해하고 환자를 유괴한 혐의로 고소하였다. 스위스에서 불치병 진단을 받은 개인이 스스로 언제 어떻게 죽을 것인지에 관해 결정할 수 있는 자유가 보장돼 있음을 보여 주는 사례다.

「SBS 스페셜」〈마지막 선택, 품위 있게 죽고 싶다〉편에 소개된 네덜란드의 안락사 실상을 알아보기로 하자. 개인의 자유를 최대한 보장하는 네덜란드에서는 죽음 역시 철저하게 개인의 선택으로 생각하며 국민의 85퍼센트가 안락사를 지지하고 있다. 스위스의 안락사는 약물을 준비해 놓으면 환자가 스스로 복용하여 삶을 마감하는 조력 자살의 형태다. 반면 네덜란드의 경우 의사가 직접 환자에게 약물을 주사하는 적극적 안락사까지 허용하고 있다. 환자가 직접 의사 표시를 하면 문서로 남기지 않아도 된다. 단, 두 명의 의사가 환자의 의사를 확인하고 검토 보고서를 작성해야 한다.

2002년 〈요청에 의한 생명 종결과 조력 자살에 관한 법〉이 발효되기 이전부터 네덜란드에서는 안락사가 관행처럼 이루어져 왔다고 한다. 30년에 걸친 논쟁과 법제화 요구 속에서 네덜란드는 이를 법으로 통제·관리함으로써 안락사가 남용되지 않도록 제도화시켰다.

이와 같은 안락사법 제정에 앞장서 온 단체가 자발적안락사협회(NVVE)다. 안락사를 원할 경우 이곳에서는 우선 관련법에 규정된 조건을 갖추었는지 여부와 필요한 절차를 알려 준다. 법 규정상 환자가 자발적으로 요구해야 하고, 오로지 의사만이 안락사를 시행할 수 있다. 또한 환자가 참을 수 없는 고통을 겪고 있고, 나아질 희망이 없으며, 다른 대안이 없을 경우에만 가능하다. 다른 한 명의 의사가 모든 조건에 완벽히 충족하는지를 살펴보도록 한 후 올바른 의료적 방법으로 안락사를 진행하도록 하고 있다.

법 제정 당시 안락사의 남용을 우려하는 목소리가 없지 않았으나 기우에 불과했다. 2007년 총 2,100여 건의 안락사가 보고되었는데 법 제정 이전과 비교해 안락사 시행 건수는 큰 변화가 없었다. 법 제정 이후 바뀐 유일한 변화라면 과거에는 안락사 사실을 숨기기도 했던 의사들이 거의 100퍼센트 그대로 보고하고 있다는 것뿐이다. 안락사를 실시한 의사는 반드시 검시관에게 보고해야 하며, 관련 문서는 각 지역의 안락사 평가위원회에 보내 심사를 거쳐야 한다. 이를 토대로 매년 공식 보고서가 나오고 있다.

안락사와 자살의 차이점을 요약하면 아래 그림과 같다.

인생관에 따라
달라지는 삶의 자세

실화를 영화로 만든 「잠수종과 나비」
는 한 전신마비 환자의 치열한 삶을 다루고 있다. 이 영화에서 우리
가 주목할 점은 환자 자신의 인생관이나 죽음관에 따라 남은 삶을
살아가는 자세가 어떻게 다를 수 있는지를 보여 준다는 점이다.

주인공은 프랑스 패션 잡지의 잘나가는 편집장이었다. 그런데 어
느 날 갑자기 뇌졸중으로 전신이 마비되고 오로지 한쪽 눈만 깜박거
릴 수 있는 상태가 된다. 처음에는 자신의 상황에 절망한 나머지 치
료사에게 자신의 생명을 끊을 수 있게 도와 달라고 하였다. 그러나
치료사의 간곡한 만류와 설득을 받아들여 생각을 바꾼다. 결국 긍정
은 한 번, 부정은 두 번 눈을 깜빡거리는 방법으로 치료사와 소통하
기 시작한다.

눈까풀의 깜빡거림으로 소통하는 데 점차 익숙해진 환자는 이후
자신의 생각과 감정을 좀 더 섬세하게 표현하게 된다. 예를 들어 치
료사가 그의 눈까풀을 주시한 채 알파벳을 순서대로 발음해 나가면
자신이 표현하려고 하는 단어의 철자가 발음되는 순간 한쪽 눈을 빨
리 감았다가 뜬다. 그러면 치료사가 그 철자를 받아 적고 또다시 알
파벳을 처음부터 순서대로 발음해 나가는 식이다. 이처럼 수천, 수
만 번의 눈 깜빡임으로 써 내려간 그의 글은 지난한 과정 끝에 결국
영화와 같은 제목의 책으로 출판되었다. 책이 출간된 지 며칠 후인
1997년 3월 9일 그는 세상을 떠난다.

2013년 8월 14일 자 중앙일보에는 자신이 죽기 전에 미리 부고장을 써 놓은 작가 제인 로터(1952-2013)의 마지막을 소개하는 기사가 실렸다. 당시 예순한 살의 나이로 사망한 주인공은 "말기 자궁내막암으로 죽어 가는 것의 몇 안 되는 장점은 바로 내 부고를 쓸 시간을 가질 수 있다는 것"이라며 머지않아 닥칠 자신의 죽음을 알렸다. 그녀는 또 "나는 삶이라는 선물을 받았고 이제 이 선물을 되돌려 주려고 한다. 딸과 아들아, 인생길을 가다 보면 장애물을 만나기 마련이란다. 하지만 그 장애물 자체가 곧 길이라는 것을 잊지 말렴."이라고 자식들에게 인생의 지침을 담은 말을 남겼다. 자신의 장례식을 찾은 조문객들에게는 "이 아름다운 날, 여기 있어서 행복했다."라고 적힌 배지를 나누어 주게 했다.

가족이 지켜보는 가운데 평화롭게 세상을 떠난 아내를 두고 그녀의 남편은 "아내는 삶을 사랑했기에 부두에 널브러진 생선 같은 모양새로 삶을 끝내고 싶어 하지 않았다."라고 회상했다. 이 기사에서는 '존엄사'라고 표현했지만 실제로는 '존엄사법에 의한 조력 자살'로 생을 마감했다. 워싱턴주는 오리건주에 이어 미국에서 두 번째로 존엄사가 입법화된 곳이다. 자신의 삶을 사랑했던 작가는 이 방법을 이용해 자신의 죽음을 존엄하게 맞이했던 것이다.

필자는 가톨릭 신자는 아니지만 서두에서 언급한 한스 큉 신부의 책 『안락사 논쟁의 새 지평』에서 인용한 신학자의 견해에 크게 공감한다. 그의 죽음관과 안락사에 대한 견해는 깊은 울림을 준다. 그 한 대목을 소개하면 다음과 같다.

"죽음과 더불어 모든 것이 끝나는 것이 아니라고 확신하므로 나에게 생명의 연장은 그리 중요하지 않다. 나는 기독교인으로서 나의 죽음에 관하여, 또한 나의 죽음의 방식과 시점에 관하여 결정권을 행사할 자유를 하느님으로부터 부여받았다고 본다. 이는 하느님에 대한 불신과 오만불손이 아니다. 자비롭고 영원히 은혜로우신 하느님에 대한 확고부동한 신뢰에 근거한 생각이다."

이어 그는 또 다음과 같이 강조하였다.

"그 누구도 다른 사람을 죽음으로 몰아가거나 강요해서는 안 되는 것처럼, 그 누구도 다른 사람을 더 오래 살도록 몰아가거나 강요해서는 안 된다. 고통의 종식인가 아닌가에 대한 판단에 있어서 임종 환자 본인의 결정보다 더 존중받아야 할 결정이 있겠는가? 하느님이 모든 삶을 인간의 책임에 맡기신 것이라면, 이 책임은 삶의 마지막 단계에도 당연히 통용되는 것이다."

안락사와 존엄사의
정의

약물 등을 사용하여 중추신경계를 억제함으로써 환자의 불안과 과민함을 해소하는 것을 '진정'이라고 한다. 말기 암 환자에게 미다졸람 같은 진정제를 계속 주입하는 것을

'완화진정'이라고 한다. 미다졸람은 흔히 수면내시경 검사라고 부르는 진정하내시경 검사 때 통상적으로 사용하는 약물이다.

2015년 3월 18일 YTN은 프랑스에서 말기 환자에게 진정제 투여를 허락하는 법안이 하원을 통과했다고 보도하였다. 당시 YTN은 이를 '안락사'라고 불렀는데 지금까지 살펴본 서구 여러 나라에서 시행되고 있는 안락사의 형태는 아니다.

국내의 대형병원에서도 진정제를 지속적으로 주입하여 환자의 고통을 덜어 주는 경우가 종종 있기는 하다. 물론 이는 진통제로도 완화되지 않아 고통이 극심한 말기 암 환자를 대상으로 한다. 그러나 이런 요법은 프랑스와 달리 법적으로 뒷받침되지 않은 것이어서 언제든지 법적 분쟁이 일어날 소지가 있다.

안락사와 존엄사는 헷갈리기 쉽다. 그래서 둘을 혼동해 얘기하는 경우도 많다. 이는 국가마다 이 용어를 서로 다르게 사용하는 데서 기인한 것이기도 하다.

1997년 미국의 오리건주에서 입법화한 '존엄사법'은 암이나 난치병으로 잔여 수명이 얼마 남지 않은 환자가 의사로부터 생명을 끊을 수 있는 약물을 처방받는 것을 말한다. 그러나 일본에서 말하는 '존엄사'란 불치병으로 죽음이 임박한 환자가 이에 대비하여 가족과 친척 그리고 치료를 맡고 있는 의료진에게 심폐소생술 등 연명의료에 대한 자신의 의사를 밝혀 놓고 그에 따라 맞이하는 죽음을 말한다. 이는 우리나라에서 작성하는 사전연명의료의향서나 말기 환자가 자신의 의사를 밝히는 연명의료계획서와 동일한 개념이라고 할 수 있다. 존엄사라는 같은 용어를 이처럼 나라마다 다른 의미로 사용하고 있는 게 현실이다. 좀 더 적극적으로 용어의 개념과 방식 등에 대해 정리하고 합법화하는 절차가 필요한 시점이다. 이런 합의가 이루어지려면 의식의 변화가 우선되어야 함은 두말할 필요가 없다.

11장

왜 자살하면 안 되는가

2016년 가을, 한 여성이 필자에게 메일을 보내왔
다. 결혼을 약속한 남자 친구가 석 달 전에 자살을 했다는 사연이었
다. 사건 현장을 직접 목격했기 때문에 괴롭기도 하지만 죽은 남자
친구가 너무나 보고 싶어서 그를 만나기 위해 자살을 생각하게 된다
고 했다. 그러면서 자살을 하면 남자친구를 만날 수 있는지, 자살한
사람의 영혼은 유황불 지옥에 영원히 갇혀 있게 된다고 하는데 정말
그런지 마음 아픈 고민을 담고 있었다.

　만약 독자 여러분의 가족이나 친구가 이런 질문을 해 왔다면 어떻
게 대답해 줄 것인지 자문하면서 이 글을 읽어 주기 바란다.

너무나 많은 사람이
자살로 생을 마감한다

　　　　　　　　2011년 10월 22일 방영된 SBS「그
것이 알고 싶다」〈당신은 죄인이 아닙니다. 자살 유가족의 눈물〉 편
에서는 우리 주변의 자살자 유가족에 대한 관심을 촉구하였다.

전 세계 인구의 10명 중 2명이 가족의 자살을 곁에서 경험하고, 10명 중 6명은 아는 사람을 자살로 떠나보낸다. 즉 전 세계 인구의 80퍼센트가 넘는 사람들이 살아가는 동안 누군가를 자살로 떠나보내는 경험을 한다는 얘기다. 우리나라 역시 평균 40여 분마다 1명꼴로 자살을 한다. 자살은 결코 강 건너 불이 아니다. 다 함께 적극적인 관심을 갖고 주위의 자살자 유가족들을 살펴보고 또 끌어안아야 한다.

소득 상위 10퍼센트에 해당하는 부유층의 자살 시도가 최근 3년 사이 40퍼센트 가까이 급증했다. 또 연봉이 10억 원 안팎인 사람들이 과중한 업무에 시달린 나머지 우울증을 호소하다가 자살하기도 한다. 이런 사례를 보면 경제적 궁핍 때문만으로 자살을 하는 것은 아니라는 것을 알 수 있다. 실지로 검사·의사·변호사·승려·목사 등 자살자의 직업은 실로 다양하다.

한 언론 매체는 미국 직종별 자살률을 보도하였다. 놀랍게도 1위는 의사로 나타났다. 의사는 스트레스가 높은 직종이다. 그러나 정신장애나 우울증에 걸려도 외부에 소문나는 것이 두려워 치료를 꺼리는 경우가 많다. 게다가 인체에 대해 잘 알고 있어서 자살 방법을 쉽게 찾는 것도 한 원인으로 여겨지고 있다. 이 외에도 금융업 종사자·변호사 등도 높은 순위를 차지했고, 법학도의 40퍼센트는 학교를 졸업하기도 전에 우울증을 경험한다고 한다. 미국 사회에서 소위 고소득 전문직 종사자들이 높은 연봉에도 불구하고 스스로 목숨을 끊는 현실을 보면서 삶의 진정한 행복에 대해 되돌아보게 된다.

2010년 11월 4일 방영된 KBS「생로병사의 비밀」〈자살, 그 비극의 심리부검〉에서는 일반인 189명을 대상으로 자살에 대한 인식과 경험을 주제로 설문조사를 했다. 대상자의 11.4퍼센트가 지난 한 달간 자살을 생각한 적이 있다고 했다. 이는 특정한 사람만이 자살을 하는 것이 아니라 누구나 다 살아가면서 어려운 일에 부딪히게 되면 한 번쯤 자살을 생각하게 된다는 것을 말해 준다.

한국보건사회연구원이 연령대별 OECD 평균 자살률과 우리나라의 자살률을 비교한 자료에 따르면, 2000년에 비해 2010년 OECD 평균 자살률은 아동·청소년(10-24세), 경제활동 인구(25-64세) 그리고 65세 이상 노인의 모든 연령층에서 골고루 감소한 것으로 나타났다. 그러나 우리나라의 경우엔 아동·청소년은 1.5배, 경제활동 인구에서는 약 2배, 또 노인 연령층에서는 무려 2.3배 이상 증가한 것으로 나타났다. 2015년 통계청 자료에 따르면, 한국인의 사망 원인 가운데 남성은 4위가 자살이며 여성은 6위를 차지하였다.

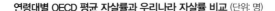

연령대별 OECD 평균 자살률과 우리나라 자살률 비교 (단위: 명)

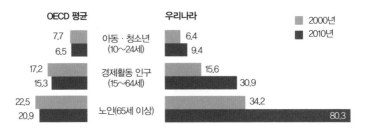

OECD 평균		우리나라	
			■ 2000년
			■ 2010년
7.7	아동·청소년	6.4	
6.5	(10~24세)	9.4	
17.2	경제활동 인구	15.6	
15.3	(15~64세)	30.9	
22.5	노인(65세 이상)	34.2	
20.9		80.3	

출처: 한국보건사회연구원(자살률: 인구 10만 명당 자살자 수)

남겨진 사람들의
고통

2013년 8월, MBC「황금어장」에 탤런트 김자옥(1951-2014) 씨가 출연해 자신의 이야기를 들려줬다.

김 씨보다 네 살 위인 그녀의 언니는 수십 년 전에 인생이 너무 허무하고 살기 싫다며 자살하였다고 한다. 김 씨는 "언니의 죽음으로 인한 가족들의 상처는 이루 말할 수가 없었고, 수십 년이 흐른 지금도 여전하다."라고 토로했다. 김 씨는 우울증은 마음의 병이므로 치료를 받도록 주변에서 적극적으로 관심을 보여야 한다고 강조했다.

2011년 5월 19일 방영된 MBC「특별기획: 자살, 한국 사회를 말하다」에서는 친한 친구의 투신자살로 10여 년간 마음고생을 해 온 회사원을 인터뷰하였다. 그는 요즘도 가끔 그 장면이 선명하게 꿈에 나온다고 말하면서 자살자 친구로서의 고충을 털어놓았다.

"친구가 자살하는 것을 눈앞에서 보고도 막지 못했다는 생각이 저에게 계속 남아 있으니까, 그것 때문에 그 이후로도 오랜 시간 동안 많이 힘들었던 부분이 있었죠. 친구는 자기 짐을 덜었다고 생각할 수 있겠지만 그 짐 자체를 다른 사람들이 들고 가게 되는 거죠. 남아 있는 사람들에 대해서도 한 번만 더 생각을 한다면 극단적인 선택은 막을 수 있지 않을까요?"

이 사례를 통해서 알 수 있듯 '자살하면 끝'이라는 생각은 분명 옳지 않다. 가족이나 친구는 더 큰 고통과 죄책감을 견뎌 내야 한다.

2012년 5월 1일 자 조선일보에는 〈얘들아, 한 번만… 남겨질 가족들을 생각해 보렴〉이라는 제목의 인터뷰 기사가 실렸다. 현직 중학교 교사이기도 한 임 모 씨는 학교 폭력에 시달리던 아들을 자살로 잃은 뒤 학생들을 상담하면서 느낀 심정을 토로하고 있다.

"극단적인 선택을 하기 전에 한 번만 가족을 생각해 줬으면 좋겠어요. 자기가 가족에게 얼마나 소중한 존재인지, 남겨진 가족들이 얼마나 큰 고통 속에 수많은 시간을 살아갈지를…."

그는 자살을 심각하게 고민하는 학생들을 향해 "아이들은 자기에게 얼마나 많은 길이 있는지 몰라요. 사실 학교를 정말 못 다니겠으면 그만두면 되거든요. 학교를 다녀야 하는 게 세상 그 어떤 일보다 중요한 건 아니잖아요. 그런데 아이들은 '더 이상 갈 데가 없다'는 생각을 하는 것 같아요."라고 말한다.

가해 학생들에게는 "네가 장난삼아 하는 일이 누군가에겐 삶을 포기할 정도로 힘든 일이 될 수도 있단다. 내 아들이 그렇게 갔단다."라고 얘기해 주니 아이들이 많이 변하더라는 자신의 체험을 전해 주고 있다.

한국생명의전화에서 펴낸 자료에서는 자살 유가족이 겪는 감정의 흐름을 세 단계로 나누고 있다.

1단계

- 말도 안 돼. (엄청난 충격으로 인한 부인)
- 왜 막지 못했나. (무력감에 시달림)
- 나를 버리고 가다니. (버림받은 느낌)
- OO 때문에 죽은 거야. (비난할 대상을 찾음)

2단계

- 나도 싫고 세상도 싫다. (분노와 좌절)
- 나 때문에 죽은 거야. (죄책감에 시달림)
- 자살자 집안이라고 남들이 욕하겠지? (수치심을 느낌)

3단계

1, 2단계를 거치며 대인관계가 단절되고 우울증이 생긴다. 자살자의 유가족 자살 충동은 일반인의 80~300배에 이른다.

이렇게 자살이 주위에 미치는 영향은 막대하다. 마치 핵폭발 후 생겨나는 엄청난 양의 방사능 낙진으로 묘사되기까지 한다.

낙진효과
자살충동

1명이 자살할 경우 주위의 5~10명에게 자살 충동을 심어 준다는 세계보건기구의 연구 결과도 있다. 국내의 경우 하루 40여 명이 자살하므로 하루에 200~400명에게 자살 충동이 유도되는 셈이다.

2012년 1월 20일 자 조선일보는 몇 년 전 투신자살하여 세상을 떠난 딸을 그리워하던 50대 어머니가 같은 장소에서 투신자살한 사건을 보도했다. 앞에서 살펴본 것처럼 여러 심리적 단계를 거치며 어머니도 극단적인 선택을 한 것이라 본다. 이래서 자살은 자신을 사랑해 준 많은 영혼들까지 함께 죽이는 살인 행위인 셈이다.

자살은 한 개인이나 한 가정만의 문제가 아니라 우리 사회에서 함께 해결해야 할 사회문제다. 한국은 OECD 국가 중 자살률 1위이며 하루 40여 명이 자살하고 있다. 정부에서도 자살률을 낮추기 위해 자살 고위험군 선별, 항우울제 같은 약물 투여를 이용한 우울증 치료, 자살자 위기 개입 등 여러 가지 대책을 내놓고 있다. 그러나 아직까지 별다른 진전이 없다는 것이 전문가들의 중론이다.

자살을 보도하는
언론의 태도

자살을 대하는 언론의 자세도 문제가 있다.

1987년 오스트리아 언론이 지하철에서 발생한 자살 사고를 보도한 이후 자살이 급증했다. 이런 예는 국가를 떠나 전 세계적인 현상이다. 특히 연예인 등 유명인이 자살하면 모방 자살이 크게 증가한다. 이른바 베르테르 효과다. 일반의 관심이 높다 보니 세세한 사항까지 취재해 엄청난 양의 뉴스를 쏟아 내고, 이는 다시 모방 효과로 이어진다. 그런데 언론에서 자살 보도를 중지하면 자살자가 급격히 감소한다.

핀란드에서는 자살 사실을 아예 보도하지 않는다. 권총으로 자살한 경우 '총기 사고로 인한 죽음'이라고만 싣는다. 다만 다른 사람을 살해하고 자살한 경우는 예외다. 전문가들은 자살 방법은 절대로 보도하면 안 되며 누가 사망했다는 사실만 보도하는 것으로 충분하다고 얘기한다. 자살 방법에 대한 자세한 묘사는 자칫 자살 안내가 될 수 있다는 것이다.

'파파게노 이펙트'라는 심리학 용어가 있다. 파파게노는 모차르트가 작곡한 오페라 〈마술피리〉에 등장하는 인물인데, 연인을 잃고 자살을 시도하려다가 세 요정이 들려주는 노래를 듣고 다시 삶을 선택한다. 여기서 생긴 말이 '파파게노 이펙트'다.

2013년 9월 9일, EBS「다큐프라임」에서는 〈33분마다 떠나는 사람들, 파파게노 이펙트〉를 방영하여 자살 보도 방법이 대중에 미치는 영향력을 여실히 보여 주었다.

오스트리아의 '자살 보도 권고안'은 가능하면 자살에 대해 보도하지 않는 것이 첫째이고, 보도한다면 기본적으로 '자살'이라는 말은 사용하지 않도록 하고 있다. 특히 헤드라인에 '자살'이라는 단어가 나타나지 않도록 권고한다. 자살 문제를 해결 방안 쪽으로 방향을 잡아야지 언론사들이 자극적인 분위기를 조성해서는 안 된다는

보건 복지부 〈자살보도 권고 기준〉

• 자살 보도 최소화
• 자살 단어 자제, 선정적 표현 피하기
• 자살 관련 상세 내용 최소화
• 유가족 등 자살자 주변 사람 배려
• 자살에 대한 미화나 합리화 피하기
• 사회문제를 제기하는 수단으로 이용 안 함
• 자살로 인한 부정적 결과 알리기
• 자살 예방에 대한 다양하고 정확한 정보 제공
• 인터넷에서의 자살 보도는 더욱 신중할 것

것이다. 오스트리아의 언론들은 이 권고안을 받아들였는데 그 결과 1987년에 정점에 달했던 오스트리아 비엔나의 지하철 자살자 수는 이후 절반 수준으로 감소하였다.

국내에서도 2013년 9월 10일 '자살 예방의 날'을 맞이하여 보건복지부에서 「자살 보도 권고 기준(2.0 버전)」을 발표하였다. 문제는 이러한 권고 기준이 있음에도 불구하고 잘 지켜지지 않는다는 데 있다. 언론 매체에서는 독자나 시청자 들의 시선을 끌기 위해 권고 기준에 어긋난 자극적인 보도를 하는 경우가 있다.

그런데 이 같은 현상이 최근 들어서는 조금씩 변화되고 있다는 걸 감지할 수 있다. 한 예로, 2018년 3월 모 언론은 한 연예인의 죽음을 보도하면서 "고인은 자택에서 심정지 상태로 발견, 119 구급대가 출동하였으나 사망판정을 받았다. 갑작스러운 비보에 모두 비통한 심정으로 애도하고 있다."라며 자살이란 단어를 전혀 사용하지 않았다. 몇 달 전 있었던 다른 연예인의 자살 기사도 마찬가지였다. 국내 언론들도 점차 「자살 보도 권고 기준」을 지키기 시작한 것 같아 반가운 생각이 든다.

자살을 미화하지 않는 것도 또 다른 예방책이 될 수 있다. 1994년 록그룹 너바나의 리드 싱어였던 커트 코베인(1967-1994)이 자살했다. 많은 젊은이들이 모방 자살을 할 것이라는 우려가 있었으나 실제로는 그런 일이 일어나지 않았다. 그의 아내는 "남편의 죽음은 정말 헛되고 비극적인 일이며 그의 자살은 잘못된 선택이었다."라고 반복해서 말했는데, 가족이 자살에 대해 이렇게 부정적으로 이야기한 것이 젊은이들로 하여금 모방 자살 충동을 일으키지 않게끔 영향을 주었다고 전문가들은 분석한다. 또한 언론이 부정적으로 보도하는 자살은 대중이 따라하지 않는다는 것이 정설이다.

자살 미수자들의
후회

자살을 시도했다가 살아남은 사람들은 자신의 행동을 후회하며 새 삶을 살아가는 경우가 많다고 한다.

미국 샌프란시스코의 금문교에는 자살자가 많아 이에 대한 연구가 많이 발표되었다. 높은 다리에서 투신할 경우 두개골 손상·골절상·내장 파열 등으로 98퍼센트가 사망한다고 한다. 살아남은 경우에도 팔다리·가슴·어깨·목·머리 등의 부상 때문에 평생을 고생하는 사례가 많다. 그럼에도 그들은 살아 있다는 사실만으로 감격스러워하며 새 인생을 살아간다고 한다. 추적 연구에 따르면, 이들중 95퍼센트는 투신은 물론 다른 방법으로도 다시는 자살을 시도하지 않았다고 한다.

2013년 9월 10일 방영된 EBS 「다큐프라임」〈33분마다 떠나는 사람들. 당신은 혼자가 아닙니다〉에서는 금문교에서 투신했다가 극적으로 살아남은 2퍼센트의 사람들을 다루고 있다. 이들은 다음과 같이 말한다.

"뛰어내린 순간 나는 인생에서 해결할 수 없는 일은 하나도 없다는 사실을 깨달았다. 방금 다리에서 뛰어내렸다는 사실만 빼고."

"뛰어내리고 처음 떠오른 생각은 '방금 무슨 짓을 한 거지?'였다. 나는 죽고 싶지 않았다."

미국 플로리다대학의 토머스 조이너 교수는 투신했다가 목숨을 건진 사람들과 면담한 결과 그들은 한결같이 투신해서 수면에 떨어지기까지의 시간 동안 자신의 행동을 후회했다고 한다. 아주 짧은 찰나이지만 인생관이 완전히 달라지기에 충분한 시간이었다고 말한다.

2013년 9월 10일 자 조선일보에는 서울 마포대교에서 투신했다가 구조된 어느 고등학생의 고백이 실려 있다. 뛰어내리기 전, 다리 난

간에 적혀 있는 "보고 싶은 사람 있나요?"라는 자살 예방 문구는 그다지 눈에 들어오지 않았는데, 뛰어내리는 순간 '아차' 싶으면서 머릿속이 '살아야겠다'는 생각으로 가득 찼다고 했다. 그가 확인한 것은 '살고 싶다'는 의지가 '죽고 싶다'는 충동보다 더 강하다는 사실이었다고 한다.

구조되면서 그는 "감사합니다. 죄송합니다. 정말 어리석은 행동이었어요."라고 말했다. 몸을 던진 곳이 강물이었으니 그나마 구사일생으로 살 수 있었다. 만약 고층 건물에서 투신했다면 후회의 마음이 들었다 해도 이미 돌이킬 수 없었을 것이다. 이 학생은 투신했던 자신의 경험을 통해 깨닫게 된 것을 다른 사람들에게 말해 주고 싶다고 했다.

또 9월 22일 자 조선일보에는 자살을 시도한 직후 자살자가 어떤 생각을 하게 되는가를 보여 주는 사건이 소개됐다.

우울증을 앓고 있던 한 여성이 자살하려고 오피스텔에서 목을 맸다. 이상한 낌새를 눈치챈 이웃의 신고로 경찰이 출동하였다. 오피스텔의 문을 열고 들어가 보니 이 여성은 이미 사망한 것처럼 보였다. 목을 맨 채 축 늘어진 데다 호흡도 없고 얼굴은 이미 잿빛으로 변해 있었다.

그런데 출동한 경찰관 가운데 한 명이 혹시 모르니 응급조치를 해 보자며 심폐소생술을 시작했다. 얼마 뒤 그 여성은 '컥!' 하는 소리와 함께 숨을 쉬기 시작하면서 살아났다. 회생한 여성은 경찰이 들어왔을 때 자신은 의식이 있었는데, 다른 경찰관이 '시신에 손대지 말고 현장을 보존하자'고 해서 속이 상했다고 한다. 삶을 포기하고

경찰이 나를 시신으로 생각해 만지지 말라고 한 건 속상했지만 저승 문턱까지 다녀오니 중요한 건 내 의지였어요….

자살을 시도했지만 마음 한편에는 삶에 대한 강한 의지도 같이 작용하고 있었음을 보여 준다.

　마지막 순간 자살하려는 마음을 바꿨지만 결국 추락사를 하고 만 안타까운 사례도 있다. 조선일보 2012년 4월 18일 자에 실린 내용이다.

　경북 영주에서 사는 중학생 이 모 군(14세)은 같은 반 학생들의 괴롭힘에 못 이겨 투신자살을 시도하였다. 20층 계단 창문을 열고 뛰어내리려던 이 군은 갑자기 마음을 바꿔 창문틀을 붙잡고 도움을 요청했다. 때마침 아파트 20층에 사는 김 모 씨(22세)가 이 군의 구원 요청 소리를 듣고 사람들의 도움을 청하러 갔다. 그사이 이 군은 팔에 힘이 빠져 결국 추락사했다.

　이처럼 자살을 시도하는 사람도 마음 한편에는 살고 싶은 의지가 강하게 있음을 알 수 있다.

자살, 순간적인
충동에서 비롯된다

얼마 전에 인터넷에서 접한 자료 하나를 소개한다. 자살자가 많은 일본 어느 바닷가에 세워진 팻말에는 "잠깐, 당신의 하드디스크는 삭제하셨습니까?"라는 문구가 새겨져 있다. 자살하려고 하는 사람의 컴퓨터 하드디스크에 남아 있을지 모를, 남에게 숨기고 싶은 자료들을 정리했는지 묻는 질문이다.

그런데 놀라운 것은 이 팻말을 바닷가에 설치한 뒤로 자살자 수가 절반으로 감소했다고 한다. 팻말을 본 자살 시도자가 '아뿔싸!' 하고 다시 돌아가 컴퓨터를 정리하는 사이 어느덧 자살을 하겠다는 생각이 사라져 버려 자살 시도를 멈추게 된다는 것이다. 이 사례를 통해 알 수 있듯 자살은 충동적으로 하게 되는 경우가 많다.

이 사례가 누군가가 퍼뜨린 거짓 이야기라는 주장도 있다. 그러나 그것이 사실이든 아니든 그런 효과를 기대할 수 있다면 의미가 있는 일이다. 자살자가 많은 해변에 이런 팻말을 설치하여 단 한 명이라도 자살 시도를 막을 수 있다면 얼마나 좋은 일이겠는가.

2013년 9월 10일 방영된 EBS「다큐프라임」〈33분마다 떠나는 사람들. 당신은 혼자가 아닙니다〉 편에서는 자살 예방과 관련해 매우 중요한 실제 사례를 소개하고 있다. 먼저 미국자살연구협회의 레니 버먼 회장의 말을 들어 보자.

"1980년대에 미 국무부 국장의 딸이 워싱턴 D.C. 엘링턴 다리에서 투신자살한 이후 그 같은 일이 재발하지 않도록 시에서 다리에 담장을 설치했어요. 안으로 휘어진 철제 담장을 쳐서 넘어가기 힘들게 만든 거죠."

더 이상 안타까운 죽음이 없기를 바랐던 아버지의 마음이 엘링턴 다리에 담장을 설치하게 한 것이다. 그렇다면 과연 이러한 조치가 자살 예방에 효과가 있었을까? 차단벽의 효과가 의심되는 것은 바로 근처에 태프트 다리가 놓여 있기 때문이다. 이 다리에는 차단벽이 없고 엘링턴 다리에서 얼마 떨어져 있지 않아 충분히 걸어갈 수 있다. 누군가 꼭 죽을 결심을 했다면 그 다리로 가지 않겠는가? 이에 대해 버먼 회장은 이렇게 말한다.

"더 이상 엘링턴 다리에서 자살하는 사람은 없어졌습니다. 엘링턴 다리에서 못 뛰어내리면 차단벽이 없는 태프트 다리로 걸어가서 뛰어내리면 됩니다. 그러나 태프트 다리에서 뛰어내리는 일은 발생하지 않았습니다. 그럼 그들이 어디로 갔을까요? 엘링턴 다리에서 자살하는 사람도 증가하지 않았고 다른 다리도 마찬가지였습니다. 오히려 이 도시의 자살률은 줄었습니다. 그들은 다 어디로 갔을까요?"

이에 대한 대답이 다음에 소개하려는 사례에 들어 있다. 또한 앞에서 소개한 일본 어느 바닷가에 세워진 팻말과도 깊은 연관이 있다. 즉 그 순간을 넘기기만 하면 생존할 가능성이 매우 높아진다는 것이다.

1937년에 샌프란시스코의 명물 금문교가 준공된 이래 그 다리에서 투신자살한 사람은 무려 1,500여 명에 달한다. 그런데 순찰차가 투신 직전 구해 낸 사람은 그보다 훨씬 많다고 한다. 투신 현장에서 경찰이 말려 살아난 사람들은 어떻게 됐을까?

1970년대 초 자살 분야의 전문가인 리처드 세이든은 금문교에서 자살 시도를 제지당한 515명을 조사하여 「그들은 지금 어디에 있는가?」라는 논문을 발표했다. 이에 따르면, 투신을 제지당해 살아난 사람의 94퍼센트는 이후 잘 살고 있거나 자연사한 것으로 나타났다. 즉 그들 대부분이 자살 시도 이후 다른 자살 장소나 자살 방법을 찾지 않고 수십 년간 생존했다는 얘기다.

필자도 전공의 시절 응급실 근무를 하다가 자살 미수로 이송되어 오는 환자를 종종 접하곤 했다. 당시 필자도 '아무리 구조를 하고 정신과 진료를 받아도 또다시 자살 시도를 하면 무슨 소용인가?'라고 생각했던 적이 있다. 그러나 바로 그 순간만 넘기면 생존할 확률이 높아진다는 것을 그 후 알게 됐다.

몽골의 칭기즈칸이 젊은 시절 사냥을 나갔을 때의 일이다. 목이 말라 사냥터 근처에 있던 샘물을 표주박에 떠 마시려 하자 평소 사냥용으로 훈련시킨 매가 표주박을 후려쳐 물을 엎질렀다. 물을 뜰 때마다 매는 계속 같은 짓을 반복했다. 화가 난 칭기즈칸은 칼을 뽑아 매를 죽이고는 샘물을 떠 마시려 했다. 그런데 샘물 바로 위에 맹독을 품은 독사가 죽어 있는 것이 아닌가? 매는 주인을 살리기 위하

여 돌출 행동을 했던 것인데 칭기즈칸은 그것을 알지 못하고 매를 죽이고 만 것이다. 이 일이 있고 난 후 칭기즈칸은 자신의 행동을 크게 후회했다고 한다.

격정적인 마음 상태에서는 나중에 후회할 만한 충동적인 행동이나 실수를 할 가능성이 많다. 그럴 때는 행동을 자제하고 우선 마음을 가라앉혀야 한다. 자살도 마찬가지라고 할 수 있다.

영화 「고령화 가족」에서는 젊은 영화감독인 주인공이 흥행에 참패하여 보증금마저 다 까먹고 집세를 석 달째 못 내자 집주인이 문을 두드리며 험한 욕설을 해 댄다. 주인공이 홧김에 "그래 확 죽자! 인생 한 번 죽지, 두 번 죽냐?"라며 자살을 시도하려는 순간 어머니로부터 전화가 걸려 온다.

"아들아, 밥은 잘 먹고 사는 거야? 담벼락에 꽃이 너무 예쁘게 피었다. 엄마처럼 말이야. 이따가 집에 좀 와. 닭죽 끓여 놨으니까 와서 먹고 가. 사람은 잘 먹어야 힘을 써. 속이 든든하면 없던 힘도 생기고 그런 법이야. 와라. 올 거지? 너 닭죽 좋아하잖아."

전화 속 어머니 목소리에 주인공은 "닭죽을 좋아하긴 하지."라고 대답한다. 충동적인 자살에서 벗어난 것이다. 바로 이어지는 장면에서는 주인공이 어머니에게 가는 지하철 안에서 목에 난 넥타이 자국을 만져 보는 모습이 나온다. 자살이 충동적으로 일어날 수 있다는 점과 적절한 시점에서의 따뜻한 말 한마디가 자살을 막을 수도 있다는 것을 이 영화는 잘 보여 주고 있다.

자살로 문제가
해결되지 않는다

자살하면 안 되는 이유는 죽음으로써 문제가 끝나거나 해결되는 것이 아니라는 데 있다. 죽음은 소멸하는 게 아니라 다른 차원으로의 이동이다. 따라서 자살을 생각하는 사람에게 죽음으로써 끝나는 것이 아니라는 사실을 알려 주는 것이 무엇보다 중요하다. 현재 살면서 쌓은 지혜와 노력의 합이 다음 생으로 이월되는 것이다. 지금 겪고 있는 어려움이 아무리 힘들어도 언젠가는 반드시 지나가기 마련이다.

영국 수상을 지낸 윈스턴 처칠(1874-1965)은 "당신이 지금 타고 있는 기차가 불타는 지옥을 통과 중이라면 곧 지옥을 빠져나올 테니 기차에서 뛰어내리지 말고 계속 그 자리에 있으라."라고 조언했다. 국가 반역죄로 감옥에서 26년간 수감되어 있다가 훗날 남아공의 대통령이 된 넬슨 만델라(1918-2013)는 "삶의 영예는 한 번도 쓰러지지 않는 것이 아니라 쓰러질 때마다 일어나는 데 있다."라고 말하면서 좌절을 겪고 있는 사람들을 위로했다.

자살을 시도하다 심장이 멎고 호흡이 끊어져 거의 죽음에 이르렀다가 심폐소생술로 되살아난 사람들 중 일부가 근사체험을 경험하기도 한다. 이 근사체험이 자살 예방에 효과를 낸 경우도 있다. 네덜란드의 여러 병원에서 공동으로 한 연구가 2001년 세계적인 학술지인 『랜싯』에 게재되었다. 이 논문은, 근사체험자 중 다수가 이 체험을 한 후 오랫동안 일상사에 감사하는 마음을 갖게 되었다고 보고하고 있다. 또 생명에 대한 경외심을 갖게 돼 작은 벌레조차 함부로 죽일 수 없게 되었다고 한다.

　자살을 시도했다가 다행히 살아난 사람들의 고백을 통해 자살 직후 품게 되는 생각의 일단을 엿볼 수 있다. 레이먼드 무디 주니어의

책 『다시 산다는 것』은 다양한 근사체험 사례를 소개하고 있다.

아내의 죽음을 못내 가슴 아파하던 한 남성이 아내가 있는 곳으로 가기 위하여 권총으로 자살을 시도했다. 그러나 그의 시도는 결국 미수에 그쳤다. 다시 되살아난 그는 "나는 아내가 있는 곳으로 가지 못했어요. 지독한 장소로 갔습니다. 그 즉시 실수를 저질렀다는 것을 알았죠…. 난 그렇게 하지 말았어야 했다고 생각했습니다."라고 토로했다.

근사체험자들은 보통 터널을 통과해 밝은 빛을 보거나 이미 세상을 떠난 가족이나 친척을 만나는 등의 긍정적이고 밝은 경험을 하는 경우가 많다. 반면 자살미수자들의 근사체험은 깜깜한 공간에 혼자 고립된 상태로 있다가 돌아오는 경우가 대부분이다. 자살을 하면 안되는 이유 중 하나다.

시각을 변화시켜
삶으로 돌아서기

영화 「체리 향기」에는 자신이 자살한 후 시신을 처리해 줄 사람을 찾아다니는 남자에게 한 노인이 젊은 시절 얘기를 들려주는 장면이 나온다.

결혼한 직후 온갖 어려움이 겹쳐 사는 게 너무나 힘들어지자 노인은 목을 매 죽기로 결심하였다. 새벽에 집에서 멀리 나와 나무에 밧줄을 거는 순간 체리가 떨어졌다. 그런데 그 체리를 하나둘 맛보다가 자살하려던 마음을 바꾸게 되었다.

"탐스럽게 익은 체리를 하나 먹었죠. 과즙이 가득한 체리였어요. 그때 산등성이에서 태양이 떠올랐어요. 정말 장엄한 광경이었죠. 그렇게 한참을 앉아 있는데 학교에 가는 아이들 소리가 들렸어요. 아이들이 가다 말고 서서 나를 쳐다보더니 나무를 흔들어 달라고 했어요. 체리가 떨어지자 아이들이 주워 먹었죠. 전 행복감을 느꼈어요. 나는 체리를 주워 집으로 향했어요. 아내는 그때까지도 자고 있더군요. 잠에서 깨어난 아내가 체리를 먹었어요. 아주 맛있게 먹더군요. 난 자살을 하러 떠났지만 체리를 갖고 집으로 돌아왔어요. 체리 덕분에 생명을 구한 거죠."

체리가 자신의 생명을 구했지만 사실은 자신이 변한 거라고 말하며 노인은 자살하려는 남자를 설득한다. "세상 사람 누구나 고민거리가 있어요. 문제가 없는 가정은 하나도 없어요. 생각을 바꾸면 세상이 다르게 보이죠. 낙관적으로 생각해 봐요."

우리가 당연한 것으로 생각하고 누리는 사소한 일상사들도 들여다보면 모두가 감사한 일이고 또한 기적이라고 할 수 있지 않을까?

보지도 못하고 듣지도 못하며 말도 할 수 없었던 헬렌 켈러(1880-1968)는 "내일이면 귀가 안 들릴 사람처럼 새들의 지저귐을 들어 보라. 내일이면 냄새를 맡을 수 없는 사람처럼 꽃향기를 맡아 보라. 내일이면 더 이상 볼 수 없는 사람처럼 세상을 보라."라고 했다.

모퉁이를 돌아 죽음을 마주하게 될 때가 내일일지, 다음 달일지,

아니면 몇십 년 후일지를 전혀 알지 못한다. 그렇게 우리는 살아간다. 이러한 상황에서 지금 이 순간 내가 보고 듣고 느끼며 만나는 사람이나 풍경이 마지막이 될지도 모른다고 생각해 보라. 그러면 평소 아무 생각 없이 누리고 만나는 사람들이 절절하고도 귀하게 가슴에 와닿을 것이다.

필자가 아침마다 습관적으로 머릿속에 떠올리는 '우리가 누리는 세 가지 기적'이 있다. 아래 그림에서 보듯이 별게 아니다.

사람들은 이를 기적으로 알기보다는 당연하게 여긴다. '학습'의 학(學)은 지식을 머리로 배운다는 뜻이고, 습(習)은 반복해서 생활 속에 익히고 젖어 들게 한다는 의미다. 머리로 생각만 할 것이 아니라 삶에 대한 긍정적인 태도를 갖기 위해서는 매일 반복적인 사고와 훈련이 필요하다.

기적으로 바뀐 나날들

「베로니카, 죽기로 결심하다」는 파울루 코엘류의 동명 소설을 영화화한 작품이다. 주인공은 좋은 직장에서 높은 연봉을 받는 남부럽지 않은 여성이다. 그런데 아무 이유 없이 삶은 무기력하고, 더는 의미를 찾지 못하게 되자 다량의 수면제를 복용하여 자살을 시도한다. 주인공은 응급실을 거쳐 정신병원으로 옮겨지는데 담당 의사로부터 충격적인 이야기를 듣게 된다. 음독자살을 시도한 후 심폐소생술을 받는 과정에서 심장이 크게 손상돼 앞으로 몇 개월밖에 살 수 없다는 시한부 선고를 받게 된 것이다.

정신병원에 입원 중인 사람들과 만나 생활하게 되면서 주인공은 이전에는 느끼지 못했던 삶의 의욕이 되살아나게 된다. 어느 날 주인공은 담당 의사를 찾아가 자신이 정확히 얼마나 더 살 수 있는지 알려 달라고 하면서 두 가지를 부탁한다. 하나는 삶의 한순간도 놓치기 싫으니 맑은 정신으로 계속 깨어 있게 해 주는 주사가 있다면 놓아 달라는 것이었고, 다른 하나는 얼마 남지 않은 생에서 하고 싶은 일이 너무 많으니 퇴원시켜 달라는 것이었다.

그녀는 바닷가도 걷고 싶고, 단골집에 가서 좋아하는 음식도 실컷 먹고 싶고, 기네스 맥주도 주문해 보고 싶고, 또 어머니를 만나 아직 하지 못한 이야기를 나누고도 싶다. 하지만 의사가 안 된다고 하자 주인공은 사실은 어젯밤에 살아야겠다는 결심을 했노라고 고백한다. 그동안 자신을 너무 몰랐다고 하면서…. 그러나 담당 의사는 끝내 퇴원을 허락하지 않는다. 결국 주인공은 입원해 있는 동안 알게 된 남자와 함께 병원을 탈출한다.

영화의 후반부에서 담당 의사는 병원을 떠나기 전 동료에게 업무를 인계하는 편지를 쓰면서 주인공에 대한 시한부 선고가 거짓이라고 밝힌다. 자살 시도자는 계속해서 자살을 하려고 하기 때문에 이를 막는 유일한 치료책은 본인에게 삶을 자각시키는 것이다. 그러기 위해서 불가피하게 앞으로 얼마 살지 못한다고 거짓말을 했다고 말한다. 자신의 건강에 이상이 없다는 사실을 알기 전까진 매일매일을 기적으로 여기고 살 것이라고 얘기하면서.

앞에서 자살 시도자가 목숨을 구한 경우 생명의 소중함을 깨닫고 이후 삶을 평화롭게 이어 간다는 이야기를 했다. 하지만 이와 상반된 조사 결과도 있다.

국내 자살 시도자들을 평균 3년간 추적하여 조사한 자료가 조선일보 2014년 4월 2일 자에 실렸다. 이 기사에 따르면, 그들이 자살로 생을 마감하는 비율은 일반인보다 25배나 높은 것으로 나타났다. 즉 자살 시도자는 가까운 시일 내에 다시 자살을 시도하여 죽음에 이를 확률이 높다. 이러한 자료를 보더라도 앞 영화처럼 주인공의 담당 의사가 시도한 치료책은 상당히 설득력이 있어 보인다.

또 하나는 영화 속 주인공이 살고 싶은 욕구가 생겨 정신병원을 도망쳐 나오게 되기까지는 정신병원에서 행한 약물치료가 일정 부분 영향을 주었다고도 할 수 있다. 우울증이 심각한 경우에는 정신과적인 약물치료와 상담이 반드시 필요하다. 감기에 걸리면 감기약을 복용하는 것과 마찬가지다.

우울증이 심해 일상생활을 하기가 어렵다면, 심지어 자살을 생각할 정도라면 방치해선 안 된다. 정신과에 가서 꾸준하게 상담을 받고 우울증 약을 처방받아 먹는 것이 중요하다. 이를 위해서는 정신과 치료 사실을 다른 사람에게 숨겨서는 안 된다. 또 정신과 약은 평생 먹어야 한다는 편견도 깨야 한다. 그릇된 인식에서 벗어나는 것이 중요하다.

의료 현장에서 만나는 일부 말기 암 환자는 다른 사람이 갖지 못하는 특별한 안경을 끼게 된다. 또 이를 통해서 지금까지 몰랐던 사물의 참된 모습을 보게 된다. 앞에서 말한 영화 「이키루」에서 위암 말기의 주인공은 퇴근길에 하늘을 바라보며 30년을 살아오는 동안 처음으로 저녁노을의 아름다움을 진정으로 체감하게 된다. 「베로니카, 죽기로 결심하다」의 베로니카 역시 자신이 시한부 생명이라는 진단을 받게 되면서부터 말기 암 환자가 갖는 특별하고 소중한 안경을 소유하게 된다.

2010년 7월 25일 「SBS 스페셜」〈황홀한 소통, 춤, 치유〉 편에서는 한쪽 팔이 없는 중국의 여자 무용수와 한쪽 다리가 없는 남자 무용수의 이야기를 소개했다.

여자는 촉망받는 발레리나였으나 교통사고로 한쪽 팔을 절단한 후 실의에 빠져 생의 밑바닥까지 추락한다. 남자 역시 어렸을 때 사고로 한쪽 다리를 잃은 상태였다. 여자는 자신과 비슷한 처지에 있는 남자를 찾아가 함께 무용을 하자고 제안한다. 남자는 춤을 춰 본 적이 없다고 거절했으나 결국 팀을 이뤄 자신들이 이겨 낸 절망감을 멋진 춤으로 표현하여 관객에게 깊은 감동을 주었다.

"우리는 신체가 특수하기 때문에 독특한 아름다움을 표현할 수 있어요. 완벽한 조화에서 비롯되는 아름다움이지요. … 신체적인 문제는 100퍼센트 극복할 수 있어요. 문제는 마음입니다."

신체의 일부를 잃은 뒤 삶의 의미를 상실하고 자살까지 생각했던 이들이 시련을 극복할 수 있었던 것은 춤을 추는 순간이 즐겁고 행복하다는 사실을 깨달았기 때문이다. 더 나아가 이제는 춤을 통해 다른 사람들에게 위로와 격려를 주는 것이 삶의 소명이 되고 의미가 되었다.

한쪽 팔이나 다리가 잘렸다면 깊은 절망에 빠진 나머지 자살을 시도하고 삶을 조기에 마감했을 수도 있다. 그런데 두 사람은 오히려 자신들의 단점을 예술로 승화시켜 주위 사람들에게 용기와 격려를 주고 있다.

2014년 9월 3일 자 조선일보에는 척수장애인협회 김소영 재활센터장의 인터뷰가 실렸다. 그녀는 열여섯 살이던 1986년 서울 아시안 게임을 20여 일 앞두고 이단평행봉 연습을 하다가 추락해 척추 손상을 입어 입 주위 근육만 겨우 움직일 수 있을 정도로 심각한 상황이었다. 이후 2년 6개월간의 병원 생활과 10여 년의 피나는 재활훈련 끝에 자신을 다스릴 수 있게 됐다.

"장애보다 더 괴로운 건 체조를 할 수 없게 됐다는 사실이었어요. 사고 후 2~3년은 꿈을 버리지 못해 병원에서 외출하면 체조 연습장이나 경기장을 배회했어요. 체조 선생님이 '네가 오면 다른 선수들이 불편할지 모른다.'라고 말해 종일 울었던 기억이 나요. 그때 비로소 '나는 더 이상 체조를 할 수 없는 몸이구나.'라고 받아들였던 거 같아요."

다행히 김소영은 긍정적인 사람이었다.

"신께서 나를 죽이지 않고 살려 놓으셨다면 이유가 있을 거라 생각했어요. 그 이유를 찾기로 했죠. 그게 체조는 아닌 것 같고, 어려움을 겪는 동료 장애인들을 돕는 거라고 믿게 됐어요. 선천적 장애인에 비하면 제가 16년이나 건강한 몸으로 살았잖아요. 게다가 조금 유명해서 응원과 사랑도 받았고요."

장애인이 된 지 9년 후 그는 장애인 스키 캠프를 열었고, 장애인 스킨스쿠버 동호회 등 장애인 체육에 헌신해 왔다. 그녀는 동료 장애인들을 돕는 일을 통해 삶의 의미를 찾은 것이다.

2013년 9월 25일 자 한겨레신문에는 두 팔 없이 태어났으나 현재 UN인권이사회에서 근무하는 테레지아 데게너 장애인권익위원에 관한 기사가 실렸다. 그는 팔이 없지만 발을 손처럼 사용하면서 당당하게 자신의 장애를 극복하고 있다.

내가 타인과 맺은
관계의 무거움

영화 「멋진 인생」은 '스필버그 감독이 가장 사랑한 영화'라는 설명이 붙어 있는 1946년 작품이다. 작은 마을에서 상호신용금고를 운영하는 주인공은 생활이 어려운 사람들에게 도움을 주며 살아가는 선량하고 정직한 사람이다. 그러던 어느 날 직원이 거액의 회사 현금을 분실하는 사고가 발생해 파산 위기에 처한다. 해결 방도를 찾지 못해 절망에 빠진 주인공은 자살을 하려고 마을 앞을 흐르는 강으로 가서 "나라는 인간은 차라리 태어나지 않았으면 좋았을 뻔했다!"라는 말을 내뱉는다.

그런데 이때 옆에서 지켜보던 수호령이 주인공이 없었다면 세상이 어떻게 됐을지를 그에게 보여 준다.

주인공은 어릴 적 얼음 구멍에 빠져 익사할 뻔했던 남동생을 살려 낸 일이 있다. 그 일로 인해 자신은 한쪽 귀가 들리지 않는 장애를 얻게 되었다. 주인공이 존재하지 않는 세상에서는 동생을 구해 줄 사람이 없으므로 사고로 죽은 동생은 묘비로만 남아 있다. 또 주인공이 없으므로 결혼 상대를 만나지 못한 아내는 도서관 사서로 혼자 늙어 가고 있다. 결혼하지 않았으므로 현재의 사랑하는 아들과 딸도 물론 존재하지 않는다. 어머니도 주인공을 알아보지 못한다. 왜냐하면 존재하지 않은 사람이니까. 더구나 마을은 주인공이 살고 있는 지금과는 전혀 다르게 황폐하고 인심은 험악하다.

이러한 상황을 체험한 주인공은 현재 자신이 겪고 있는 경제적인 문제가 자신의 존재 여부에 비하면 지극히 작은 것임을 깨닫고 가족의 품으로 돌아가게 된다. 또 그간 주인공으로부터 도움을 받았던 마을 주민들이 십시일반 돈을 모아 줌으로써 무사히 재정 위기를 넘기게 된다.

난치병인 크론병을 앓고 있는 의사 레이철 나오미 레멘은 『그대

만난 뒤 삶에 눈떴네』라는 책에서 "고통이나 슬픔처럼 감추고 싶은 마지막 한 조각까지도 삶의 선물로 받아들여야 그 조각으로 삶의 전체 그림이 완성된다."라고 이야기한다. 즉 인생이란 기쁨 · 성공 · 만족 · 희망뿐만 아니라 슬픔 · 실패 · 불만 · 좌절까지 모두 골고루 있어야 완성되는 조각 맞추기 퍼즐 같은 것이라는 것이다. 나의 조각이 또 다른 사람의 그림을 완성하는 것이기에 내가 삶을 포기한다면 그림은 결코 완성될 수 없다.

영화 「라이프 오브 파이」의 주인공 소년은 타고 가던 배가 침몰하였으나 간신히 목숨은 건졌다. 그러나 구명보트에 함께 탄 사나운 호랑이로부터 자신을 지키기 위해 고군분투해야만 했다. 몇 달 후 해변에 도착해 간신히 구조된 그는 만일 자신을 끊임없이 잡아먹으려 했던 그 호랑이가 없었다면 자신은 살아남지 못했을 것이라고 이야기한다. 외로움과 무기력감에 빠져 삶을 포기했다면, 생존해야 한다는 의지를 자기 내면에서 끌어내지 못했을 것이기 때문이다.

수조에 생선을 담아 먼 곳으로 배달하는 경우 도착하고 보면 죽어 있는 경우가 많다고 한다. 이 문제를 해결하는 방법이 있다. 출발할 때 수조에다 메기를 몇 마리 넣어 놓으면 된다. 메기에 잡아먹히지 않기 위해 이리저리 도망 다녀서 산 채로 목적지까지 도착하게 된다고 한다. 메기는 이 영화 속에 등장하는 호랑이와 같은 역할을 하는 셈이다.

이 이야기의 핵심은 간단하다. 타인이 내게 주는 영향력처럼 나의 정신적 기운 또한 타인에게 뻗어 나가 그들을 도울 수 있다. 즉 나와 타인은 뗄 수 없는 공동 운명체인 셈이다. 왜 삶을 포기하면 안 되는지 알려 주는 또 다른 이유이기도 하다.

절망과 고통 속에서
깨달은 삶의 의미

오스트리아의 정신과 의사 빅터 프랭클은 제2차 세계대전 때 나치의 유대인 수용소에 끌려갔다가 가까스로 살아남았다. 그는 이때의 경험을 살려 삶의 가치를 깨닫고 목표를 설정하도록 하는 로고테라피(의미치료)를 창시했다.

수용소 시절, 하루 고작 한 컵의 물이 배급됐는데, 그는 마시기도 아까운 물의 절반을 면도하는 데 썼다고 한다. 얼굴에 병색이 보이면 바로 가스실로 옮겨질 수 있었기 때문이다. 나치 수용소에서 끝까지 살아남은 사람들은 건강이 특별히 좋거나 지능이 남달리 뛰어난 것이 아니었다. 살아야 한다는 절실한 이유와 살아남아서 해야 할 구체적인 목표를 가진 사람들이었다.

빅터 프랭클은 수용소 생활을 하면서 얻게 된 지혜를 기록해 나가던 중 원고 뭉치를 분실하고 크게 낙담했다. 그러나 반드시 살아남아서 이 참상을 세상에 알려야겠다는 강한 의지로 다시 원고를 쓰기 시작했다. 그가 수용소 생활에서 얻은 지혜를 기록한 책이 『삶의 의미를 찾아서』이다.

다음 공식은 로고테라피를 전공한 김미라 박사의 강의록 「빅터 프랭클 박사와 만나다. 삶 그리고 의미」에서 인용한 것이다.

〈D=S-M〉에서 D는 Despair(절망), S는 Suffering(고통) 그리고 M은 Meaning(의미)을 뜻한다. 즉 아무리 고통스러워도 의미를 찾을 수 있으면 절망에 빠지지 않지만, 의미를 찾지 못하거나 의미를 잃으면 절망에 굴복하게 된다는 뜻이다. 이 같은 인식의 틀은 자살과 관련하여 생각해 볼 때 매우 의의가 크다.

악의적인 비난이 넘치는 인터넷 세상도 수용소와 다를 바 없는 공간이다. 간혹 인터넷에 오른 악성 댓글 때문에 큰 상처를 받은 연예인이나 일반인 이야기를 듣는다. 그 상처가 심각한 경우에는 자살을 선택하기까지 한다. 악성 댓글을 즐겨 다는 사람들이 반드시 알아야 할 것은 남에게 준 상처는 언젠가 반드시 본인도 겪게 된다는 것이다. 이에 대해서는 근사체험을 얘기할 때 언급한 바 있다.

근사체험자들이 고백한 바에 따르면, 죽어 있는 동안 체험하게 되는 것 중 하나는 '삶의 회고'이다. 영화 필름이 빠른 속도로 돌아갈 때처럼 자신이 이제까지 살아온 삶의 중요한 순간들을 순식간에 목격하게 된다. 그리고 그때 느꼈던 기쁨과 슬픔과 괴로움 들을 세세하게 다시 경험하게 된다. 이때 가해자로서 남에게 피해나 상처를 준 경우에는 당시 피해자가 겪었던 처절하고 참담한 심정과 아픔을 고스란히 느끼고 경험하게 된다. 이런 맥락에서 볼 때 '선플 달기 운동'은 그 의미가 매우 커 보인다.

사회에서도 마찬가지다. 성적이나 실적만으로 사람을 평가하여 궁지로 내모는 일이 사라진다면, 또 자신이 진정으로 원하는 일을 소신껏 하며 살 수 있는 사회가 된다면, 누구나 살면서 만나게 되는 어려운 시간들을 견딜 수 있는 힘이 생길 것이다. 그리고 궁극적으로 자신의 삶을 포기하는 일도 줄어들게 될 것이다. "무엇을 하든지 자기가 태어나기 전보다 세상을 조금이라도 살기 좋은 곳으로 만들어 놓고 떠나는 것이 진정으로 성공한 삶"이라고 했던 에머슨의 말이 떠오른다.

자살 유가족
끌어안기

2011년 10월 22일 방영된 SBS「그것이 알고 싶다」〈당신은 죄인이 아닙니다. 자살 유가족의 눈물〉편은 자살자의 유가족들이 우리 사회로부터 받는 냉대를 다루고 있다. 자녀를 자살로 잃은 한 부모는 생전에 자신의 자녀와 친했던 조카가 유품을 가지려는 것을 조카 부모가 막았다고 했다. 또 "자살자의 유가족들과는 같이 다니는 게 아니래."라는 말을 들은 후로 다시는 가족이 자살했다는 얘기를 입 밖에 꺼내지 않는다고 했다.

반면 미국 롱아일랜드에서 열린 〈자살자 유가족 걷기 대회〉 풍경은 우리나라와 크게 대조를 보인다. 먼저 떠난 가족과 친지를 추모하고 자살 대책 기금을 모금하기 위한 이 행사에 많은 사람들이 모였다. 대회가 진행되는 동안 참석자들은 같은 아픔을 지닌 수많은 사람들과 만나고 서로의 상처에 대해 얘기를 나눈다. 5년 전에 자살한 오빠를 추모하며 조카와 함께 참석한 여성을 비롯해 대회장에 모인 사람들은 자살로 잃은 가족의 이름을 부르는 데 망설임이 없다.

14년 전, 스물두 살의 나이로 자살한 아들을 추모하러 나온 여성은 "우리가 편안함을 찾을 수 있는 유일한 길은 기금을 모금해 생존자를 돕는 것이에요."라고 말한다. 젖먹이 아기를 안고 참석한 한 남성은 자살한 형과 친구의 이름을 따서 아들의 이름을 지었다고 한다. 우리나라 같으면 상상하기 힘든 일이다.

매년 9월 10일은 '세계 자살 예방의 날'이다. 전 세계에 생명의 소중함과 자살 문제의 심각성을 널리 알리고 대책을 마련하기 위한 날로, 세계보건기구와 국제자살예방협회에서 2003년부터 시행하고 있다.

2016년 12월 12일 방영된 EBS「다큐프라임」〈감성시대 4부: 너무 이른 작별〉에서는 미국 자살 유가족들의 공개 행사를 소개하고 있다. 참석자들은 이구동성으로 "자살에 대해서는 사회적 편견이 많기 때문에, 사랑하는 사람을 잃었지만 이에 대해 다른 사람들과 이야기를 하지 못하며 주위 사람들은 자살 유가족에게 무슨 말을 해야 할지 모른다."라고 말한다. 그러면서 자살 유가족이 여기에 오는 이유는 같은 경험을 한 사람들과 서로 마음으로 소통할 수 있기 때문이라고 강조한다. 자살로 잃은 가족을 공개적으로 기억하는 이 행사에 참석한 어떤 유가족은 "말하는 게 도움이 돼요. 숨기지 말아요. 가족이 자살했다는 사실을 부끄러워해서는 안 됩니다."라고 말한다.

사랑하는 사람을 자살로 잃은 유가족을 '자살 생존자'라고도 부른다. 유가족 모임은 가족의 자살에 대해 이야기하는 자리임에도 우울하거나 슬프지 않다. 자살 생존자라는 사실을 부끄러워하거나 숨기지 말고 세상 밖으로 나갈 수 있도록 서로 돕는 것이 목적이기 때문이다.

자살에 대한 편견을 없애기 위해서 2004년에 시작된 이 걷기 행사는 처음엔 참가자가 4,000여 명 정도였지만 12년 만에 25만 명으로 늘었다고 한다. 그러나 우리나라는 자살 관련 대책이 주로 예방에만 집중되어 있을 뿐, 자살 유가족에 대한 지원은 거의 없으며 자살 유가족들의 모임 또한 미미한 실정이다.

상처는 감추지 말고 드러내야 낫는다는 것을 우리는 경험적으로 알고 있다. 붕대로 꽁꽁 감아 두기만 하면 곪아 터져 더 큰 상처를 만들게 된다. 상처를 밖으로 드러내 공기와 햇볕을 쏘여야만 시간이 걸리더라도 치유가 될 수 있다. 그러기 위해서는 자살 유가족에 대한 편견과 냉대부터 버려야 한다. 사회의 인식 전환 없이는 아픔을 치유할 수 없다. 같은 경험을 한 사람들로부터 도움을 받고, 나도 다른 사람에게 도움을 준다는 선순환의 사회 분위기가 이루어질 때 남겨진 상처가 비로소 아물 수 있을 것이다.

타인에 대한 기여가
삶에 미치는 영향

2015년 12월 30일 자 조선일보에는 헌혈로 인생이 달라진 어느 부자의 사연이 실렸다. 임종근(57세) 씨는 가정 형편이 어려워 초등학교만 졸업하고 바로 돈벌이에 나서야만 했다. 의료기기 업체에서 전기용접공으로 일하며 근근이 생계를 이어 가던 임 씨는 '내 인생은 왜 이럴까?' 하며 늘 얼굴을 찌푸리고 다녔다.

그러던 어느 날, 우연히 손수레에 배추를 가득 싣고 언덕길을 오르는 지체장애인과 마주쳤다. 그 장애인의 얼굴 표정이 너무도 밝은 걸 본 순간 임 씨는 부끄러움을 느꼈다. '몸뚱이가 멀쩡한 복을 받고도 나는 왜 이렇게 살고 있나. 앞으론 다르게 살아야겠다.'라는 생각이 들었다고 한다. 그는 자신보다도 어려운 사람부터 돕기로 했으나 나눠 줄 만큼 가진 게 없었다. 돈 없이도 남을 도울 일이 없을까 고민하다가 헌혈을 시작했다. 그 후로 검정고시를 거쳐 지방 공무원 임용시험에 합격하여 현재 공무원으로 근무하고 있다.

지난 2개월 동안 교통사고나 치명적인 질환으로 병원에 입원하지 않고 오늘 헌혈을 할 수 있음에 너무 감사합니다.

임 씨의 아들 역시 '왜 우리 집은 부자가 아닐까. 왜 나는 공부를 못 할까' 하며 늘 불만에 차 있었다. 그런데 아버지가 500회 헌혈을 하면서 인생이 바뀌었다는 얘기를 듣고 자신도 헌혈을 시작했다. 이후 아들 또한 생각이 바뀌어 가득했던 불만을 털어 버리고 언제나 감사하는 마음으로 살고 있다고 한다.

필자도 11년 전 헌혈을 시작한 이래 총 57회 정기 헌혈을 하다가 얼마 전에 암 진단을 받은 이후로는 중단하였다. 필자 역시 헌혈을 할 때면 앞의 그림과 같은 생각이 들었다. 훌륭한 죽음의 조건 중에는 '다른 사람에 대한 기여'와 이를 통한 '온전한 인간으로서의 존재감 느끼기'가 있다. 헌혈은 타인에 대한 기여로, 인간으로서의 존재감을 충만하게 느끼게 해 주는 좋은 도구라고 할 수 있다.

또 다른 '타인에 대한 기여'의 한 사례도 보자. 2012년 8월 8일 자 조선일보에는 백혈병 환자인 여섯 살짜리 아들을 두고 자살을 하려다 마음을 바꿔 봉사활동을 하고 있는 한 가장의 사연이 실렸다.

이종진 씨(47세)는 경희대 성악과를 졸업하고 이탈리아 음악 아카데미에서 유학한 음악도 출신이다. 그의 아들 선우는 세 살이던 2002년 백혈병 판정을 받았다. 아들 치료비 지출로 살림이 방 한 칸짜리 옥탑방으로 줄어들었고, 빚을 갚지 못한 이 씨는 신용불량자가 됐다. 사는 게 너무 힘들어 선우가 여섯 살 때 자살을 결심하고 뛰어내리려는 순간 옥탑방에서 아빠를 찾는 아들의 목소리가 들렸다. 이 씨는 옥탑 지붕에 그대로 멈춰 서서 펑펑 눈물을 쏟았다고 한다. 아들의 목소리는 '아빠, 나도 이렇게 사는데 조금만 더 힘내.'라고 말하는 것처럼 들렸다고 한다. 선우는 그해 겨울 백혈병 완치 판정을 받았지만 뇌 손상이 깊어 지체장애 1급 뇌전증 환자가 됐다.

그러나 이 씨는 낙담하고 절망하는 대신 '웃음치료사' 자격증을 취득한 후 아들 이름을 딴 선우합창단을 조직해 다른 자원봉사자들과 함께 운영해 나가고 있다. 그의 말을 들어 보자.

"이 공연은, 지난번 왔던 청중이 병이 다 나아서 더 오지 않았으면 하고 바라게 되는 공연입니다."

제대로 된 보수도 없고 무대도 없는 환경에서 병원을 찾아다니며 공연을 해 나가는 그의 소망은 소박하지만 아름답다.

죽음으로
모든 것이 끝나는가?

춘천 한림대 오진탁 교수는 2005년에 자살 예방 교육 과목을 개설해 대학생들을 대상으로 교육을 해 오고 있다. 그의 경험에 따르면, 자살 충동이 심하거나 자살을 시도한 적이 있는 학생들 98퍼센트 이상이 교육을 받고 나서 자살에 대한 생각을 바꿨다고 한다. 자살 예방 교육의 핵심은 '죽음으로 끝나는 게 아니다'라는 사실을 알려 주는 것이다. 우리나라 자살 예방 교육 커리큘럼 대부분이 사후세계에 대한 담론이 빠져 있는 데 비하여, 오 교수의 강의는 왜 자살을 하면 안 되는지의 근거를 사후세계와 연관지어 설명한다.

죽음은 소멸이 아니라 옮겨감이라는 사실에 대해서는 앞에서 자세히 소개한 바 있다. 지금까지 이 책을 읽은 독자라면 필자의 주장에 대해 전부 다는 아니더라도 어느 정도 공감하는 부분이 있으리라 생각한다.

필자가 주장하는 이야기의 핵심은 아주 간단하면서도 명료하다. 즉 죽음은 꽉 막힌 '벽' 같은 끝이 아니라 열린 '문'이며, '이생'에서 '다른 차원으로 옮겨 가는 것'이다. 따라서 문을 통과해서 도착하게 되는 사후세계에 대한 이해가 있어야만 자살 예방에 대한 논의가 원활하게 이루어질 수 있다. 이는 필자가 수년간 해 온 14회 연속 강좌에서 얻은 경험으로, 책 끝 부분이 아니라 중반부에 사후세계에 대한 논의를 배치했던 이유이기도 하다.

영화 「천국보다 아름다운」은 사후세계를 자세하게 묘사하고 있다. 또 자살로 생을 마감한 영혼이 죽은 후 겪게 되는 여정 또한 상세히 그리고 있어서 일반인들이 사후세계를 쉽고 폭넓게 이해하는 데 아주 좋은 자료다.

주인공의 부인은 두 아이를 교통사고로 잃고 실의에 빠져 지내다가 남편마저 차에 치여 세상을 떠나자 외로움과 우울함을 견디지 못하고 얼마 후 자살한다. 그 소식을 전해 들은 주인공은 아내를 만나게 될 줄 알고 기다리지만 도우미 선배 영혼이 그렇게는 되지 않을

거라고 귀띔을 해 준다. 누구든 죽으면 죽기 직전의 정신적·정서적 상태에 일정 기간 머물게 되는데, 자살한 영혼은 자살할 때의 극심한 심적 고통에 한동안 머무르면서 마치 지옥과 다름없는 이미지를 스스로 만들어 놓고 그 속에 갇혀 있기 때문에 다른 영과 만나기 쉽지 않다고 한다.

죽음은 '끝'이 아니다. 따라서 자살을 한다고 해서 고통스러운 문제가 끝나는 것이 결코 아니다. 서구에서 새롭게 조명을 받고 있는 윤회론적 세계관에 비춰 봐도 자살을 하는 것은 결코 문제의 해결이 되지 못한다. 오랫동안 윤회를 연구해 온 서구의 여러 학자들에 따르면, 이번 생에서 해결하지 못한 문제는 다음 생으로 고스란히 넘겨져 그 문제를 극복할 때까지 자신의 과제로 끌어안고 살아가게 된다고 한다. 각자에게 주어진 현재의 삶은 능력과 인격을 성장시킬 수 있는 좋은 기회이다. 따라서 자살을 한다면 그 기회를 스스로 걷어차 버리는 것과 같아서 다음 생에서 처음부터 새로 시작해야만 한다는 것이다.

영화 「오드 토머스」의 마지막 장면에서 주인공은 사랑하는 연인을 사고로 떠나보낸 뒤 스스로에게 이렇게 얘기하며 슬픔을 다독인다.

> "우리의 삶에서 물질이나 부는 중요하지 않으며, 인생은 신병 훈련 소 같은 곳이어서 장애와 고난을 극복해야 다음 세상으로 건너갈 수 있 다."

일본 교토대학에서 마음미래연구소를 운영하는 칼 베커 교수는 너무 지쳐 삶의 의미를 찾을 수 없다면 잠시 쉬면서 지혜를 구하라고 권한다. 당신이 이 세상에서 이 몸을 가지고 계속 살아야 할 이유가 분명 있는데, 그것을 홀로 찾을 수 없다면 다른 이들을 도우면서 찾아보라고 얘기한다. 많은 이들이 어려움을 견디며 노력했기에 지금 당신이 살아갈 수 있는 것이라는 말도 잊지 않는다. 우리가 살고 있는 이 세상은 어제까지 이 지구에서 살다 간 사람들이 애쓰며 이뤄 놓은 아름다운 결과물이다.

죽음은 굳이 앞당기려고 하지 않아도 언젠가 찾아온다. 자살이 주위 사람에게 남기는 혹독한 마음의 상처와 참담한 고통을 생각한다면, 그리고 자살로는 결코 문제가 해결되거나 끝나지 않는다는 삶의 섭리를 이해한다면 자기 목숨을 스스로 끊는 일은 절대로 할 수 없을 것이다.

청소년에 대한
자살 예방 교육

2012년 초반에 여자 중학교 1학년 학생 몇 명을 대상으로 죽음 강의를 한 적이 있다. 한 학생의 어머니가 말기 암으로 잔여 수명이 얼마 남지 않은 상태였고 집안 형편도 열악했는데, 필자를 알고 있던 상담 교사가 이럴 때 도움이 될 만한 책을 추천해 달라고 부탁을 해 왔다. 필자는 책을 읽을 경황이 없을 테니 그 어머니께 죽음에 대한 이야기를 해 주겠다고 자청하여 날짜를 잡게 되었다.

그런데 며칠 안 돼 학생의 어머니가 돌아가셨다는 연락이 와서 낭패라는 생각이 들었다. 그럼에도 상담 교사는 예정대로 강의를 해 주면 좋겠다고 해서 병원 세미나실로 오게 했다. 상담 교사와 함께 방으로 들어선 네 명의 학생들은 어린 티를 못 벗어난 듯했지만 강의에 대한 집중도는 꽤 높았다. '죽음을 어떻게 바라볼 것인가?'라는 주제로 근사체험과 삶의 종말체험, 사후세계에 대한 내용을 최대한 이해하기 쉽게 풀어서 2시간 동안 강의를 했다.

그 후 몇 달이 지나 강의를 들었던 한 학생이 편지를 보내왔다.

"강의를 듣기 전에는 자살 충동을 많이 느끼고 자살을 하겠다는 생각을 수시로 했는데 죽음 강의를 듣고 나서는 자살에 대한 생각이 줄어들고 그런 생각을 했던 것을 반성하게 되었다."라고 했다. 기회가 된다면 또 죽음 교육을 받아 보고 싶을 정도로 생각이 달라졌고 주변 친구들한테도 얘기해 주고 싶다는 말도 함께 적어 보내왔다.

이러한 경험을 통해 필자는 청소년을 상대로 한 죽음 교육의 필요성을 절감하게 되었다. 자살을 하지 말라는 도덕적 훈계로는 한계가 있기 때문이다. 죽음과 관련해 실제로 일어나는 현상을 알려 주는 것만으로도 자살 충동을 확실하게 줄이는 효과가 있음을 확인할 수 있었다.

요즈음 우리나라에서는 신생아가 태어나면 의무적으로 B형 간염 백신을 접종하여 간염 발생 확률이 현저히 낮아졌다. 그런데 수십 년 전만 해도 우리나라 성인의 10퍼센트 정도가 B형 간염 바이러스 보유자였다. 이중 상당수가 만성간염 그리고 간경변을 거쳐 간암으로 발전하여 결국 목숨을 잃곤 했다.

1980년대 초반, 서울대 의대 명예교수였던 김정룡 박사가 세계에서 세 번째로 B형 간염 백신을 개발하면서 이를 신생아에 접종하는 프로그램을 시행했다. 현재 우리나라 성인 가운데 B형 간염 바이러스 보유율은 2퍼센트 남짓으로 줄어들었다. 또 B형 간염 바이러스에 의한 만성 간질환과 이에 따른 사망률도 크게 줄었다. 의료 역사에서 대단히 획기적인 일이다.

필자가 내과 전공의를 시작했을 때인 1980년대 초만 하더라도 간암으로 진단받으면 대체로 3개월을 넘기지 못하고 사망하였다. 그러나 요즘은 간암 진단을 받더라도 수년간 생존하는 경우를 자주 보게 된다. 이는 간암 치료법이 다양하게 발전한 데다 성인 중 B형 간염 바이러스 보유자 같은 간암 고위험군에 대한 조기 검진이 이뤄져 간암을 초기에 발견하는 경우가 많아졌기 때문이다.

자살과 관련이 없는 내용을 소개한 이유는 이것이 자살 예방 대책 수립에도 활용될 수 있다고 보기 때문이다. 필자는 청소년을 상대로 한 죽음 교육도 B형 간염 백신을 접종하는 것처럼 이루어져야 한다고 생각한다.

즉 신생아가 태어나면 의무적으로 B형 간염 백신을 접종하듯 죽음 교육 역시 초등학교 시절부터 아이들 눈높이에 맞춰 의무적으로 시행해 나갈 필요가 있다고 본다. 이 교육을 통해 뭇 생명체와 타인에 대해 배려심을 갖게 되며 또 살아가면서 부딪히게 되는 고통이나 고난에 대처하는 방법도 스스로 체득하게 될 것이다. 특히 우울증과 같은 자살 고위험군을 선별하여 이에 대한 정신과 치료를 받도록 함으로써 자살을 사전에 방지할 수도 있을 것이다.

실제로 일본의 한 고등학교에서 학생들에게 죽음 교육을 실시한 적이 있다. 그랬더니 몇 년이 지나서 놀라운 결과가 이 학교에 나타났다. 교내 폭력이나 집단 따돌림, 자살 등 부정적인 상황이 30퍼센트 이상 감소한 것이다.

필자 또한 서울의 한 중학교에서 1학년 학생 50명을 대상으로 〈왜 자살을 하면 안 되는가?〉라는 제목으로 강의를 한 적이 있다. 얼마 전에 교통사고로 어머니를 잃은 한 여학생이 칼로 손목을 긋는 등 자해행위를 계속하고 있는데, 상담만으로는 별 도움이 안 될뿐더러 친구들 사이로 모방행동이 퍼져 나가 선생님들의 걱정이 이만저만이 아니라고 했다.

필자는 어린 학생들에게 죽음은 '소멸'이 아니라 '옮겨감'이며, 사람이 죽은 뒤에는 어떻게 되는지, 그리고 왜 자살을 하면 안 되는지를 영화와 다큐 동영상을 활용해 쉽게 얘기해 주었다.

강의를 마친 후 교장 선생님, 담임 선생님, 상담 선생님과 함께 한 시간가량 대화를 나눴다. 교육청에 가서 자살 관련 강의를 들어도 별 도움이 안 됐는데, 필자의 강의를 듣고는 상담에 대한 방향을 잡을 수 있게 됐다고 기뻐했다. 다음 날 상담 선생님이 감사 인사와 함께 강의 후기를 보내왔다. 어머니가 돌아가신 후 자해를 하던 학생이 조금 밝아진 표정으로 담임 선생님을 찾아와 엄마와 있었던 추억 등을 처음으로 이야기하더라고 했다. 필자 또한 그 이야기를 듣고 안도할 수 있었다.

국내에서도 가까운 시일 내에 청소년을 상대로 죽음 교육이 시행되기를 간절히 바란다. 교육 정책을 결정하는 실무자들이 이런 문제에 지속적인 관심을 갖고 추진한다면 그리 어려운 일은 아닐 것이다.

필자가 좋아하는 영국 시인 윌리엄 어니스트 헨리(1849-1903)의 시 〈인빅터스〉를 소개한다. 어니스트 헨리는 영국 빅토리아 시대 때의 시인이다. 어렸을 때 결핵성골수염으로 한쪽 다리를 절단했으나 이

인빅터스

어둠이 나를 뒤덮고 있는 이 밤에도,
온 세상이 탄광 속처럼 캄캄한 이 밤에도,
나는 신들에게 감사합니다.
내게 굴복하지 않는 영혼을 주셨으므로.

잔인한 삶의 질곡 속에 갇혔을 때도
나는 움츠러들거나 소리 내어 울지 않았습니다.
운명이 가혹하게 내 머리를 피투성이로 만들어도
나는 굽히지 않습니다.

이 분노와 눈물의 땅 저 너머에는
어둠의 공포만이 어른거립니다.
하지만 그 세월이 아무리 나를 위협해도
나는 두려움에 떨지 않습니다.

문이 아무리 굳게 닫혀 있어도,
형벌이 아무리 잔인해도
나는 흔들리지 않습니다.

나는 내 운명의 주인이니까.
나는 내 영혼의 선장이니까.

윌리엄 어니스트 헨리

에 좌절하지 않고 열심히 공부하여 옥스퍼드대학에 들어갔다. 그 후 자신의 체험에서 우러나온 이 시를 써서 오늘날까지도 많은 사람들에게 용기와 희망을 주고 있다.

이 시의 제목 인빅터스는 라틴어로 '천하무적'이라는 뜻이다. 남 아공의 넬슨 만델라 대통령이 감옥에 갇혀 있을 때 틈날 때마다 애송하던 시로도 유명하다.

12장

죽음 준비, 어떻게 할 것인가

필자는 지난 11년 간 죽음학 강의를 해 왔다. 강의가 끝난 뒤 종종 이런 질문을 받곤 했다.

"교수님께서는 죽음 준비를 어떻게 하고 계세요?"

필자 역시 언젠가는 죽음을 맞이하게 될 것이다. 이 장에서는 필자가 어떻게 죽음 준비를 하고 있는지 말씀드리려고 한다.

필자의 부모님은 두 분 다 공교롭게도 심장병 증상을 보인 지 사흘 만에 돌아가셨다. 미처 주변 정리를 전혀 하지 못한 상태에서 돌아가셨기 때문에 필자는 평소에 미리미리 죽음 준비를 해 둬야겠다는 생각을 해 왔다.

우선 필자가 가지고 있는 자료들을 하나씩 정리해서 병원에 있는 의학역사문화원에 기증해 오고 있다. 40여 년 전 의과대학생 때 필기했던 노트, 30년 전 전임 강사였을 때의 월급명세서, 학생들을 대상으로 한 강의록 등등 이런저런 자료들을 목록과 함께 보내고 있다. 현재 서울대 병원 9층에 위치한 필자의 연구실에는 책이나 물건이 거의 없다. 언제라도 홀홀 털고 떠날 수 있도록 계속 정리 작업 중이다.

또 정년퇴임을 하는 선배 교수들이 버린 물건들 가운데 사료가 될 만한 것들을 찾아 박물관에 보내기도 한다. 이 자료들도 100년 뒤에는 우리 대학의 귀중한 기록이요, 발자취가 될 거라고 생각하기 때문이다. 외국의 유명 의과대학 박물관에는 작고한 교수의 사적인 메모까지 모두 보관되어 있다고 한다.

10여 년째 해 오고 있는 죽음학 강의도 언제까지나 할 수 있는 것은 아니다.

2013년 가을, 광주 조선대학교에서 〈영화를 통한 현대인의 죽음 이해〉 강의를 마쳤을 때 한 1학년 학생이 내게 부탁을 했다. 할머니와 아버지 두 분이 뇌경색으로 재활치료를 받고 계시다며 강의 내용을 두 분에게 들려 드리고 싶으니 강의에 사용한 파워포인트 슬라이드를 복사해 줬으면 좋겠다고 했다. 흔쾌히 복사해 줬음은 물론이다. 그 이후로 필자는 강의 자료를 원하는 분들에게는 저작권 문제가 있는 자료를 제외하곤 가능하면 모두 제공하고 있다. 강의를 들은 사람들이 강의 내용을 자기 주변에 전하게 되면 좀 더 많은 사람들이 죽음에 대한 인식을 바꾸지 않을까 하는 기대를 하면서 말이다.

2006년부터 1년에 다섯 차례 정도 헌혈을 해 오고 있었다. "이제 너무 늙어서 헌혈을 할 수 없다."라는 말을 듣기 전까지는 계속하려고 하였으나, 2018년 1월 필자가 암 진단을 받게 되면서 헌혈을 더 이상은 할 수 없게 되어 아쉽게 생각한다. 헌혈로 모은 혈액은 대체로 응급이나 위기 상황에서 사용되는데, 그동안 해 왔던 헌혈이 얼굴 모르는 누군가에게 유용하게 활용되었을 거라고 생각하면 뿌듯한 마음이 들곤 한다.

장기기증서약서·사전연명의료의향서·유언장 등은 이미 작성해 놓았다. 유언장은 가끔 내용을 보완하기도 하고 고쳐 쓰기도 한다. 유언장에는 남길 물건에 대해서도 정리해서 썼지만, 그보다는 삶을 어떻게 살아가야 하는지에 대해 두 딸에게 말해 주는 형식으로 작성했다.

유언장 끝부분에는 필자가 눈을 감기 전후로 읽어 달라는 부탁과 함께 티베트 〈사자(死者)의 서(書)〉 앞부분을 요약해 놓았다. 〈사자의 서〉는 막 육신을 벗어난 영혼에게 당신은 이제 이승을 떠났으니 가족이나 재산에 대한 집착을 버리라고 하면서, 빛을 보면 두려워하

지 말고 빛 속으로 들어가라고 말한다.

영정 사진은 10년 전인 2008년 9월 갑작스럽게 폐렴을 앓고 나서 집 소파에 와인잔을 들고 앉아 웃고 있는 모습을 찍은 것이다. 그런데 2013년 한 잡지사와 인터뷰를 할 때 사진 기자가 찍은 사진을 잡지사에서 영정사진으로 쓰기 딱

좋게 사진틀에 넣어 보내와서 그걸로 할까도 생각 중이다.

미국의 완화의료 전문의 아이라 바이오크는 임종 환자를 많이 지켜본 경험을 바탕으로 『아름다운 죽음의 조건』을 펴냈다. 필자는 이 책에 나오는 네 가지를 실천하려고 노력하고 있다. 즉 '사랑해요, 고마워요.'라고 말하고, '용서를 하고 용서를 구하고', '작별인사를 하고', 그리고 '가벼운 마음으로 떠나는 것'이다.

이미 오래전에 고맙다고 말했어야 했는데 미처 말하지 못했다면 이제라도 그분에게 감사 인사를 하고 싶다. 또 잘못했던 일에 대해서도 미안했다고 용서를 구하려고 노력한다. 만약 만나서 용서를 구하는 것이 현실적으로 불가능한 경우에는 마음속에서라도 용서를 구하고, 또 용서를 할 일에 대해서는 되도록 빨리 용서하려고 노력한다.

가지고 있던 물건들도 정리하기 시작했다.

2012년부터 나비넥타이를 하면서 긴 넥타이는 사용하지 않게 되었는데 그들 가운데 낡은 넥타이는 버리고 쓸 만한 것들은 바자회에 갖다 줬더니 인기리에 팔렸다고 한다. 죽은 사람의 물건은 갖기 싫어하기 때문에 살아 있을 때 기부하거나 선물하는 게 좋다.

30여 년 전부터 와인을 좋아해서 이와 관련된 책자나 자료는 물론이고 디캔터·코르크스크루 같은 도구도 꽤 많이 모았다. 얼마 전부터는 이것들을 의과대학 와인 동아리에 기증하고 있다. 갖고 있던 물건을 정리하면서 문득 머리를 스치는 문장이 있었다. 20세기 최고의 신비가 다스칼로스의 말이다.

"손 안에 있는 것만
자기 것이라고 한정 짓지 않을 때
그 사람은 정말 부유한
사람이 되는 거야."

아….

『지중해의 성자 다스칼로스』 중에서

　2014년 경남 통영에 있는 박경리 선생 기념관을 방문할 기회가 있었다. 기념관 마당에 서 있는 시비에 적힌 글귀가 참으로 공감이 갔다.

　　모진 세월은 가고
　　아아 편안하다
　　늙어서 이리 편안한 것을
　　버리고 갈 것만 남아서
　　참 홀가분하다

　　박경리, 〈옛날의 그 집〉 중에서

『술은 익어가고 도는 깊어지고』라는 책에 실린 한 선사의 시도 다시 한번 들려 드리고 싶다.

사방은 먹구름 한 점 없이 청명하고
향기로운 실바람은 부드럽게 불어오며
온 산은 아무런 소란함 없이 조용하도다.

쉽게 바스러지는 육신을 버렸으니
오늘 이 기쁨이 어찌 크지 않겠는가?

이제 노여움도 걱정도 없으니
어찌 축하하지 않을 수 있겠는가?

『술은 익어가고 도는 깊어지고』

언젠가 사별할 날에 대해 아내와도 자주 이야기를 나눈다. 본인의 희망대로 다 되는 건 아니지만 남겨진 자식들을 생각하면 남자가 먼저 세상을 떠나는 게 훨씬 좋다는 얘기를 한다. 필자의 가장 큰 소망은 가족들의 배웅을 받으며 이승을 떠나는 것이다. 그리고 떠나기 전에 최소한 한두 달만이라도 마지막을 정리할 수 있는 시간이 있었으면 좋겠다.

내 장례식을 어떻게 치르면 좋을지에 대해 사전장례의향서도 준비 중이다. 수의는 삼베 같은 특별한 것이 아니라 평상복을 입으려고 했지만, 화학제품은 다이옥신 같은 공해 물질이 많이 나온다고 해서 면으로 된 옷을 입으려고 한다. 수의 중에 무명으로 된 것도 있다고 해서 그나마 다행이다. 관도 나무로 된 것은 태울 때 화석연료를 많이 소모하게 될 테니 종이로 만든 관을 사용하려고 한다.

집안에서 경기도 고양시에 200~300기가 들어갈 수 있는 규모의 납골당을 오래전에 마련했다. 별일이 없으면 필자의 유골도 이곳으로 들어가게 돼 있었는데 몇 년 전에 생각을 바꿨다. 납골당이 산 중턱에 위치해 있어 두 딸이 찾아오려면 힘들겠다는 생각이 들었다. 그래서 다른 방법을 찾다가 우연히 해양장(海洋葬)이 있다는 사실을 알게 되었다.

현재 정식 인가를 받은 해양장 업체가 전국에 서너 곳이 있다. 서울의 경우 인천부두에서 배를 타고 1킬로미터 떨어진 부표까지 가서 유골을 뿌린다고 한다. 해양장은 합법적으로 운영되고 있고, 전문

연구기관도 환경 문제를 유발하지 않는다고 발표하였다. 흔적을 남기지 않는 장례인 셈이다.

그밖에도 죽음 준비에 필요한 사항들이 몇 가지 더 있다. 죽음을 알릴 사람들의 범위를 명시해 두는 일, 제단이나 조화 구성, 사진이나 동영상 등을 어떻게 할지 등에 대해서도 사전장례의향서에 포함해야 할 내용들이다.

또 장례식장에서 조문객들을 위해 틀 음악을 선정하고 이를 USB에 담아 놓는 일은 이미 4년 전에 시작하였는데 수록된 음악이 현재 200곡이 넘었다. 빈소에 놓을 사진이나 동영상과 함께 틈틈이 추려서 미리 편집해 놓으려고 한다.

우리의 육체는 죽으면 분해되어 자연으로 돌아가지만 영혼은 다른 차원으로 건너간다. 따라서 기일에 제사를 지낼 필요가 없다고 생각한다. 이런 형식을 벗어나 함께 모여 식사를 하고 와인 한잔 나누면서 같이 살던 때를 추억하는 정도로 충분하다고 본다. 이런 생각을 두 딸에게 얘기해 놓았다. 그래도 마음이 쓸쓸하면 평소 내가 좋아했던 '윤동주 시인의 언덕'을 거닐어도 좋고, 작은 꽃다발 하나씩 준비해서 서로 건네줘도 좋다고 했다. 이처럼 자신의 장례식에 대한 구체적인 내용을 가족 구성원들에게 수시로 얘기해 놓아야 본인의 뜻대로 이루어질 것이다.

죽음의 실체가 소멸이 아니고 옮겨감이라는 사실을 알게 되면 장례 준비가 부담스러울 것이 없다. 또 지구별에 잠시 소풍 왔다가 가는 것이니 주변을 깨끗이 한 후에 떠나야 한다. 다음에 놀러 올 후손들에게 쾌적한 환경을 만들어 놓고 가는 것은 먼저 왔다 가는 사람들의 신성한 임무라고 생각한다.

2017년 10월 30일, 관악 건강돌봄 네트워크 초청으로 〈죽음은 소멸인가, 옮겨감인가〉라는 제목으로 죽음학 강의를 했다. 강의 시작 전에 주최 측이 청중들에게 각자의 묘비명을 써 보라고 했다. 필자도 참가자들과 함께 묘비명을 적어 보았다.

우리는 모두
무제한 여권을 가진 시간 여행자

힘들기도 했지만
보람과 즐거움이 함께했던
인생 수업을 마치고
본향으로 복귀합니다

2017. 10. 30. 정현채

끝으로 영국 화가 윌리엄 터너의 그림을 소개하며 마무리하려고 한다. 다음 그림은 터너가 저녁 산책길에 퇴역하는 전함의 모습을 보고 감동을 받아 그린 것이다. 수십 년간 바다에서 활약하던 전함이 새롭게 등장한 증기동력선에 견인되어 붉은 저녁노을을 배경으

윌리엄 터너, 〈전함 테메레르〉, 1838~1839

로 사라지고 있는 모습이다.

자신의 소명을 다하고 해체의 운명으로 접어드는 전함의 마지막
모습…. 선박이든 사람이든 임무를 완수하고 종말을 고한다는 것은
얼마나 웅장하며 장엄한 일일까. 우리의 죽음도 바로 저런 광경이
아닐까 싶다.

이 책에는 지난 세월 필자의 탐색 과정과 성장의 흔적이 고스란히 담겨 있다. 또 그 여정을 함께하고 도와준 사람들의 손길들 역시 그대로 스며들어 있다.

이 책을 출간하면서 가장 먼저 감사를 표할 사람은 40여 년간 필자의 각종 원고를 이해하기 쉽게 풀어 쓰고 매무새를 다듬어 준 아내이다. 아내는 강의에 사용할 슬라이드를 어떤 순서로 전개할 것인지, 어떤 내용을 보완하고 줄일지에 대해 아주 유익한 의견을 들려주었다. 15년 전 필자가 불면증과 죽음에 대한 공포로 고통을 겪고 있을 때 아내는 엘리자베스 퀴블러 로스의 『사후생』을 권해 주었는데 그 책을 읽고서 고통에서 벗어날 수 있었다. 이후 마치 샘물을 만난 듯이 광대한 정신세계를 함께 탐구해 들어갔다. 점차 의식이 확장되면서 우주와 존재에 대해 새로운 시각으로 이해하는 기쁨을 누렸는데 그 역시 아내와 함께했다.

그 과정에서 두 딸은 생물학적인 부모와 자식의 관계를 넘어 비슷한 삶의 과제를 서로 도우며 해결하도록 인연 맺어진, 일종의 도반 같은 존재라는 걸 깨닫게 되었다. 딸들을 통해 나 자신을 제대로 보게 되었고, 또 삶의 깊이를 비로소 이해하게 되었다. 필자는 죽음과 삶의 의미에 대해 딸들과 자주 얘기를 나누는데, 살면서 부딪히는 어려움을 해결하는 데 크게 도움이 된다는 말을 들을 때면 가슴이 뭉클해진다. 존엄하게 삶을 마무리한 사례나 관련 신간 들을 발견하면 딸들이 챙겨 주곤 해서 든든하기도 하고 고맙기도 하다.

다음으로 감사할 일은, 2017년 2월 〈정현채 교수의 죽음학 강좌 나눔공간〉이라는 네이버 카페를 만들고 관리해 오고 있는 차의과대학 내과 오수연 교수와 운영위원으로 참여하고 있는 분들과의 인연이다. 귀한 후배들과의 만남으로 필자는 오랫동안 느껴 오던 외로움으로부터 벗어날 수 있었다. 건국대학교 의과대학 혈액종양내과 윤소영 교수, 요한한의원 김수진 원장, 서울대학교 의과대학 혈액종양내과 신동엽 교수 그리고 최근에 합류한 정용의 선생, 김도완 선생, 나정민 선생은 필자에게 보물과도 같다. 알고 지낸 지 얼마 되지 않았는데도, 존재에 대한 지적 호기심과 지향하는 삶의 방향이 비슷한 것에 매번 놀란다.

평소 강의 시간이 한두 시간 정도에 불과하다 보니 청중에게 자료를 충분히 전달할 시간이 부족해 늘 아쉬움을 갖고 있었다. 그런데 2017년 11월 25일에 운영위원들의 도움으로 열린 〈우리는 어디서 와서 어디로 가는가?〉라는 제목의 워크숍은 죽음 이후의 세계와 자살 문제를 포함해 세 가지 주제로 하루 종일 진행할 수 있었다. 이 덕분에 그간의 아쉬움이 해소되고 흡족함을 느낄 수 있었다. 또 강의 후 1시간 이상 진행된 질의응답을 통해 청중들의 뜨거운 열기를 확인할 수 있어 무척 큰 보람을 느꼈다.

필자는 건강 문제로 예정보다 2년 빠른, 2018년 8월 말에 서울 의대에서 명예퇴직을 하기로 되어 있다. 그러나 건강이 허락하는 범위에서 죽음학 강의는 계속해서 할 계획이다. 언젠가는 필자 역시 질병이나 고령으로 더 이상은 강의를 할 수 없게 되고 또 수명이 다해 육신을 벗어나게 될 것이다. 그런데도 필자는 미래의 일이 전혀 걱정이 되지 않는다. 내가 다하지 못한 연구는 후학들이 맡아 줄 것이다. 죽음학 카페 운영위원들은 앞으로도 근사체험이나 삶의 종말체험 사례를 지속적으로 수집하고 더 진전된 의학적인 탐구를 통해 죽음학의 내용을 더 풍요롭게 축적해 나갈 것이라 믿는다. 그때 이 책이 작은 디딤돌이라도 된다면 기쁘겠다.

특별히 감사를 전할 분이 있다. 엘리자베스 퀴블러 로스 박사의 『사후생』을 번역·소개한 한국죽음학회 회장 최준식 교수이다. 그는 2008년 〈신비가들이 경험한 사후세계〉라는 심포지엄을 개최하여 필자로 하여금 스베덴보리와 다스칼로스 그리고 마르티누스 같은 신비가들을 만나게 해 주었다. 또 2007년 12월에 열린 한국죽음학회 추계학술대회 때는 필자에게 〈의료 현장에서 보는 죽음의 여러 모습〉을 발표할 기회를 마련해 주었다. 이를 계기로 필자가 10여 년째 죽음학 강의를 해 오게 되었다.

2014년 대담집 『의사들, 죽음을 말하다』를 출간한 후 더 이상 책을 낼 생각이 없었다. 그런 필자를 설득해 이 책을 집필하도록 이끌고, 탈고까지 2년 이상 묵묵히 기다려 준 비아북의 한상준 대표, 이현령 에디터, 윤정기 에디터께 깊이 감사드린다. 덕분에 이제까지 해 온 강의를 원고로 기록하고 지난 10여 년 간 삶의 깊이와 넓이에서 일어났던 변화들을 찬찬히 되돌아보는 시간을 가질 수 있었다. 그리고 책의 교정과 교열을 통해 쉽고 편안하게 읽히도록 다듬어준 정운현 선생, 또 내용을 함축하는 삽화를 그려 넣어 무겁게 느껴질 수 있는 내용에 여유와 재미를 더해 준 김영화 작가께 말로 다할 수 없는 고마움을 느낀다.

끝으로, 이 책을 끝까지 읽어 주신 여러분께 깊은 감읍의 정을 느낀다. 책으로 맺어진 인연은 시간과 공간을 뛰어넘는다. 평소 강의 때 자주 사용하는 건축가 고 정기용 선생의 이야기로 마지막 인사를 드린다.

죽는 준비를 단단히 해야 한다
산다는 것이 무엇인지, 왜 사는지,
세상이 무엇인지, 나는 누구인지,
어떻게 살았는지, 가족은 무엇인지 하는
근원적인 문제들을 다시 곱씹어 보고
생각해 보고 그러면서 좀 성숙한 다음에
죽는 게 좋겠다.

한마디로 위엄이 있어야 되겠다.
밝은 눈빛으로, 초롱초롱한 눈빛으로
죽음과 마주하는 그런 인간이 되고 싶다.

영화 「말하는 건축가」 중에서

건축가 고 정기용 ↗

사전연명의료의향서 작성하기

2016년 2월 국회를 통과한 후 약 2년간의 준비 기간을 거쳐 2018년 3월부터 발효된 〈웰다잉법〉의 정식 명칭은 〈호스피스·완화의료 및 임종과정에 있는 환자의 연명의료결정에 관한 법률〉이다. 1997년 12월에 있었던 '보라매 병원 사건', 2009년 5월에 있었던 세브란스 병원의 '김 할머니 사건' 등이 이 법이 탄생하게 된 중요한 배경이다. 두 사건을 간단히 요약해 본다.

'보라매 병원 사건'의 발단은 이렇게 시작한다. 술에 취해 화장실에 가던 한 남자가 쓰러져 머리를 다친 후 급히 병원으로 옮겨져 뇌수술을 받았다. 그런데 뒤늦게 나타난 그의 아내는 '동의 없이 수술이 이루어졌고 경제적 여유가 없으니 퇴원하겠다'고 요구하였다. 의료진은 퇴원할 상태가 아니라고 만류하였으나 결국 가족의 요청에 따라 퇴원시켰고 얼마 뒤 환자가 사망하였다. 이 일로 담당 의사가 살인 혐의로 기소되어 2004년 대법원에서 살인방조죄로 유죄 판결을 받았다. 이후로 모든 병원에서는 회복이 불가능한 임종기 환자에게도 연명치료를 계속하게 되었다.

'김 할머니 사건'은 좀 다른 얘기다. 폐암이 의심되는 상황에서 기관지경 검사를 받던 김 할머니는 시술 도중 예상치 못했던 출혈이 발생해 식물인간 상태에 빠졌고 호흡이 불안정해지자 인공호흡기 치료를 받았다. 환자의 가족들은 환자의 평소 의향대로 연명치료를 종료시켜 달라고 병원에 요청했지만 병원 측은 이 요청을 거부했다. 그 배경을 충분히 짐작할 수 있다. '보라매 병원 사건'의 전례가 있었기 때문이다. 결국 소송을 거쳐 2009년 대법원이 가족들의 손을 들어 주면서 인공호흡기 치료를 중단하도록 했다.

그런데 호흡기를 제거하면 빠른 시일 내에 사망하리라 예상했던 것과 달리 김 할머니는 의식이 없는 상태에서도 스스로 호흡하며 200일 넘게 생존하다가 2010년 1월에 숨을 거뒀다. 대법원은 당시 판결을 내리면서 연명치료 중단에 대한 법제화를 마련할 것을 주문했다.

평소에 인공호흡기 같은 연명의료를 절대 받지 않겠다고 가족들에게 얘기를 해 놓아도 정작 그럴 상황이 되면 본인은 의식이 없고, 가족들은 저마다 의견이 달라 우왕좌왕하는 경우가 많다. 결국 목소리가 큰 가족 구성원의 주장대로 본인의 뜻과는 다르게 중환자실로 옮겨져 원치 않는 연명의료를 받다가 세상을 떠나는 일이 비일비재하다. 설사 본인의 평소 뜻을 존중해 연명의료를 하지 않는 방향으로 진행하려고 하다가도 평소에는 얼굴도 잘 비치지 않던 가족 구성원이 갑자기 나타나 고성을 지르고 다른 가족들을 법적으로 고소하는 일도 종종 벌어진다.

연명의료 결정과 관련한 제도화의 필요성을 절실하게 보여 주는 대표적인 사례 하나를 소개한다. 환자가 생전에 자신이 표명해 놓은 소신에 반하여 원치 않았던 치료를 받는 어처구니없는 일을 겪게 된 경우다. 게다가 자신의 사전 의향을 따르려고 한 가족이 다른 가족 구성원에 의하여 괴롭힘을 당하기까지 하였다. 또한 의사들은 경찰 및 검찰 조사를 반복해서 받게 되었는데, 이런 일들은 의사로 하여금 방어 진료를 하게끔 만든다. 부정적인 영향을 끼치는 것이다. 결국 의사들은 연명의료와 관련된 법적 분쟁을 피하기 위해 무의미한 연명의료 행위를 임종기 환자에게 시행하게 되고, 결국 환자들은 불필요한 고통을 받게 된다.

이 사례는 2016년 서울대학교병원에서 일어났던 사건으로 종양내과 허대석 교수가 정리한 글에서 인용한다.

사건 발생 8년 전인 1998년 10월 간암 판정을 받고 수술과 항암화학요법을 반복해서 받아 오던 72세 할머니의 마지막 입원은 2006년 3월 13일부터 시작되었다.

여러 가지 치료를 받으며 3개월째 입원해 있던 중, 2006년 6월 8일 낮에 3시간 정도 의식이 흐려졌다가 오후 4시경에 의식을 회복했다. 간병을 해 왔던 가족들은 이전에도 환자의 간성혼수를 많이 경험해 왔던 터라, 환자가 의식을 회복한 모습을 보고 귀가하였다. 6월 8일 오후 10시 호흡곤란을 호소하여 마스크로 산소 공급을 받기 시작하였는데, 6월 9일 아침 7시에 다시 의식이 없어졌다. 당직 의사가 와서 산소 농도를 증가시켰으나, 환자 상태에 호전이 없어 가족들에게 급히 연락하였다.

간병을 주로 담당해 오던 딸이 오전 8시 50분 병실에 도착하였고, 환자는 자발호흡은 있었으나 저산소증이 계속 악화되어 9시 20분 기관 내 삽관을 하였다. 이에 담당 전공의가, 환자를 중환자실로 옮겨 인공호흡을 시작할 수도 있음을 가족에게 설명하였다. 주 간병자인 딸은 어머니가 연명의료를 원하지 않았다는 사실을 이야기하면서 중환자실로 옮기는 것을 반대하였고 기관 내 삽관도 제거해 줄 것을 요구하였다.

지난 7년여 동안 진료해 왔던 담당 교수가 병실을 방문하여, 환자가 많은 치료를 받아 왔으나 더 이상 적극적인 치료에 반응하지 않고 급속도로 악화되는 임종과정에 진입했음을 설명하였다. 환자 입장에서 무엇이 최선인지에 대해 논의한 끝에 중환자실에 가서 인공호흡기를 부착하는 것은 환자에게 고통만 가중시킬 위험이 있다는 점에 가족과 의료진이 의견을 같이하였다. 가족 대표와 의료진의 구두 합의에 따라 11시 20분 기관 내 삽관을 제거했다. 그 후에도 산소 및 수액은 계속 공급했지만, 1시간 30분이 지난 12시 50분 환자는 사망하였다.

환자가 사망한 뒤 한 달 후 환자의 아들(45세)은 기관 내 삽관을 제

거한 의료진 2명(담당 전공의와 교수)을 살인죄로, 누나를 친족살인죄로 각각 고소했다. 아들은 "당시 어머니의 호흡이 정상으로 돌아오고 있어서 산소 공급 호스를 뽑을 이유가 없었다."라며 "진료를 포기하고 호스를 제거한 것은 살인 행위"라고 주장했다. 환자의 아들은 보라매 병원 사건을 주장의 근거로 삼았다.

이후 1년간 의료진들은 경찰과 검찰로부터 반복 조사를 받았다. 결국, 다른 병원 의료진에게 감정을 의뢰하게 되었고 의뢰를 받은 의료진은 환자가 임종과정에 있었다고 판단했다. 또 평소 간병에 참여하지 않았고 문병조차 제대로 하지 않았던 아들이 문제를 제기한 배경에 누나와 분쟁 중이던 재산 상속 문제가 있었다는 점, 즉 이 사건을 통해 자신에게 유리한 입장을 얻고자 하는 불순한 동기가 있었다는 점 등이 고려되어 의료진과 환자의 딸은 무혐의 처분을 받았다.

아들은 법률회사에 근무하는 직원이었다고 하는데 법률 지식을 개인 이득을 위해 바람직하지 못한 방향으로 악용한 셈이다. 만일 환자가 평소에 사전연명의료의향서를 써 놨거나 병원에 입원한 뒤라도 연명의료계획서를 작성해 자신의 의사를 분명히 명시해 놨다면 가족끼리 살인죄로 고소하는 일은 일어나지 않았을 것이다. 특히 환자 본인도 기관 내 삽관 같은 고통스러운 처치를 받지 않고 품위 있는 죽음을 맞이할 수 있었을 것이다. 그러나 사전연명의료의향서나 연명의료계획서 같은 서류를 작성해 놓는다고 해도 법적으로 아무런 뒷받침이 되지 못한다면 환자가 평소에 갖고 있던 존엄한 죽음을 맞고자 하는 희망은 실현되지 못한다. 이것이 바로 법제화가 필요한 이유다.

필자도 수년 전에 사전연명의료의향서를 작성해 놓았으나 2018년 3월 시행된 법에 따르기 위해 새로 작성하였다. 그 과정은 오랜 시간이 걸리지도, 어렵지도 않다. 본인임을 확인할 수 있는 신분증을 지참하는 것 외에는 따로 준비해야 할 것도 없으며 비용도 들지 않는다.

필자의 경우 근무처인 서울대학교 병원 호스피스센터(현재는 완화의료 임상윤리센터로 개칭)에 연락하여 예약 날짜와 시간을 받고서 아내와 함께 방문하였다. 30분에 걸친 설명이 예정되어 있었으나 이미다 아는 내용이라 실제로는 10여 분밖에 소요되지 않았다. 배우자와 같이 갈 경우에는 의향서 작성은 각각 따로 하더라도 설명을 같이 듣게 돼 있어 소요 시간을 줄일 수 있다.

현재 법제화된 사전연명의료의향서에서는 연명의료 중 네 가지 항목에 대해 본인의 의사를 묻고 있다. 심폐소생술·인공호흡기·혈액투석·항암제의 사용 여부에 관한 사항이 그것이다.

이 제도의 좋은 점은 의향서를 최초로 작성한 병원이 어디인지와 무관하게 전국 어느 병원에서나 담당 의료진이 의향서를 확인할 수 있다는 점이다. 이 서류를 작성할 수 있는 곳은 국립연명의료관리기관의 홈페이지(https://www.lst.go.kr)에서 확인할 수 있다.

법제화되기 전에는 의향서를 본인이 썼다는 걸 법적으로 증명해 놓기 위해 공증을 받기도 했는데 이제는 그럴 필요가 없어졌다. 따라서 필자의 경우 이 서류를 작성한 서울대학교 병원이 아닌 전국 어느 병원에 입원해서 임종을 맞게 되더라도 이 사전연명의료의향

서가 법적 효력을 발휘할 수 있게 된다. 본인이 말기 암 상태에 이르렀을 때 연명의료를 받지 않겠다고 얘기만 해 놓고 서류는 작성하지 않은 경우에는 가족 두 명의 일관된 진술로도 가능하다. 단, 본인이 평소에 이런 의향을 전혀 밝히지 않은 경우에는 가족 전원이 합의해야 하는 절차가 필요하다.

필자가 사전연명의료의향서를 작성한 후 얼마 지나지 않아 큰 딸역시 가까운 기관에 가서 작성했다고 알려 와 크게 격려해 주었다. 이 책을 읽는 독자 여러분도 품위 있고 아름다운 마무리를 위하여 사전연명의료의향서를 작성하여 '당하는 죽음'이 아닌 '맞이하는 죽음'을 준비해 나가시기를 권해 드린다.

| 참고 문헌 |

- 『그대 만난 뒤 삶에 눈떴네』 레이철 나오미 레멘 저, 류해욱 역, 이루파
- 『나는 환생을 믿지 않았다』 브라이언 와이스 저, 김철호 역, 정신세계사
- 『남자답게 나이 드는 법』 존 C. 로빈슨 저, 김정민 역, 아날로그
- 『내 마음 속의 그림』 이주헌 저, 학고재
- 『내 무덤으로 가는 이 길』 임준철 저, 문학동네
- 『내가 죽음을 선택하는 순간』 마리 드루베 저, 임영신 역, 윌컴퍼니
- 『너무 늦기 전에 들어야 할 죽음학 강의』 최준식 저, 김영사
- 『다시 산다는 것』 레이먼드 무디 주니어 저, 주진국 역, 행간
- 『마음을 비우면 얻어지는 것들』 김상운 저, 21세기북스
- 『마지막 사진 한 장』 베아테 라코타 저, 장혜경 역, 웅진지식하우스
- 『마지막 여행』 매기 캘러넌 저, 이기동 역, 프리뷰
- 『만들어진 신』 리처드 도킨스 저, 이한음 역, 김영사
- 『모리와 함께 한 화요일』 미치 앨봄 · 모리 슈워츠 공저, 공경희 역, 살림출판사
- 『죽음에게 삶을 묻다』 유호종 저, 사피엔스21
- 『베로니카, 죽기로 결심하다』 파울루 코엘류 저, 이상해 역, 문학동네
- 『사람은 어떻게 죽는가』 셔윈 B. 눌런드 저, 명희진 역, 세종서적
- 『사후생: 죽음 이후의 삶의 이야기』 엘리자베스 퀴블러 로스 저, 최준식 역, 대화문화아카데미
- 『사후세계의 비밀』 마이클 팀 저, 김자성 역, 북성재
- 『삶, 죽음에게 길을 묻다: 생사학과 자살 예방』 오진탁 저, 종이거울
- 『술은 익어가고 도는 깊어지고』 장후예위 저, 최인애 역, 영림카디널

- 『신의 흔적을 찾아서』바바라 해거티 저, 홍지수 역, 김영사
- 『아름다운 삶, 사랑 그리고 마무리』헬렌 니어링 저, 이석태 역, 보리
- 『아름다운 죽음을 위한 안내서』최화숙 저, 월간조선사
- 『아름다운 죽음의 조건: 죽음 직전의 사람들에게 배우는 삶의 지혜』아이라 바이오크 저, 곽명단 역, 물푸레
- 『안락사 논쟁의 새 지평』한스 큉 · 발터 옌스 공저, 원당희 역, 세창미디어
- 『어떻게 죽을 것인가?』아툴 가완디 저, 김희정 역, 부키
- 『에드거 케이시의 삶의 열 가지 해답』존 G. 풀러 엮음, 김수현 역, 초롱
- 『영혼들의 여행』마이클 뉴턴 저, 김도희 · 김지원 역, 나무생각
- 『우리는 어떻게 죽음을 맞이해야 하나』이시토비 고조 저, 민경윤 · 노미영 역, 마고북스
- 『윤회: 행복한 삶을 위한 마음 철학』지나 서미나라 저, 강태헌 역, 파피에
- 『윤회의 본질』크리스토퍼 M. 베이치 저, 김우종 역, 정신세계사
- 『의사들, 죽음을 말하다』김건열 · 정현채 · 유은실 공저, 북성재
- 『자살, 세상에서 가장 불행한 죽음: 죽음을 알면 자살하지 않는다』오진탁 저, 세종서적
- 『조선의 여성들, 부자유한 시대에 너무나 비범했던』박무영 등 저, 돌베개
- 『존엄사-III』김건열 편저, 최신의학사
- 『종교를 넘어선 종교』최준식 저, 사계절
- 『죽음 이후의 또 다른 삶』리사 윌리엄스 저, 자야리라 역, 정신세계사
- 『죽음, 그 후』제프리 롱 · 폴 페리 공저, 한상석 역, 에이미팩토리
- 『죽음, 또 하나의 세계』최준식 저, 동아시아
- 『죽음은 내게 주어진 마지막 자유였다』라몬 삼페드로 저, 김경주 역, 지식의숲
- 『죽음을 어떻게 맞이할 것인가?』알폰스 데켄 저, 오진탁 역, 궁리
- 『죽음의 기술』피터 펜윅 · 엘리자베스 펜윅 공저, 정명진 역, 부글북스
- 『죽음의 미래: 종교학자가 쓴 사후세계 가이드북』, 최준식 저, 소나무
- 『죽음의 수용소에서』빅터 프랭클 저, 이시형 역, 청아출판사
- 『죽음의 체험: 임사현상의 탐구』칼 베커 저, 이원호 역, 생각하는백성

- 『죽음이 삶에게: 죽음의 인식으로부터 삶은 가치있게 시작된다』 소노 아야코 · 알폰스 데켄 공저, 김욱 역, 리수
- 『지중해의 성자 다스칼로스』 키리아코스 C. 마르키데스 저, 이균형 역, 정신세계사
- 『철학, 죽음을 말하다』 정동호 등 저, 산해
- 『한국의 샤머니즘과 분석심리학』 이부영 저, 한길사
- 『한국인의 웰다잉 가이드라인』 한국죽음학회 저, 대화문화아카데미
- 『행복한 장의사』 배리 앨빈 다이어 · 그렉 와츠 공저, 안종설 역, 이가서

- 「근사체험: 환각이 아닌 실제로서의 자신의 체험」, Lommel PV. Annals of the New York Academy of Sciences. 2011년 1234 호. 19–28쪽
- 「근사체험이 혈액투석 환자에게 미치는 영향: 대만에서의 다기관 연구」, Lai CF, Kao TW, Wu MS 등, 미국신장병학회지(American Journal of Kidney Disease) 2007년 50호 124–132쪽
- 「심장정지 후 회생한 사람에서의 근사체험: 네덜란드에서의 전향적연구」 랜싯 (Lancet) 2001년 358호 2039–2045쪽

우리는 왜 죽음을 두려워할 필요 없는가

정현채 지음

초판 1쇄 발행일 2018년 8월 24일
초판 7쇄 발행일 2021년 10월 1일
개정 1쇄 발행일 2023년 4월 21일
개정 2쇄 발행일 2024년 2월 16일

발행인 | 한상준
편집 | 김민정, 강탁준, 손지원, 최정휴, 김영범
교정·교열 | 정운현, 고홍준
삽화 | 김영화, 김재훈
디자인 | 김성인, 조경규, 정은예
마케팅 | 이상민, 주영상
관리 | 양은진

발행처 | 비아북(ViaBook Publisher)
출판등록 | 제313-2007-218호(2007년 11월 2일)
주소 | 서울시 마포구 연남동 월드컵북로6길 97(연남동 567-40)
전화 | 02-334-6123 전자우편 | crm@viabook.kr
홈페이지 | viabook.kr

ⓒ 정현채, 2018
ISBN 979-11-92904-09-2